미래와 통하는 책

동양북스 외국어
베스트

KB161569

700만 독자의 선택!

새로운 도서,
다양한 자료
동양북스
홈페이지에서
만나보세요!

www.dongyangbooks.com
m.dongyangbooks.com

※ 학습자료 및 MP3 제공 여부는 도서마다 상이하므로 확인 후 이용 바랍니다.

홈페이지 도서 자료실에서 학습자료 및 MP3 무료 다운로드

PC

❶ 홈페이지 접속 후 도서 자료실 클릭
❷ 하단 검색 창에 검색어 입력
❸ MP3, 정답과 해설, 부가자료 등 첨부파일 다운로드

* 원하는 자료가 없는 경우 '요청하기' 클릭!

MOBILE

* 반드시 '인터넷, Safari, Chrome' App을 이용하여 홈페이지에 접속해주세요. (네이버, 다음 App 이용 시 첨부파일의 확장자명이 변경되어 저장되는 오류가 발생할 수 있습니다.)

❶ 홈페이지 접속 후 ☰ 터치

❷ 도서 자료실 터치

❸ 하단 검색창에 검색어 입력
❹ MP3, 정답과 해설, 부가자료 등 첨부파일 다운로드

* 압축 해제 방법은 '다운로드 Tip' 참고

가장 쉬운 독학

일본어 상용한자 1026

이규환 지음

동양북스

가장 쉬운 독학
일본어 상용한자 1026

초판 3쇄 | 2023년 12월 10일

지은이 | 이규환
발행인 | 김태웅
책임 편집 | 길혜진
디자인 | 남은혜, 김지혜
마케팅 총괄 | 김철영
온라인 마케팅 | 김은진
제 작 | 현대순

발행처 | ㈜동양북스
등 록 | 제 2014-000055호
주 소 | 서울시 마포구 동교로22길 14 (04030)
구입 문의 | 전화 (02)337-1737 팩스 (02)334-6624
내용 문의 | 전화 (02)337-1762 dybooks2@gmail.com

ISBN 979-11-5768-689-6 03730

일본어 학습자 여러분 안녕하세요.
〈가장 쉬운 독학 일본어 상용한자 1026〉 저자 이규환입니다.

일본어를 학습하는 데 있어서 한자의 비중은 50% 이상을 차지한다고 해도 과언이 아닐 만큼 한자의 중요성은 아무리 강조해도 지나치지 않습니다. 하지만 일본어 학습자라면 누구나 한자의 벽에 부딪히곤 합니다. 만약 이 한자의 벽을 극복하지 못한다면, 흔히 말하는 '웃고 들어갔다가 울고 나오는 일본어'로 끝나버려 새해의 계획이 물거품이 되고 맙니다.

이러한 일본어 학습자 여러분께 효율적인 한자 학습법을 제시해 드리고자 2020년 4월 1일부터 새롭게 시행된(기존 1006자 → 현재 1026자) 초등학교 한자(교육한자) 기준에 맞춰 본 한자교재를 집필하게 되었습니다. 단순히 음이 같거나 모양이 비슷한 한자의 나열에 그치지 않고 더욱 더 체계적이고 재미있게 접근할 수 있도록 각각의 테마를 3단계로 구성하였습니다. 먼저 지구상의 가장 근본 요소인 10개의 테마(숫자, 사람, 신체, 생물, 의식주, 자연, 인프라, 수양, 도구, 신앙)로 대분류를 구성하였고, 대분류를 세분화하여 중분류(신체-머리, 목, 손, 발)를 구성하였습니다. 그리고 중분류 내에서 한자 원리(자원) 상 공통분모를 가진 한자들끼리 시리즈별로 엮어 재미있고 알기 쉽게 설명하였습니다. 필요에 따라서는 갑골문자를 그림으로 형상화하고 설명을 보완하여 한자 구성을 원리에 따라 독립적이지 않고 유기적 연관성으로 꼬리에 꼬리를 물듯 구성하여 재미있고 체계적으로 많은 한자를 파생 시켜 암기할 수 있도록 하였습니다. 더불어 한자들의 미묘한 사용법을 자연스럽게 깨우칠 수 있습니다.

10여 년간 공들인 원리를 통해서 고대 선조들의 소박하면서도 신비로운 삶의 지혜를 재미있게 느껴 보시고, 여러분 나름으로 상상의 나래도 펼쳐 보시기를 바랍니다. 그리고 본 교재로 인해서 그토록 높게만 느껴졌던 한자의 장벽과 두려움을 없애는 계기가 되셨으면 하는 바람입니다. 더 나아가 각종 일본어 시험, 대학 입시, 유학, 학위취득, 취업, 승진, 제2의 인생 등 여러분들 하나하나의 졸업에 축복이 가득하길 기원합니다

저자 이규환

이 책의 구성과 특징

▶ 일본어 교육한자란?

일본문부과학성이 지정한 상용한자(2136자) 중, 의무교육기간인 초등학교(1학년～6학년) 교과과정에서 배우는 교육한자(1026자)를 원리상 공통분모를 가진 한자들끼리 주제별로 나누어 제시하였습니다. 2010년에 발표한 초등학교 교육한자는 1006자입니다만, 2020년 4월 1일부터 20자가 새롭게 추가되어 1026자로 개정된 교육한자를 본서에 실었습니다.

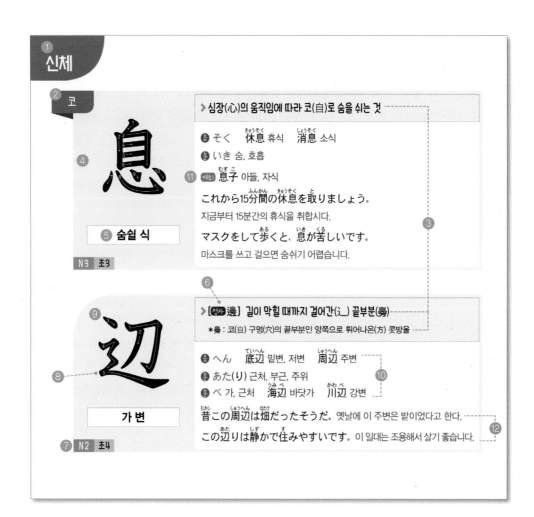

① 신체

② 코

④ 息

⑤ 숨쉴 식

N3 초3

▶심장(心)의 움직임에 따라 코(自)로 숨을 쉬는 것

음 そく 休息 휴식 消息 소식

훈 いき 숨, 호흡

⑪ 예외 息子 아들, 자식

これから15分間の休息を取りましょう。
지금부터 15분간의 휴식을 취합시다.

マスクをして歩くと、息が苦しいです。
마스크를 쓰고 걸으면 숨쉬기 어렵습니다.

③

⑥

⑨ 辺

⑧

가 변

⑦ N2 초4

▶[선자] 邊 길이 막힐 때까지 걸어간(辶) 끝부분(鼻)

＊鼻 : 코(自) 구멍(穴)의 끝부분인 양쪽으로 튀어나온(方) 콧방울

음 へん 底辺 밑변, 저변 周辺 주변

예 あた(り) 근처, 부근, 주위 **⑩**

훈 べ 가, 근처 海辺 바닷가 川辺 강변

昔この周辺は畑だったそうだ。 옛날에 이 주변은 밭이었다고 한다.

この辺りは静かで住みやすいです。 이 일대는 조용해서 살기 좋습니다.

⑫

4

❶ `대분류` 〈숫자/사람/신체/생물/의식주/자연/인프라/수.양/도구/신앙〉의 10개의 그룹으로 분류하였습니다.

❷ `중분류` 이해하기 쉬운 원리로 설명하고자 중분류로 세분화하였으며, 중분류 내에서도 부수 이외의 공통분모를 가진 한자들끼리 시리즈로 묶어서 원리(어원)를 설명하였습니다.

　* 필요에 따라서는 갑골문자를 그림으로 형상화하여 설명을 보완하였으며 원리판독에 대한 관점의 차이는 다소 있을 수 있습니다.

❸ `한자 원리` 한자의 자원 해설 및 *로 표시된 부분은 중분류에 속하게 된 근본 원리로 한자 추가 설명을 해놓았습니다.

❹ `표제 한자` 표제자는 일본에서 사용되고 있는 약자로 표시하였습니다.

❺ `우리말 음훈` 우리나라에서 사용하는 음과 훈을 표시하였습니다.

　* 음훈: 우리나라에 존재하지 않거나 거의 쓰이지 않는 표현은 따로 표기하지 않았습니다.

❻ `한국 한자` 표제 한자가 약자인 경우, 우리나라에서 사용하는 한자(정자)를 따로 표기하였으며, 정자가 표시된 한자는 정자로 원리를 풀어서 설명합니다.

❼ `JLPT 급수와 학년` 일본어능력시험(JLPT) N1~N5에 해당하는 급수와 일본 초등학교 1~6학년에 해당하는 숫자를 각 한자에 표시하였습니다.

❽ `총획` 한자의 총획을 표시하였으며 우리나라 한자의 총획과는 다를 수 있습니다.

❾ `쓰는 순서` 표제 한자 안에 있는 번호는 쓰는 순서이며 화살표는 쓰는 방향을 뜻합니다.

❿ `일본어 음훈과 예시단어` 일본 상용한자표에 제시된 음과 훈을 구분하여 표시하였으며 일상에서 널리 쓰이는 단어 위주로 실었습니다.

　* 훈의 단어는 의미만 넣고 특별하게 읽히는 단어의 경우만 한자를 포함하여 표시하였습니다.

　* 파란색이 한자에 해당하는 부분이며 오쿠리가나는 괄호에 넣어 표시하였습니다.

　* 음훈에서 탁음 혹은 반탁음이 붙어 읽기에 변형이 생긴 단어는 * 를 붙여 표시하였습니다.

⓫ `예외` 음훈과 달리 특별하게 읽는 단어를 예외로 표시하였습니다.

⓬ `예문` 각각 음과 훈에 쓰인 단어를 이용하여 예문을 제시하였습니다.

차례

일본어 한자에 대해

일본어는 한자, 히라가나, 가타카나 세 종류의 문자로 구성되어 있습니다.

히라가나는 한자의 초서체를 간략하게 줄여서 만든 문자로 주로 문장내에서 접속사, 조사, 조동사, 부사 등으로 사용되며 가타카나는 한자의 부, 변, 방 등 한자의 일부를 따서 만든 문자로 주로 외래어, 의성어, 의태어, 동식물이나 곤충의 명칭, 어떤 말을 강조할 때 사용됩니다. 마지막으로 한자는 실질적인 어휘를 나타내는 말에 사용되어 한층 뜻을 알기 쉽게 해주는 역할을 합니다. 또한 한국어와 일본어에 쓰이는 한자체가 다른 경우가 많기 때문에 특히 유의하여 공부할 필요성이 있습니다.

▶ 한자의 음과 훈

일본어 한자 읽기에는 음독과 훈독이 있습니다. 음독은 중국어의 한자 발음에 입각하여 읽는 방법을 말하며, 훈독은 원래 일본에 있었던 순수 일본어를 같은 의미를 지닌 한자에 적용시켜 읽는 방법을 말합니다.

| 土
(흙 토) | (음) 토 : ど·と　←　tǔ 중국어의 한자 발음 |
| | (훈) 흙 : つち　←　원래 일본에 있던 순수 일본어 |

| 山
(뫼 산) | (음) 산 : さん　←　shān 중국어의 한자 발음 |
| | (훈) 뫼 : やま　←　원래 일본에 있던 순수 일본어 |

일본어 한자 읽기 비법

한자의 특성상, 음으로 읽히는 한자어인 경우 한국어와 일본어의 자음과 받침에서 상관성을 지닙니다.

한자 음의 자음	예시
ㅂ/ㅍ → は행	半 반 반 : 바(は) + ㄴ(ん) → はん
	八 여덟 팔 : 파(は) + ㄹ(ち) → はち
ㅇ → あ행 or が행	安 편안할 안 : 아(あ) + ㄴ(ん) → あん
	五 다섯 오 : 오(ご) → ご
ㅊ → さ행	七 일곱 칠 : 치(し) + ㄹ(ち) → しち
	參 참여할 참 : 차(さ) + ㅁ(ん) → さん
ㅎ → か행	韓 나라이름 한 : 하(か) + ㄴ(ん) → かん
	紅 붉을 홍 : 호(こ) + ㅇ(う) → こう

한자 음의 받침	예시
ㄱ → く or き	各 각각 각 : 가(か) + ㄱ(く) → かく
	石 돌 석 : 서(せ) + ㄱ(き) → せき　　*ㅓ/ㅕ → ㅔ
ㄴ → ん	民 백성 민 : 미(み) + ㄴ(ん) → みん
	運 운전할 운 : 우(う) + ㄴ(ん) → うん
ㄹ → つ or ち	末 끝 말 : 마(ま) + ㄹ(つ) → まつ
	一 한 일 : 이(い) + ㄹ(ち) → いち
ㅁ → ん	林 수풀 림 : 리(り) + ㅁ(ん) → りん
	心 마음 심 : 시(し) + ㅁ(ん) → しん
ㅂ → う or つ	甲 갑옷 갑 : 가(か) + ㅂ(う) → こう　　*au → ou
	立 설 립 : 리(り) + ㅂ(つ) → りつ

※ 규칙이 적용되지 않는 예외도 있습니다.

일본어 한자에 대해

▶ 오쿠리가나 (送り仮名)

일본어를 한자와 가나로 섞어 쓰는 과정에서, 읽기 편하게 하기 위해 훈독(동사, 형용사, 부사)의 일부 가나(かな)를 한자 뒤로 보내서(送り) 히라가나로 표기하는 용법으로, 하나의 한자에 읽는 법이 여러 가지인 경우 명확히 구분해 주는 역할을 합니다.

동사

· 1그룹동사 : 어미 한 개만 오쿠리가나로 한다

예 帰る 돌아오다 | 走る 달리다 | 洗う 씻다 | 笑う 웃다

· 2그룹동사 : iる / eる를 오쿠리가나로 한다

예 生きる 살다 | 起きる 일어나다 | 開ける 열다 | 食べる 먹다

· 3그룹동사

예 する 하다 | 来る 오다

い형용사

· ○○い / ～しい를 오쿠리가나로 한다

예 寒い 춥다 | 高い 높다 | 新しい 새롭다 | 忙しい 바쁘다

な형용사

· ○○か / ○○やか / ○○らか를 오쿠리가나로 한다

예 静か 조용함 | 定か 분명함 | 爽やか 상쾌함 | 明らか 분명함

오쿠리가나 예외 표기법

최소의 후리가나(*한자 위의 토)를 갖는 한자의 경우는 최소의 후리가나만 한자에 표기한다.

· 「起」 – 起きる라는 2그룹동사를 가지고 있기 때문에 최소의 가나 お만 남기고 모두 오쿠리가나로 한다. 비록 1그룹동사이지만 起こる, 起こす로 표기한다.

· 「浮」 – 浮く라는 1그룹동사를 가지고 있기 때문에 최소의 가나 う만 남기고 모두 오쿠리가나로 한다. 비록 1그룹과 2그룹 동사들이지만 浮かぶ, 浮かべる, 浮かれる로 표기한다.

· 「恥」 – 恥じる라는 2그룹동사를 가지고 있기 때문에 최소의 가나 は만 남기고 모두 오쿠리가나로 한다. 비록 ～しい로 끝나는 い형용사이지만 恥ずかしい로 표기한다.

라이먼의 법칙

미국의 광산 학자 '라이먼'에 의해서 발견된 법칙으로, 복합어인 경우 뒤 단어 첫 음절에 연탁 현상이 발생하지만, 뒤 단어의 2음절 이하에 이미 탁음이 존재하는 경우에는 연탁 현상이 발생하지 않는 법칙을 말합니다.

※연탁: 뒤의 첫 음이 청음에서 탁음으로 바뀌는 현상

예 **春風** 봄바람
<ruby>春風<rt>はるかぜ</rt></ruby>

はる(봄)와 かぜ(바람)라는 두 단어가 합쳐져 이루어진 복합어로, 뒤 단어의 2음절 이하에 ぜ라는 탁음이 이미 존재하기 때문에 か에 연탁 현상이 발생하지 않는다.

예 **共稼ぎ** 맞벌이
<ruby>共稼ぎ<rt>ともかせ</rt></ruby>

とも(함께)와 かせぎ(벌이)라는 두 단어가 합쳐져 이루어진 복합어로, 뒤 단어의 2음절 이하에 ぎ라는 탁음이 이미 존재하기 때문에 か에 연탁 현상이 발생하지 않는다.

예 **宝くじ** 복권
<ruby>宝<rt>たから</rt></ruby>くじ

たから(보물)와 くじ(추첨)이라는 두 단어가 합쳐져 이루어진 복합어로, 뒤 단어의 2음절 이하에 じ라는 탁음이 이미 존재하기 때문에 く에 연탁 현상이 발생하지 않는다.

숫자

✔ 다 외운 항목을 체크해보아요!

● 1~10 (10) ● 백~억 (4)

1~10

一

한 일

N5 초1

▶ 한 개의 가로선을 늘어놓은 모습으로 한 개를 뜻함

- 음 いち　一月 1월　一時 한 시　一番 1번, 가장　一緒 함께함
- 음 いつ　同一 동일　統一 통일
- 훈 ひと　ひと(つ)　一つ 하나, 한 개

来週、家族と一緒に北海道に行きます。
다음주 가족과 함께 홋카이도에 갑니다.

バナナが一つあります。바나나가 한 개 있습니다.

二

두 이

N5 초1

▶ 두 개의 가로선을 늘어놓은 모습으로 두 개를 뜻함

- 음 に　二月 2월　二時 두 시
- 훈 ふた　ふた(つ)　二つ 두 개　二人 두 명
- 예외 二十歳 스무 살　二十日 20일　二日 2일, 이틀

私の誕生日は二月三日です。저의 생일은 2월 3일입니다.
リンゴを二つ食べました。사과를 두 개 먹었습니다.

三

석 삼

N5 초1

▶ 세 개의 가로선을 늘어놓은 모습으로 세 개를 뜻함

- 음 さん　三月 3월　三角 삼각　三時 세 시
- 훈 み　み(つ)　みっ(つ)　三つ 세 개　三日 3일

三月三日は「耳の日」です。3월 3일은 '귀의 날'입니다.

みかんが三つあります。귤이 세 개 있습니다.

四

넉 사

N5 초1

▶ 입(口)에서 나온 입김이 사방으로 뿔뿔이 나뉘는(八 : 나눌 팔) 모습

- 음 し　四月 4월　四角 사각
- 훈 よ　四円 사 엔　四時 네 시　四人 네 명
- 훈 よん　四番 4번
- 훈 よ(つ)　よっ(つ)　四つ 네 개　四日 4일

四月四日に入学式が行われます。4월 4일에 입학식이 거행됩니다.
ももを四つ買いました。복숭아를 네 개 샀습니다.

다섯 오

N5 초1

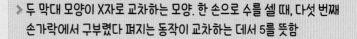

▶ 두 막대 모양이 X자로 교차하는 모양. 한 손으로 수를 셀 때, 다섯 번째 손가락에서 구부렸다 펴지는 동작이 교차하는 데서 5를 뜻함

- 음 ご　五月 5월　五時 다섯 시
- 훈 いつ　いつ(つ) 五日 5일　五つ 다섯 개

五月五日は子供の日です。 5월 5일은 어린이날입니다.

リンゴを五つください。 사과 다섯 개 주세요.

여섯 륙

N5 초1

▶ 덮개가 있는 구멍에 들어가는 모습

- 음 ろく　六月 6월　六時 여섯 시　六人 여섯 명
- 훈 むい　六日 (달력상) 6일, 엿새, 6일간
- 훈 む(つ) むっ(つ)　六つ 여섯 개

今日は六月六日です。 오늘은 6월 6일입니다.

まだ六日残っています。 아직 6일 남아 있습니다.

일곱 칠

N5 초1

▶ 세로선(l) 중앙을 가로로 자르고(-) 아래 끝을 잘라내는(_) 모습. 3과 4로 나누어져 4의 끝수 하나를 잘라내야 절반으로 나누어 떨어지는 7을 뜻함

- 음 しち　七月 7월　七時 일곱 시　七人 일곱 명
- 훈 なな　なな(つ)　七つ 일곱 개
- 훈 なの　七日 7일
- 예외 七夕 칠석

わが社は七時に終わります。 우리 회사는 일곱 시에 끝납니다.

皆さん、七ページを見てください。 여러분, 7페이지를 봐주세요.

여덟 팔, 나눌 팔

N5 초1

▶ 좌우로 나뉘는 모습

- 음 はち　八月 8월　八時 여덟 시
- 훈 や　八百屋 채소 가게
- 훈 や(つ) やっ(つ)　八つ 여덟 개
- 훈 よう　八日 8일

八月八日が妻の誕生日です。 8월 8일이 아내의 생일입니다.

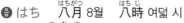

八百屋に寄って野菜を買ってきた。 채소 가게에 들러서 야채를 사 왔다.

아홉 구

`N5` `초1`

▶ 손(팔)이 구부러진 모습으로 숫자의 기초인 1부터 9까지의 정수를 셀 때, 손가락이 마지막으로 구부러지는 수 9를 뜻함

- 음 きゅう 九人 아홉 명
- 음 く 九月 9월　九時 아홉 시
- 훈 ここの ここの(つ)　九つ 아홉 개

あの店は9時にオープンします。 저 가게는 아홉 시에 오픈합니다.
9月9日が彼の誕生日です。 9월 9일이 그의 생일입니다.

열 십

`N5` `초1`

▶ 옛자는 丨, 하나로 모으는 것으로 나중에 중간이 불룩해져 十가 됨

- 음 じゅう 十月 10월　十二月 12월　十分 (＝充分) 충분함
- 훈 とお と　十日 10일, 열흘
- 예외 二十歳 스무 살, 20세　二十日 20일

これで十分です。 이것으로 충분합니다.
今月二十日に二十歳になります。 이번 달 20일에 스무 살이 됩니다.

백~억

일백 백

`N5` `초1`

▶ 지붕에 100여 마리의 벌이 매달린 벌집의 모습

- 음 ひゃく 百円 백 엔　百貨店 백화점

ショッピングに百貨店に行きます。 쇼핑하러 백화점에 갑니다.
百円ショップには色んな物があります。
100엔 숍에는 다양한 물건이 있습니다.

千

일천 천

`N5` `초1`

▶ 고대에는 사람 인(イ) 자의 다리 부분에 一을 그어서 사람의 수가 일천이라는 의미를 나타냄

- 음 せん 千円 천 엔　千人 천 명
- 훈 ち 千切る 손끝으로 잘게 떼다

2千円札は、2000年に発行されたものです。
2천 엔짜리 지폐는 2000년에 발행된 것입니다.
パンを小さく千切って食べました。 빵을 잘게 뜯어서 먹었습니다.

万

일만 만

N5 초2

> [정자 萬] 맹독을 가진 전갈의 모양으로, 전갈이 알을 많이 낳는 데서 일만의 뜻이 됨

- 음 まん 　一万 (일)만　万(が)一 만약, 만에 하나
- 음 ばん 　万事 만사　万能 만능

万一のために、薬を持っていきましょう。

만일을 위해서 약을 가지고 갑시다.

彼は万能選手です。그는 만능 선수입니다.

億

억 억

N2 초4

> 사람이 상상할 수(意) 밖에 없는 큰 수로 옛날에는 실제로 존재하지 않았던 숫자

- 음 おく 　億 억, (엄청나게) 많은 수

この家は3億円もするそうです。이 집은 3억 엔이나 한다고 합니다.

私も億万長者になりたいです。저도 억만장자가 되고 싶습니다.

사람

인(人)

사람 인

N5 초1

▶ 사람이 서 있는 모습

- 음 じん　人口 인구　人生 인생　成人 성인
- 음 にん　人気 인기　人形 인형
- 훈 ひと　사람
- 예외 大人 어른　一人 한 사람　二人 두 사람

世界の人口はどんどん増えている。세계 인구는 점점 늘고 있다.

この人は誰ですか。이 사람은 누구입니까?

어질 인

N1 초6

▶ 두(二) 사람(イ)이 동료로서 사이좋게 지내는 것

- 음 じん　仁義 의리　仁愛 인애　仁術 인술　仁政 인정
- 음 に　仁王 인왕(불법을 지키는 신)

犬は仁王立ちになっていました。개는 우뚝 버티고 서 있었습니다.

あいつは仁義がないです。저 녀석은 의리가 없습니다.

지경 계, 경계 계

N4 초3

▶ 논밭(田)을 양쪽으로 나누는(介) 경계를 뜻함

* 介(끼일 개) : 사람(人)이 어떤 사이에 들어가서 양쪽으로 나누는(八) 것

- 음 かい　業界 업계　限界 한계　世界 세계

世界には多くの民族がいます。세계에는 많은 민족이 있습니다.

人間の能力に限界はないです。인간의 능력에 한계는 없습니다.

큰 대

N5 초1

▶ 사람이 양팔과 양다리를 크게 벌리고 서 있는 모습

- 음 だい　大学 대학　大事 소중함, 중요함
- 음 たい　大変 큰일, 힘듦　大切 중요함, 소중함
- 훈 おお　큰, 많은　大型 대형　大勢 많이, 많은 사람
- 훈 おお(きい)　크다
- 훈 おお(いに)　매우, 대단히, 크게

卒業したら東京で就職したいです。

졸업하면 도쿄에서 취직하고 싶습니다.

彼は大きい夢を持っています。그는 큰 꿈을 가지고 있습니다.

클 태

▶大(큰 대)에 점 하나를 찍어, '크다'라는 의미를 강조함

🔊 たい　太古 태고, 먼 옛날　太陽 태양
🔊 た　丸太 통나무, 원목
🔊 ふと(い) 굵다
🔊 ふと(る) 살찌다

太陽がまぶしいですね。 태양이 눈부시네요.
急に３キロも太りました。 갑자기 3킬로나 쪘습니다.

하늘 천

▶사람(大) 머리 위에 높게 펼쳐진(一) 하늘

🔊 てん　天気 날씨　天才 천재　天然 천연
🔊 あめ 하늘
🔊 あま 하늘　天の川 은하수

今日は天気が良いですね。 오늘은 날씨가 좋네요.
田舎に行くと天の川が見えます。 시골에 가면 은하수가 보입니다.

누에 잠

▶실을 만들 수 있도록 하늘(天)이 내려준 벌레(虫)라는 의미로 누에를 뜻함

🔊 さん　蚕業 잠업, 양잠업　養蚕 양잠, 누에치기
🔊 かいこ 누에

最近、養蚕は見られないです。
최근에 누에를 치는 일은 볼 수 없습니다.
子供のころ、蚕を見たことがあります。
어린 시절에 누에를 본 적이 있습니다.

거스를 역

▶屰은 사람(大)을 거꾸로 뒤집어 그린 모양. 사람이 거꾸로 된 모습을 하고
반대(屰) 방향으로 나아가는(辶) 것을 의미함

🔊 ぎゃく　逆効果 역효과　逆転 역전　逆流 역류　反逆 반역
🔊 さか 역, 거꾸로 됨　逆立ち 물구나무서기
🔊 さか(らう) 거역하다, 반항하다

それでは逆効果になります。 그럼 역효과가 됩니다.
親に逆らってはいけません。 부모님에게 반항해서는 안 됩니다.

지아비 부

N3 초4

▶ 사람(大)이 머리에 상투(一)를 튼 모습으로 장가들어 어른이 된 남자를 뜻함

- 음 ふ　夫妻 (지위가 높은) 부부, 내외분
- 음 ぶ　丈夫 (신체) 튼튼함, 건강함, (사물) 튼튼함, 탄탄함
- 음 ふう　夫婦 부부　工夫 궁리, 고안, 연구
- 훈 おっと (자기) 남편

新しい方法を工夫しましょう。 새로운 방법을 궁리합시다.
夫に皿を洗わせました。 남편에게 설거지를 시켰습니다.

도울 찬, 찬성할 찬

N4 초5

▶ [정자] 贊 두 사람이 발(先) 맞춤(先先) 나아가며 서로 재물(貝)로 도움을 주고받음

- 음 さん　賛成 찬성　賛美 찬미　絶賛 절찬

私はその意見に賛成です。 저는 그 의견에 찬성입니다.
毎週日曜日に皆で賛美歌を歌います。
매주 일요일에 모두 함께 찬송가를 부릅니다.

가운데 앙

N2 초3

▶ 팔다리를 벌리고 누운 사람(大)이 베개(一)의 정중앙을 베고 있는 모습

- 음 おう　中央 중앙　震央 진앙

大学キャンパスの中央に池があります。
대학 캠퍼스의 중앙에 연못이 있습니다.
矢は的の中央に当たりました。 화살은 과녁의 중앙에 맞았습니다.

꽃부리 영

N4 초4

▶ 꽃잎으로 둘러싸여 있는 꽃(艹) 정중앙(央)에 있는 꽃부리

- 음 えい　英語 영어　英才 영재　英和 영일(영어와 일본어)　英雄 영웅

私は英語で日記をつけています。 저는 영어로 일기를 쓰고 있습니다.
彼の娘は英才教育を受けています。
그의 딸은 영재교육을 받고 있습니다.

映

> 해(日)가 중천(央)에 떠서 세상을 비추는 모습

음 えい　映画(えいが) 영화　上映(じょうえい) 상영　反映(はんえい) 반영

훈 うつ(る) 비치다, 방영되다, 상영되다

훈 うつ(す) 비추다, 방영하다, 상영하다

훈 は(える) 빛나다, 비치다, 잘 어울리다

今週(こんしゅう)の日曜日(にちようび)映画(えいが)でもどうですか。

이번 주 일요일 영화라도 어떻습니까?

鏡(かがみ)に映(うつ)ると左右(さゆう)が反対(はんたい)に見(み)えます。

거울에 비치면 좌우가 반대로 보입니다.

비칠 영

N4 초6

笑

> 옛 자는 □笑, 입(口)을 대나무(竹)처럼 가늘게(夭) 오므려서 웃는 모습으로 현재는 笑으로 사용됨
>
> *夭 : 가늘고 나긋나긋한 사람의 모습

음 しょう　苦笑(くしょう) 쓴웃음　冷笑(れいしょう) 냉소(쌀쌀한 태도로 비웃음)

훈 わら(う) 웃다

훈 え(む) 미소 짓다, 방긋이 웃다　笑顔(えがお) 웃는 얼굴

話(はなし)を聞(き)いて彼(かれ)は苦笑(くしょう)しました。

이야기를 듣고 그는 쓴웃음 지었습니다.

彼女(かのじょ)はにっこりと笑(わら)いました。그녀는 생긋 웃었습니다.

웃음 소

N3 초4

句

> 작게 감싼(勹) 말(口)로 문장의 일부분을 이루는 구를 뜻함

음 く　句読点(くとうてん) 구두점, 마침표와 쉼표　文句(もんく) 문구, 불평, 불만

句読点(くとうてん)がないと読(よ)みにくいです。

마침표와 쉼표가 없으면 읽기 어렵습니다.

彼(かれ)はいつも文句(もんく)ばかり言(い)っています。

그는 항상 불평만 하고 있습니다.

글귀 구

N1 초5

局

> 큰 틀(月) 안의 작은 부분(口)

음 きょく　郵便局(ゆうびんきょく) 우체국　電話局(でんわきょく) 전화국
　薬局(やっきょく) 약국　結局(けっきょく) 결국, 마침내, 드디어

郵便局(ゆうびんきょく)から荷物(にもつ)を送(おく)りました。우체국에서 짐을 부쳤습니다.

結局(けっきょく)は努力(どりょく)した者(もの)が勝(か)ちます。결국은 노력한 자가 이깁니다.

판 국, 부분 국

N3 초3

쌀 포

N3 초4

> [정자 包] 태아(巳)가 엄마의 배 속에 감싸여(勹) 있는 모습

- 음 ほう　包装 포장　包丁 부엌칼, 식칼　内包 내포
- 훈 つつ(む) 싸다, 포장하다, 두르다

プレゼントをきれいに包装します。 선물을 예쁘게 포장합니다.
これを紙に包んでください。 이것을 종이에 싸 주십시오.

공경할 경, 삼갈 경

N2 초6

> 양의 뿔(艹)에 놀라서 몸을 움츠리며(勹) 입(口)을 벌리고 놀라는 동작(攵)으로 멀리서 보면 공경하는 모습으로도 보임

- 음 けい　敬意 경의　敬語 경어　尊敬 존경
- 훈 うやま(う) 존경하다, 공경하다

あなたの尊敬する人は誰ですか。
당신이 존경하는 사람은 누구입니까?
お年寄りは敬うべきです。 노인은 공경해야 합니다.

경계할 경, 깨우칠 경

N2 초6

> 말(言)로 주의를 주어서 몸을 움츠리며 긴장하게(敬) 함

- 음 けい　警官 경관　警告 경고　警察 경찰　警備 경비

ファウルで警告を受けました。 파울로 경고를 받았습니다.
警察に車を止められました。 경찰이 차를 멈춰 세웠습니다.

가슴 흉

N2 초6

> 늑골로 싸인(勹) 몸(月) 속에 있는 큰 구멍(凶)
> *凶(흉할 흉) : 사람(乂)이 구멍(凵)에 빠지는 모습

- 음 きょう　胸部 흉부　胸囲 가슴둘레
- 훈 むな 가슴의, 가슴에
- 훈 むね 가슴

胸部レントゲン検査を受けました。 흉부 X-ray 검사를 받았습니다.
胸に手を当てて考えてください。 가슴에 손을 얹고 생각하세요.

均

고를 균

極

다할 극

久

오랠 구

急

급할 급

▶勻은 전체(勹)를 고르게(二) 하는 것으로, 흙(土)을 평평히 고르는(勻) 것

🔵 きん　均一 균일　均等 균등　平均 평균

料金は千円均一です。요금은 천 엔 균일입니다.

平均一日４時間勉強しています。
평균 하루에 4시간 공부하고 있습니다.

N2　초5

▶천장 끝에서 바닥 끝까지 꼿꼿이 뻗은(亟) 기둥(木)

＊亟 : 상하의 선(二) 사이, 사람(人)이 서 있는 모습에 口(입)과 又(손)을 더한 한자
로, 사람이 머리끝부터 발끝까지 꼿꼿이 뻗은 모습을 나타냄

🔵 きょく　消極的 소극적　積極的 적극적　南極 남극　北極 북극
🔵 ごく　極上 극상, 최상　極楽 극락
🟢 きわ(まる) 극도에 이르다, 〜하기 짝이 없다
🟢 きわ(める) 끝까지 가다, 다하다
🟢 きわ(み) 끝, 극한

南極の氷が減っているそうです。남극의 얼음이 줄고 있다고 합니다.

彼の態度は失礼極まります。그의 태도는 실례스럽기 짝이 없습니다.

N2　초4

▶사람의 등(ク)에 도구(乀)로 뜸을 뜨는 모습으로, 뜸으로 생긴 상처는
　오래간다는 것을 뜻함

🔵 きゅう　永久 영구(함), 영원(함)
🔵 く　久遠 구원, 영원
🟢 ひさ(しい) 오래다, 오래되다

これは半永久的に使えます。이것은 반영구적으로 사용할 수 있습니다.

彼女と別れて久しいです。여자친구와 헤어진 지 오래되었습니다.

N3　초5

▶【정자 急】급해서 손(ヨ)으로 앞사람의 등(ク)을 붙잡으려는 마음(心)

🔵 きゅう　急行 급행　急増 급증　急用 급한 용무
🟢 いそ(ぐ) 서두르다, 급하다

急用ができたので、お先に失礼します。
급한 용무가 생겨서 먼저 실례하겠습니다.

時間がないから急ぎましょう。시간이 없으니까 서두릅시다.

N4　초3

吸

숨 들이쉴 흡, 마실 흡

N2 초6

> 어떤 물건에 입(口)을 대고(及) 들이마심
> * 及(미칠 급) : 도망치는 사람의 등(ク)에 뒤쫓는 사람의 손(又)이 닿은 모습

- 음 きゅう　吸収 흡수　呼吸 호흡
- 훈 す(う) (기체·액체를) 마시다, 빨다, (담배를) 피우다

このタオルは水分をよく吸収します。

이 타올은 수분을 잘 흡수합니다.

ここでタバコを吸ってはいけません。

여기에서 담배를 피워서는 안 됩니다.

級

등급 급

N2 초3

> 실(糸)이 다 떨어지면 한 단 한 단 순서대로 보충하는(及) 것

- 음 きゅう　階級 계급　初級 초급　中級 중급　高級 고급

英語はまだ初級です。 영어는 아직 초급입니다.

この店は高級なイメージがありますね。

이 가게는 고급스러운 이미지가 있네요.

女

계집 녀

N5 초1

> 여자가 옆쪽으로 앉아 있는 모습

- 음 じょ　女性 여성　男女 남녀　彼女 그녀, 애인, 여자친구
- 음 にょ　天女 천녀, 선녀
- 음 にょう　女房 마누라, 아내
- 훈 おんな 여자, 여성
- 훈 め　女神 여신

木村さんの彼女は美人です。 기무라 씨의 애인은 미인입니다.

このクラスには女の子が少ないです。 이 반에는 여자아이가 적습니다.

安

편안할 안

N5 초3

> 여자(女)가 집(宀)에 편안하게 있는 모습

- 음 あん　安心 안심　安易 안이　安全 안전　不安 불안
- 훈 やす(い) (값이) 싸다

安全な道を選びましょう。 안전한 길을 택합시다.

このかばんは安いです。 이 가방은 쌉니다.

案

책상 안, 생각 안

N1 초4

> ▶편하게(安) 책을 보며 생각할 수 있도록 나무(木)로 만든 책상

음 あん　案内 안내　案外 예상외(의), 의외(로)　答案 답안　提案 제안

青山さんが日本を案内してくれました。

아오야마 씨가 일본을 안내해 주었습니다.

この映画は案外つまらなかったです。

이 영화는 의외로 재미없었습니다.

母

어미 모

N5 초2

> ▶아이를 양육하는 어머니의 양 가슴의 모양

음 ぼ　母語 모어, 모국어　母国 모국　祖母 할머니

훈 はは 엄마, 어머니　母親 모친, 어머니

예외 お母さん 어머니　お祖母さん 할머니

私の母語は韓国語です。 저의 모어는 한국어입니다.

うちの母は大学の教授です。 우리 어머니는 대학 교수입니다.

毎

매양 매

N5 초2

> ▶[정자 每] 머리에 비녀를 꽂은 어머니의 모습
> *옛날에 어머니들이 잇달아 아이를 많이 낳았기 때문에 매양(늘)이라는 의미가 파생됨

음 まい　毎日 매일　毎週 매주　毎月 매달　毎年 매년

毎日運動することを心掛けている。 매일 운동할 것을 유념하고 있다.

毎月、5万円の家賃を払っています。

매달 5만 엔의 방값을 내고 있습니다.

海

바다 해

N4 초2

> ▶[정자 海] 물(氵)이 많은(毎) 어둡고 깊은 바다

음 かい　海外 해외　海岸 해안　海水浴 해수욕

훈 うみ 바다

来月、海外旅行に行きます。 다음 달 해외여행을 갑니다.

グアムの海はきれいです。 괌의 바다는 깨끗합니다.

매화나무 매

N1 초4

> [성자 梅] 열매가 많이(毎) 열리는 매화나무(木)

- 음 ばい　梅雨前線 장마전선
- 훈 うめ 매화, 매화나무, 매실　梅干 매실 장아찌
- 예외 梅雨 장마

梅雨前線の影響で大雨が降るでしょう。
장마전선의 영향으로 많은 비가 내리겠습니다.
来月から梅雨に入ります。 다음 달부터 장마에 접어듭니다.

아들 자

N5 초1

> 작은 아기가 팔을 벌리고 있는 모습

- 음 し　女子 여자　男子 남자　帽子 모자
　調子 (몸·기계) 상태, 컨디션
- 음 す　椅子 의자
- 훈 こ 아이, 어린아이, 자식　息子 아들

体の調子はどうですか。몸 컨디션은 어떠십니까?
うちの息子は背が低いです。우리 아들은 키가 작습니다.

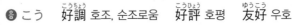

> 여자(女)가 아기(子)를 안고 좋아함

- 음 こう　好調 호조, 순조로움　好評 호평　友好 우호
- 훈 この(む) 좋아하다, 흥미를 가지다, 즐기다
- 훈 この(ましい) (사물의 형편, 상태 등이) 바람직하다
- 훈 す(く) 좋아하다, 마음에 들다
- 훈 す(き) 좋아함

新商品が好評です。 신상품이 호평입니다.
スポーツの中ではサッカーが好きです。
스포츠 중에는 축구를 좋아합니다.

좋을 호

N3 초4

글자 자

N4 초1

> 집(宀)에 아이(子)가 태어나 자식이 늘듯, 계속 늘어나는 새로운 글자

- 음 じ　字 글씨　漢字 한자　数字 숫자　文字 문자
- 훈 あざ 한국의 동(洞)·리(里) 밑의 아랫마을 윗마을 정도를 나타냄

漢字を書くのは難しいです。 한자를 쓰는 것은 어렵습니다.
シュメール人が数字を発明しました。
수메르인이 숫자를 발명했습니다.

保

지킬 보, 보호할 보

N2 초5

> 이불로 감싼 갓난 아기(呆)를 어른(亻)이 옆에서 지키며 보호함

- 음 ほ　保護 보호　保険 보험　保存 보존　確保 확보
- 훈 たも(つ) 유지하다, 지키다

文化財を保護しましょう。 문화재를 보호합시다.

若さを保つ方法を教えてください。

젊음을 유지하는 방법을 가르쳐 주세요.

育

기를 육

N3 초3

> 태어난 아기(㐅)가 살(月)이 올라서 자라는 것

＊㐅(아이 돌아나올 돌) : 子가 거꾸로 된 자로, 모체에서 아기가 거꾸로 태어나는 모양

- 음 いく　育児 육아　育成 육성　教育 교육　体育 체육
- 훈 そだ(つ) 자라다, 성장하다
- 훈 そだ(てる) 기르다, 키우다

このアニメは子供の教育上良くないです。

이 애니메이션은 아이들의 교육상 좋지 않습니다.

子供のころ、ひよこを育てたことがあります。

어린 시절 병아리를 기른 적이 있습니다.

流

흐를 류

N3 초3

> 아기(㐅)가 태어날 때 양수가 흘러 나오듯이(川), 물(氵)이 흐르는(充) 것

- 음 りゅう　流行 유행　一流 일류　交流 교류
- 음 る　流布 유포
- 훈 なが(れる) 흐르다　훈 なが(す) 흘리다
- 예외 流行る 유행하다

一流選手になるには、努力が必要です。

일류선수가 되려면 노력이 필요합니다.

彼女は涙を流していました。 그녀는 눈물을 흘리고 있었습니다.

統

큰줄기통, 거느릴통

N1 초5

> 누에의 실(糸)을 몇 가닥 모아서(充 : 가득할 충) 꼰 실

- 음 とう　統一 통일　統計 통계　統治 통치　伝統 전통
- 훈 す(べる) 지배하다, 통치하다, 다스리다

この店は100年の伝統を誇ります。

이 가게는 100년의 전통을 자랑합니다.

天下を統べる。 천하를 다스리다.

노인

長

길 장, 어른 장

N5 초2

▶노인이 긴 머리카락을 휘날리며 서 있는 모습

음 ちょう　長期 장기　長所 장점　社長 사장　成長 성장

훈 なが(い) 길다

人は誰でも、長所を持っています。

사람은 누구나 장점을 가지고 있습니다.

世界で一番長い川はどこですか。 세상에서 가장 긴 강은 어디입니까?

張

베풀 장, 벌릴 장

N2 초5

▶활(弓)에 활시위를 길고(長) 팽팽하게 당겨 끼우는 모습

음 ちょう　緊張 긴장　主張 주장　出張 출장

훈 は(る) 뻗다, 부풀다, 팽팽해지다

面接の時は本当に緊張しました。 면접 때는 정말로 긴장했습니다.

ビールを飲むとお腹が張ります。 맥주를 마시면 배가 땡땡해집니다.

帳

휘장 장, 장막 장

N1 초3

▶실내의 칸막이처럼 길게(長) 둘러친 천(巾)

음 ちょう　通帳 통장　手帳 수첩

最近、通帳はあまり使わないです。

최근에 통장은 별로 사용하지 않습니다.

友達の誕生日を手帳にメモしておきました。

친구 생일을 수첩에 메모해 두었습니다.

老

늙을 로, 노인 로

N3 초4

▶머리카락이 길고 허리가 굽은 노인이 지팡이를 짚고 있는 모습

음 ろう　老化 노화　老後 노후　老人 노인

훈 お(いる) (신체적으로) 늙다

훈 ふ(ける) (실제 나이보다) (겉)늙다

老後は田舎で過ごしたいです。 노후는 시골에서 지내고 싶습니다.

彼は年より老けて見えますね。 그는 나이보다 (겉)늙어 보이네요.

30

> 자식(子)이 나이든(老→耂) 부모를 업고 있는 모습

음 こう　孝行 효행, 효도　孝子 효자　孝女 효녀　不孝 불효

彼は親孝行な青年です。 그는 효성스런 청년입니다.

親不孝だったことを後悔しています。

불효였던 것을 후회하고 있습니다.

효도 효

N1　초6

> 굽은(老→耂) 허리처럼 구부러져 막힐(丂) 때까지 여러모로 깊게 생각함

음 こう　考案 고안　考古学 고고학　参考 참고　思考 사고

훈 かんが(える) 생각하다, 헤아리다

資料を参考してください。 자료를 참고하세요.

解決の方法を考えましょう。 해결방법을 생각합시다.

생각할 고

N4　초2

신체

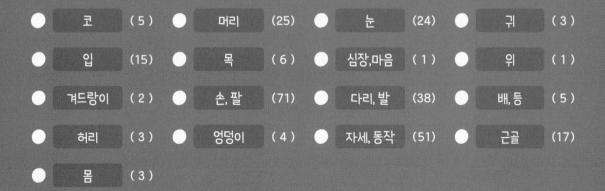

코

스스로 자

N4 초2

▶ 얼굴의 중앙에 있는 코의 모습

- 음 じ　自己 자기　　自信 자신(감)　　自宅 자택　　自由 자유
- 음 し　自然 자연
- 훈 みずか(ら) 스스로

皆で自然を守りましょう。 모두 함께 자연을 지킵시다.

自ら先頭に立ちます。 스스로 선두에 섭니다.

코 비

N2 초3

▶ [정자 鼻] 양손(廾)과 콧방울(畀)을 합친 자로 양손으로 코를 만지는 모습

- 음 び　鼻炎 비염　　鼻音 비음, 콧소리　　耳鼻科 이비인후과
- 훈 はな 코

この茶は鼻炎によく効きます。 이 차는 비염에 잘 듣습니다.

花粉症で鼻水が止まらない。 화분증으로 콧물이 멈추지 않는다.

낯 면

N3 초3

▶ 머리(一)와 코(自), 뺨이 있는 얼굴의 모습

- 음 めん　面会 면회　　面接 면접　　表面 표면
　　　　　　面倒 귀찮음, 성가심, 돌봄, 보살핌
- 훈 おも 얼굴, 얼굴 모습
- 훈 おもて 겉면, 표면
- 훈 つら 낯, 낯짝, 상판

子供の面倒を見るのは大変です。 아이를 돌보는 것은 힘듭니다.

あいつの面など見たくもない。 저 녀석의 상판 따위 보기도 싫다.

숨쉴 식

N3 초3

▶ 심장(心)의 움직임에 따라 코(自)로 숨을 쉬는 것

- 음 そく　休息 휴식　　消息 소식
- 훈 いき 숨, 호흡
- 예외　息子 아들, 자식

これから15分間の休息を取りましょう。

지금부터 15분간의 휴식을 취합시다.

マスクをして歩くと、息が苦しいです。

마스크를 쓰고 걸으면 숨쉬기 어렵습니다.

가 변

N2　초4

> **[정자 邊]** 길이 막힐 때까지 걸어간(辶_힐) 끝부분(鼻)
>
> * 鼻 : 코(自) 구멍(穴)의 끝부분인 양쪽으로 튀어나온(方) 콧방울

- 음 へん　底辺 밑변, 저변　周辺 주변
- 훈 あた(り) 근처, 부근, 주위
- 훈 べ 가, 근처　海辺 바닷가　川辺 강변

昔この周辺は畑だったそうだ。 옛날에 이 주변은 밭이었다고 한다.

この辺りは静かで住みやすいです。 이 일대는 조용해서 살기 좋습니다.

머리

머리 수

N3　초2

> **머리카락(⺧)과 코(自)가 있는 머리의 모습**

- 음 しゅ　首相 수상　首都 수도　部首 부수
- 훈 くび 목, 해고

首相は今日ドイツへ向かいました。 수상은 오늘 독일로 향했습니다.

寝違えたのか、首が痛いです。 잠을 잘 못 잤는지 목이 아픕니다.

길 도

N4　초2

> **사람이 머리(首), 즉 목표를 향하여 나아가는 길**

- 음 どう　道具 도구　道理 도리　道路 도로　鉄道 철도
- 음 とう　神道 신도(일본의 전통 신앙)
- 훈 みち 길

人間は、道具を使う動物です。 인간은 도구를 사용하는 동물입니다.

道に迷ってしまいました。 길을 잃고 말았습니다.

인도할 도

N2　초5

> **손(寸)으로 길(道)을 안내해주는 것**

- 음 どう　導入 도입　半導体 반도체　引導 인도　指導 지도
- 훈 みちび(く) 안내하다, 지도하다, 이끌다

海外の技術を導入しましょう。 해외 기술을 도입합시다.

事業を成功に導きたい。 사업을 성공으로 이끌고 싶다.

머리 두

N3 초2

▶ 한곳에 가만히 서 있는 제기(豆) 모양을 한 머리(頁)

- 음 とう　口頭 구두　先頭 선두
- 음 ず　頭痛 두통　頭脳 두뇌
- 음 と　*音頭 선창, 선창자
- 훈 あたま 머리
- 훈 かしら 머리, 우두머리, 두목　頭文字 머리 글자, 이니셜

2次試験は口頭試験です。 2차 시험은 구두시험입니다.
青山君は頭が良いです。 아오야마 군은 머리가 좋습니다.

정수리 정, 꼭대기 정

N2 초6

▶ 머리(頁)를 평평한 못(丁)의 윗부분에 빗대어 정수리를 뜻함

- 음 ちょう　頂上 정상　頂点 정점　山頂 산정, 산꼭대기
- 훈 いただ(く) (겸사말) 받다, 먹다, 마시다
- 훈 いただき 꼭대기, 정상

私達は山の頂上まで登りました。 우리는 산 정상까지 올랐습니다.
では、お先に頂きます。 그럼 먼저 먹겠습니다.

얼굴 안

N3 초2

▶ 이목구비가 뚜렷한 잘생긴 남자(彦)의 얼굴(頁)

- 음 がん　顔面 안면, 얼굴　洗顔 세안
- 훈 かお 얼굴, 낯

顔面にやけどをしました。 얼굴에 화상을 입었습니다.
今日は顔色が悪いですね。 오늘은 안색이 안 좋으시네요.

순할 순

N2 초4

▶ 물(川)이 흘러가는 것처럼 우두머리(頁)의 방향이나 생각을 순순히 따름

- 음 じゅん　順位 순위　順調 순조　順番 순번, 차례

大会は順調にスタートしました。 대회는 순조롭게 시작되었습니다.
順番を守ってください。 차례를 지켜주세요.

▶ [전자] 類) 비슷한 종류가 많은 쌀(米)이나 동물(犬)의 두 한자를 합쳐 종류가 많다는 것을 뜻함

- 음 るい　種類 종류　部類 부류　分類 분류
- 훈 たぐい　같은 부류, 동류, 유례

この商品の色は、2種類ございます。

이 상품의 색은 두 종류 있습니다.

この作品は類のない名作です。 이 작품은 유례 없는 명작입니다.

무리 류, 비슷할 류

N3　초4

▶ 집(宀)에 뛰어 들어가다가 문지방에 발이 걸려(各) 넘어지면서 부딪치는 머리(頁) 부분

- 음 がく　金額 금액　額縁 액자
- 훈 ひたい　이마

修理金額はいくらですか。 수리 금액은 얼마입니까?

猫の額ほどの庭です。 손바닥만 한 정원입니다.

이마 액

N2　초5

▶ 머리에 가면을 덮어 쓰고(頁) 발(夂)로 춤추는 사람의 모습으로, 초목이 우거져 대지를 덮는 여름을 뜻함

- 음 か　夏季 하계　夏期 하기　初夏 초여름
- 음 げ　夏至 하지
- 훈 なつ　여름, 하절　夏休み 여름방학

今日は、昼が一番長い夏至です。 오늘은 낮이 가장 긴 하지입니다.

今年の夏は本当に暑かったですね。 올 여름은 정말 더웠죠.

여름 하

N4　초2

▶ 발걸음을 느릿느릿(憂) 움직이며 행동 혹은 연기하는 사람(亻)

＊憂(근심 우) : 머리(頁)와 마음(心)이 근심으로 가득 차 발걸음이 좀처럼 나아가지 못함(夂)

- 음 ゆう　優秀 우수　優勝 우승　優先 우선　俳優 배우
- 훈 やさ(しい)　상냥하다
- 훈 すぐ(れる)　우수하다, 뛰어나다

今年は読売が優勝しました。 올해는 요미우리가 우승했습니다.

彼女は優れた学生です。 그녀는 우수한 학생입니다.

넉넉할 우

N2　초6

볼 견

N5 초1

> 사람(儿)의 머리 부분에 있는 눈(目)으로 봄
>
> *儿(어진사람 인) : 人자의 변형으로, 儿 위에 올라오는 것들은 전부 머리와 관련이 있음

- 음 けん　見学 견학　見物 구경　意見 의견　発見 발견
- 훈 み(る) 보다
- 훈 み(える) 보이다
- 훈 み(せる) 보이다, 보여주다

あなたの意見を聞かせてください。 당신의 의견을 들려주세요.

パスポートを見せてください。 여권을 보여주세요.

나타날 현

N2 초5

> 옥을 깨끗이 닦으면 옥(王)의 표면이 보임(見)

- 음 げん　現金 현금　現在 현재　現代 현대　表現 표현
- 훈 あらわ(れる) (모습·모양이) 나타나다, 출현하다
- 훈 あらわ(す) (모습·모양을) 나타내다, 드러내다

今、現金が全くないです。 지금 현금이 전혀 없습니다.

いよいよ舞台に姿を現した。 드디어 무대에 모습을 나타냈다.

으뜸 원

N4 초2

> 사람(儿)의 둥근 머리(二)는 가장 위에 있음으로 으뜸을 뜻함

- 음 げん　元気 원기, 기운, 건강함, 활발함
- 음 がん　元日 설날　元来 원래
- 훈 もと 이전, 원래, 전, 전직

元気を出してください。 기운을 내세요.

読んだら元の所に戻しておきなさい。

다 읽으면 원래 장소로 되돌려 놓으세요.

완전할 완

N3 초4

> 둥글게(元) 벽으로 완전히 둘러싸인 집(宀)

- 음 かん　完工 완공　完成 완성　完全 완전　完了 완료

いよいよ作品が完成しました。 드디어 작품이 완성되었습니다.

完全な人間はいないと思います。 완벽한 인간은 없다고 생각합니다.

院

담 원, 집 원

N4 초3

> 흙으로 쌓아 만든 담(阝)으로 둘러싸인(完) 집

🔊 いん　医院 의원　大学院 대학원　入院 입원　病院 병원

今年、大学院に進学します。 올해 대학원에 진학합니다.
姉は病院で働いています。 누나는 병원에서 일하고 있습니다.

光

빛 광

N3 초2

> 사람(儿)의 머리 위에 빛(⺌)이 나는 모습

🔊 こう　光栄 (개인) 영광　栄光 (단체) 영광　観光 관광
　　日光 일광, 햇빛

🔊 ひか(る) 빛나다, 반짝이다

🔊 ひかり (해·달 등 자연적인) 빛

京都には観光客が多いです。 교토에는 관광객이 많습니다.
星がキラキラと光っています。 별이 반짝반짝 빛나고 있습니다.

兄

맏 형, 형 형

N4 초2

> 머리가 큰 사람을 그린 모습으로 형과 동생 중 큰 쪽은 형

🔊 けい　義兄 의형, 형부, 매형, 처남　父兄 학부형

🔊 きょう　兄弟 형제

🔊 あに 형, 오빠

あなたは兄弟の中で何番目ですか。
당신은 형제 중에서 몇 번째입니까?
兄と私は三つ違いです。 형과 저는 3살 차이입니다.

祝

빌 축, 축하할 축

N2 초4

> [정자 祝] 제단(示) 앞에서 신사의 우두머리(兄)가 축문을 읽음

🔊 しゅく　祝日 축일, 국경일　祝福 축복

🔊 いわ(う) 축하하다

日本は祝日が多いですね。 일본은 국경일이 많네요.
明日、合格を祝う会があります。
내일 합격을 축하하는 모임이 있습니다.

말씀 설, 달랠 세

N3 초4

▶ [전자] 説] 말(言)로 풀어서(兌) 알기 쉽게 설명함

*兌 : 머리가 큰 아이(兄)의 옷을 풀어 벗겨주는(八) 것

음 せつ　説得 설득　説明 설명　小説 소설　*演説 연설

음 ぜい　遊説 유세

훈 と(く) 설명하다, 설득하다

彼の演説に感動しました。 그의 연설에 감동했습니다.

あきらめるように説きます。 단념하도록 설득하겠습니다.

세금 세

N2 초5

▶ [전자] 税] 수확한 농작물(禾)의 일부를 풀어 벗겨서(兌) 세금을 징수함

음 ぜい　税金 세금　関税 관세　脱税 탈세

　　　　税込み 세금이 포함되어 있음

税金を払うのは義務です。 세금을 내는 것은 의무입니다.

これは税込みで千円です。 이것은 세금을 포함해서 천 엔입니다.

생각할 사

N4 초2

▶ 머리(田)와 마음(心)으로 생각함

음 し　思考 사고　思春期 사춘기　思想 사상　意思 의사

훈 おも(う) 생각하다

もっと思考力を高めたいです。 더 사고력을 높이고 싶습니다.

試験は思ったより易しかったです。

시험은 생각했던 것보다 쉬웠습니다.

가늘 세

N2 초2

▶ 두개골에 나 있는 가는 줄무늬(田)와 실(糸)

음 さい　細心 세심함　細工 세공　詳細 상세함

훈 ほそ(い) 가늘다

훈 ほそ(る) 가늘어지다

훈 こま(か) 아주 작음, 상세함

훈 こま(かい) 작다, 잘다, 자세하다, 상세하다

体調には細心の注意を払いましょう。

몸 상태에는 세심한 주의를 기울입시다.

彼女は腰が細いですね。 그녀는 허리가 가느네요.

> **[정자]脳** 머리(囟)에 털(巛)이 난 모습으로 신체 일부(月) 중에서 뇌를 뜻함

음 のう 脳 뇌　脳出血 뇌출혈　首脳 수뇌, 정상　頭脳 두뇌

左利きは右脳が発達しています。
왼손잡이는 오른쪽 뇌가 발달해 있습니다.

来月、日韓首脳会談が開かれます。
다음 달 한일정상회담이 열립니다.

뇌 뇌

N2　초6

> **[정자]参** 머리(参)에 꽂은 세 개의 옥비녀가(厽) 한데 섞여서 반짝거림

음 さん　参加 참가　参考 참고　持参 지참　*新参 신참
훈 まい(る)　「行く・来る」의 겸양어, 가다, 오다, 참배하다

必ず学生証を持参してください。 반드시 학생증을 지참하세요.

明日、先生のお宅へ参ります。 내일 선생님 댁으로 가겠습니다.

간여할 참, 참여할 참

N3　초4

> 눈의 모양으로 본다라는 의미를 뜻함

음 もく　目標 목표　科目 과목　注目 주목
음 ぼく　面目 (=面目) 면목
훈 め 눈
예외 ま 눈　目蓋 눈꺼풀

近年、人工知能が注目されている。 근래 인공지능이 주목받고 있다.

かおりさんは目がきれいですね。 가오리 씨는 눈이 예쁘네요.

눈 목

N5　초1

> 눈(目) 위에 손(手)을 올려 놓고 멀리 살펴보는 모습

음 かん　看護 간호　看板 간판　看病 간병

看護師の仕事はハードです。 간호사 일은 고됩니다.

看板がよく見えないですね。 간판이 잘 안 보이네요.

볼 간, 살필 간

N1　초6

相 서로 상, 볼 상

N3 초3

> ▶ 마주 서 있는 나무(木)를 보듯이 사람이 눈(目)으로 서로 마주 보는 것

- 음 そう 　相互 상호　相談 상담　相当 상당히, 꽤
- 음 しょう 　外相 외무부장관　首相 수상, 총리
- 훈 あい 　相手 상대

いつでも気軽に相談してください。 언제든 마음 편히 상담하세요.
結婚相手はまだいないです。 결혼 상대는 아직 없습니다.

想 생각할 상

N3 초3

> ▶ 어떤 것을 마주 보며(相) 마음(心)으로 생각함

- 음 そう 　想像 상상　感想 감상, 소감　思想 사상　予想 예상
- 음 そ 　愛想 붙임성, 상냥함　お愛想 (음식점의) 계산

皆さんの感想を聞かせてください。 여러분의 감상을 들려주세요.
すみません。お愛想お願いします。 죄송합니다. 계산 부탁합니다.

箱 상자 상

N3 초3

> ▶ 양면을 서로 마주 보도록(相) 만든 대나무(竹) 상자

- 훈 はこ 　상자, 박스, 갑　*本箱 책장　*ごみ箱 쓰레기통

ここにある本を箱に入れてください。
여기에 있는 책을 상자에 담아주세요.
イチゴを一箱買ってきました。 딸기를 한 상자 사 왔습니다.

直 곧을 직

N3 초2

> ▶ 가려진(ㄴ) 물건에 눈을 똑바로(ㅣ) 맞춰 보는(目) 것

- 음 ちょく 　直接 직접　直線 직선　直前 직전
- 음 じき 　正直 정직(함)
- 훈 ただ(ちに) 즉시, 즉각, 당장
- 훈 なお(る) 고쳐지다
- 훈 なお(す) 고치다, 다시 ~하다

それは本人に直接聞いた方が良いです。
그것은 본인에게 직접 묻는 편이 좋습니다.
間違った字は書き直してください。 틀린 글자는 다시 쓰세요.

값 치

> ▶ 사람(イ)이 어떤 물건의 가치에 딱 맞는(直) 가격을 정함

- 음 ち　価値 가치　数値 수치
- 훈 ね 값, 가격　値段 값, 가격
- 훈 あたい 값, 값어치, 가치

金の価値が下がりました。 금의 가치가 떨어졌습니다.

次の式の値を求めなさい。 다음 식의 값을 구하시오.

심을 식

> ▶ 나무(木)를 똑바로(直) 세워 심는 것

- 음 しょく　植物 식물　植民地 식민지　移植 이식
- 훈 う(える) (나무 등을) 심다
- 훈 う(わる) (나무 등이) 심어지다, 심기다

植物性の油は健康に良いです。 식물성 기름은 건강에 좋습니다.

庭に木を植えました。 정원에 나무를 심었습니다.

둘 치

> ▶ 새 잡는 망(罒)을 똑바로(直) 세워 두는 것

- 음 ち　位置 위치　設置 설치　配置 배치　放置 방치
- 훈 お(く) 두다, 놓다

道路上に自転車を放置することは止めましょう。

도로상에 자전거를 방치하지 맙시다.

荷物はそこに置いておいてください。 짐은 거기에 놓아두세요.

덕 덕, 클 덕

> ▶ [정자] 德 곧은(直) 마음(心)에서 나오는 도덕적인 행동(イ)

- 음 とく　人徳 인덕　道徳 도덕　美徳 미덕

あの人は人徳がありますね。 저 사람은 인덕이 있네요.

道徳意識が低下しています。 도덕의식이 저하되고 있습니다.

숫자　사람　신체　생물　의식주　자연　인프라　수양　도구　신앙　기타

관청 청, 집 청

N2　초6

▶[정자 廳] 여러 사람의 의견이나 하소연 등을 들어주는 큰 집(广)으로 관청을 뜻함

*廳(들을 청) : 곧은(直) 마음(心)과 곧은(壬) 귀(耳)로 집중해서 듣는 것

음 ちょう　官庁 관청　気象庁 기상청　県庁 현청

気象庁によると、明日は大雪が降るそうです。

기상청에 의하면 내일은 큰 눈이 내린다고 합니다.

꿈 몽

N2　초5

▶눈썹(艹)이 눈(罒)을 찔러서 잘 보이지 않는 것처럼 밤(夕)의 어둠에 덮여(冖) 현실을 보지 못하는(苎) 꿈

음 む　夢中 열중함, 몰두함, 정신이 없음　悪夢 악몽

훈 ゆめ 꿈

彼はゲームに夢中になっています。그는 게임에 정신이 없습니다.

富士山の夢を見ると、良い事があるそうです。

후지산 꿈을 꾸면 좋은 일이 있다고 합니다.

백성 민

N3　초4

▶눈(目)을 바늘(乀)로 찔러서 멀게 한 노예로 나중에 지배받는 백성이라는 의미가 됨

음 みん　民主 민주　民族 민족　国民 국민　住民 주민

훈 たみ 백성, 국민

アメリカは多民族からなっている。미국은 다민족으로 구성되어 있다.

政治家は民の声を聞くべきです。

정치가는 국민의 소리를 들어야 합니다.

물러날 퇴

N2　초6

▶앞으로 가는(辶) 것을 그치고(艮) 뒤로 물러남

*艮(그칠 간) : 비수(匕)로 찌르듯이 눈(目)을 가만히 그치고 보는 것

음 たい　退院 퇴원　退屈 지루함　退場 퇴장　引退 은퇴

훈 しりぞ(く) 물러서다, 비키다

훈 しりぞ(ける) 물러서게 하다, 물리치다, 격퇴하다

あの人の話は退屈です。저 사람의 이야기는 지루합니다.

一歩退いて道を空けました。한발 물러서서 길을 텄습니다.

한계 한, 한정할 한

N2 초5

> ▶ 언덕(阝)에 가로막혀 앞으로 나아가지 못하고 그침(艮)

- 음 げん　限界 한계　限定 한정　期限 기한　無限 무한
- 훈 かぎ(る) 한정하다, 한하다

人間の力に限界はありません。인간의 힘에 한계는 없습니다.
定員は100名に限ります。정원은 100명으로 한정하겠습니다.

뿌리 근

N2 초3

> ▶ 땅속에 가만히 그쳐 있는(艮) 나무(木) 뿌리

- 음 こん　根拠 근거　根性 근성　根本 근본　大根 무
- 훈 ね 뿌리

それは根拠のないうわさです。그것은 근거 없는 소문입니다.
この木の根は深いです。이 나무의 뿌리는 깊습니다.

눈 안

N1 초5

> ▶ 눈(目) 안에 그친(艮) 눈알을 뜻함

- 음 がん　眼科 안과　眼球 안구　老眼 노안
- 음 げん　開眼 눈을 뜸, 깨달음, 깨우침
- 훈 まなこ 눈, 눈알, 눈동자

眼科に行って検査を受けました。안과에 가서 검사를 받았습니다.
コンタクトを血眼になって探しました。
콘택트렌즈를 혈안이 되어 찾았습니다.

은 은

N4 초3

> ▶ 영원히 썩지 않고 모양이 그대로 유지되어 있는(艮) 금속(金)으로 은을 뜻함

- 음 ぎん　銀 은　銀河 은하수　銀行 은행　水銀 수은

日本人の選手が銀メダルを取りました。
일본인 선수가 은메달을 땄습니다.
銀行に寄ってお金を下ろしました。은행에 들러 돈을 인출했습니다.

신하 신

N2 초4

> ▶ 눈을 아래로 내리깔고 있는 신하의 옆모습

- 음 しん　臣下 신하　忠臣 충신
- 음 じん　大臣 대신, 장관

王さまが臣下に命令しました。왕이 신하에게 명령했습니다.

総理大臣はG7サミットに参加しています。

수상은 G7 정상회담에 참가하고 있습니다.

볼 람, 두루볼 람

N1 초6

> ▶ [전자] 覽 위에서 아래를(監) 둘러보는(見) 것

- 음 らん　観覧 관람　展覧会 전람회　博覧会 박람회

観覧車から見える夜景は最高でした。

관람차에서 보이는 야경은 최고였습니다.

大阪で展覧会が開かれます。오사카에서 전람회가 열립니다.

소금 염

N2 초4

> ▶ [전자] 鹽 일광이나 배수를 잘 살펴보며(監) 소금의 결정체(鹵)를 만드는 것
> *監(볼 감) : 사람(人)이 접시(皿)에 물을 가득 채워서(一) 물거울 삼아 내려다보며 (臣) 얼굴을 비춰보는 것

- 음 えん　塩素 염소　塩田 염전　塩分 염분　食塩 식염
- 훈 しお 소금

塩分のとりすぎは体に良くないです。

염분의 과다 섭취는 몸에 좋지 않습니다.

最後に塩をかけます。마지막에 소금을 뿌립니다.

임할 림

N1 초6

> ▶ 사람(人)이 어떤 물건(品)에 가까이 다가가서 내려다보는(臣) 것

- 음 りん　臨時 임시　臨床 임상　臨場感 현장감
- 훈 のぞ(む) 임하다, 그 장소에 가다

台風の影響で臨時休業とします。

태풍의 영향으로 임시휴업으로 하겠습니다.

首相が開会式に臨みました。수상이 개회식에 임했습니다.

감출 장

N2 초6

> [전자] 藏] 풀(艹)로 덮어서 감추어 숨기는(臧) 것
>
> *臧 (숨길 장) : 창(戈)을 피해 침대(爿) 뒤에 숨어 있는 신하(臣)의 모습

- 음 ぞう　　貯蔵 저장　　内蔵 안에 가지고 있음　　冷蔵庫 냉장고
- 훈 くら　(곡물 이외의) 창고

必ず冷蔵庫に保存してください。 반드시 냉장고에 보존하세요.

道具を蔵に入れてください。 도구를 창고에 넣어주세요.

오장 장

N2 초6

> [전자] 臟] 몸(月) 속에서 영양과 혈액 등을 저장해두는(藏) 창고와 같은
> 역할을 하는 기관

- 음 ぞう　　臓器 장기　　肝臓 간장, 간　　心臓 심장　　内臓 내장

臓器を売買してはいけません。 장기를 매매해서는 안 됩니다.

東京駅は日本の心臓部と言えます。

도쿄역은 일본의 심장부라고 할 수 있습니다.

귀 이

N5 초1

> 귀의 모양을 나타냄

- 음 じ　　耳鼻 이비　　外耳 외이　　中耳 중이　　内耳 내이
- 훈 みみ　귀, 청력

アレルギーで耳鼻科に通っています。

알레르기로 이비인후과에 다니고 있습니다.

年を取ると、耳が遠くなります。 나이를 먹으면 귀가 어두워집니다.

취할 취

N3 초3

> 적군을 죽이고 그 증거로 귀(耳)를 잘라 손(又)으로 들고 오는 것

- 음 しゅ　　取材 취재　　取得 취득　　採取 채취　　聴取 청취
- 훈 と(る)　집다, 잡다, 받다, (책임) 지다, (자격 등을) 따다

記者たちがワールドカップを取材しています。

기자들이 월드컵을 취재하고 있습니다.

青木君がペンを取ってくれた。 아오키 군이 펜을 집어주었다.

最

가장 최, 제일 최

N3 초4

> 위험을 무릅쓰고(冒 → 日 : 무릅쓸 모) 귀를 잘라오는(取) 사람이 최고라는 의미

- 음 さい　最近 최근　最高 최고　最後 최후　最初 최초
- 훈 もっと(も) 가장, 제일
- 훈 も　最寄り (그곳에서) 가장 가까움, 근처

何事も最初の一歩が大事です。어떤 일도 첫걸음이 중요합니다.
高齢化は日本の最も重要な社会問題です。
고령화는 일본의 가장 중요한 사회문제입니다.

口

입 구

N5 초1

> 사람의 입이나 구멍의 모양을 나타냄

- 음 こう　口座 구좌, 계좌　口頭 구두　人口 인구
- 음 く　口調 어조, 말투
- 훈 くち 입, 말　*入り口 입구　*出口 출구

李先生は、いつも優しい口調で話します。
이 선생님은 항상 상냥한 어조로 이야기합니다.
入り口は右側にあります。입구는 오른쪽에 있습니다.

言

말씀 언

N4 초2

> 입(口)과 입에서 나온 혀의 모양을 나타냄

- 음 げん　言語 언어　言動 언동　方言 방언
- 음 ごん　過言 과언　伝言 전언
- 훈 い(う) 말하다
- 훈 こと 말　言葉 말

彼の言動は一致していないです。그의 언동은 일치하지 않습니다.
いつも言葉には気を付けましょう。항상 말에는 주의를 기울입시다.

信

믿을 신

N3 초4

> 말한 것(言)을 끝까지 관철하려는 믿음직한 사람(イ)의 행동

- 음 しん　信号 신호　信用 신용　信頼 신뢰　自信 자신

もっと自信を持ってやってください。좀 더 자신감을 가지고 하세요.
彼が犯人だなんて信じられない。그가 범인이라니 믿을 수 없다.

소리 음

`N4` 초1

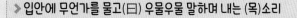

▶ 입안에 무언가를 물고(曰) 우물우물 말하며 내는 (목)소리

- 음 おん 音楽 음악 発音 발음
- 음 いん 子音 자음 母音 모음
- 훈 おと 소리
- 훈 ね (아름답고 감미로운) 소리 音色 음색 本音 속마음, 본심

音楽は人々に喜びを与えてくれます。
음악은 사람들에게 기쁨을 줍니다.

花火の音が聞こえてきますね。불꽃놀이 소리가 들려오네요.

어두울 암

`N3` 초3

▶ 무언가 입안에 들어 있듯, 해(日)가 비치지 않는 방 안에 들어가(音) 어두움

- 음 あん 暗記 암기 暗殺 암살 明暗 명암
- 훈 くら(い) 어둡다

これは重要ですから、必ず暗記してください。
이것은 중요하니까 반드시 암기하세요.

夜の暗い道は危ないです。밤의 어두운 길은 위험합니다.

뜻 의

`N4` 초3

▶ 입 밖에 내지 않고(音) 마음(心) 속으로 생각하는 것

- 음 い 意外 의외 意見 의견 注意 주의 用意 준비

意外と駅から近かったです。의외로 역에서 가까웠습니다.

ランチはこちらで用意します。점심은 이쪽에서 준비하겠습니다.

글 장, 표할 장

`N2` 초3

▶ 하나로 모아 놓은(十) 음악이나 글(音)의 한 단락

- 음 しょう ～章 ～장 文章 문장

今日はいよいよ第2章です。오늘은 드디어 제2장입니다.

この文章を正しく直してください。이 문장을 바르게 고치세요.

가로막을 장, 막힐 장

N1 초6

▶음악이나 글을 하나로 모으듯이(章), 흙을 쌓아올려(阝) 가로막음

음 しょう　障害 장애　故障 고장　保障 보장

훈 さわ(る) 지장이 되다, 해롭다

この車はよく故障します。 이 차는 자주 고장 납니다.

酒の飲み過ぎは体に障ります。 술의 과음은 몸에 해롭습니다.

헤아릴 상, 장사 상

N3 초3

▶평원 중에서 주위보다 약간 높고(岡) 밝은(章 → 立) 곳

음 しょう　商店 상점　商売 장사　商人 (=商人) 장사꾼, 상인
　　　　　商品 상품

훈 あきな(う) 장사하다

今、新商品を企画しています。 지금 신상품을 기획하고 있습니다.

あの店では食料品を商っています。

저 가게에서는 식료품을 팔고 있습니다.

지경 경, 경계 경

N2 초5

▶토지(土)의 일단락(竟). 즉 땅의 경계를 뜻함

*竟(마칠 경) : 음악(音)의 한 절 부르기를 마치고 머리 숙여 인사하는(儿) 모습으로
　일단락, 매듭이라는 의미

음 きょう　境界 경계　環境 환경　国境 국경

음 けい　境内 경내, 신사나 사찰의 구내

훈 さかい 토지의 구분, 경계

自然を大切にして、環境を守りましょう。

자연을 소중히 하고 환경을 지킵시다.

畑と道の境をはっきりしましょう。 밭과 길의 경계를 확실히 합시다.

거울 경

N1 초4

▶명암의 경계(竟)를 확실히 비추어주는 동(金)으로 만들어진 거울

음 きょう　望遠鏡 망원경　顕微鏡 현미경

훈 かがみ 거울

예외1 眼鏡 안경

天体望遠鏡で月を見ました。 천체 망원경으로 달을 보았습니다.

その眼鏡似合いますね。 그 안경 어울리네요.

競 다툴 경, 겨룰 경

N2 초4

> 두 사람(儿·儿)이 마주 서서(立·立) 말(口·口)로 다툼

- 음 きょう 競技 경기　競争 경쟁　競売 경매
- 음 けい 競馬 경마
- 훈 きそ(う) 다투다, 겨루다, 경쟁하다
- 훈 せ(る) 다투다, 겨루다, 경쟁하다, 경매하다

ライバル会社が激しく競争しています。
라이벌 회사가 심하게 경쟁하고 있습니다.

シェフたちが腕を競っています。 셰프들이 솜씨를 겨루고 있습니다.

舌 혀 설

N1 초6

> 입(口) 밖으로 나온 혀(千)의 모습

- 음 ぜつ 舌戦 설전, 말다툼　毒舌 독설　筆舌 필설, 글과 말
- 훈 した 혀

彼は毒舌家で有名です。 그는 독설가로 유명합니다.

この子の実力には舌を巻いた。 이 아이의 실력에는 혀를 내둘렀다.

歯 이 치

N3 초3

> [정자 歯] 이를 물고(凵) 멈춰(止) 있는 모습

- 음 し 歯科 치과　歯列 치열　犬歯 견치, 송곳니
- 훈 は 이　*奥歯 어금니　*虫歯 충치

歯が痛くて歯科に行ってきました。
이가 아파서 치과에 다녀왔습니다.

甘い物は虫歯の原因です。 단 것은 충치의 원인입니다.

芽 싹 아

N1 초4

> 서로 다른 방향으로 맞물려(牙) 있는 풀의(艹) 싹 또는 어금니(牙) 모양으로 돋아나는 풀의(艹) 싹
>
> *牙(어금니 아) : 상하가 맞물린 어금니의 모습

- 음 が 発芽 발아
- 훈 め 싹, 눈

ひまわりの種が発芽しはじめた。 해바라기 씨가 발아하기 시작했다.

じゃがいもの芽が生えてきました。 감자의 싹이 났습니다.

목

옳을 가, 가능할 가

N3 초5

> 여러 구부러진 곡절(丁)을 거쳐 겨우 입으로 목소리(口)를 내서 허락함

🔊 か　可能 가능　可愛い 귀엽다　許可 허가　不可 불가

当日受付も可能です。 당일 접수도 가능합니다.

可愛い子には旅をさせよ。 사랑하는 자식에게는 여행을 시켜라.

(귀여운 자식일수록 객지에 보내어 고생시켜야 한다)

노래 가

N4 초2

> 입을 벌리고(欠) 목을 구부려 목소리를 내며(可) 노래함

🔊 か　歌手 가수　校歌 교가　国歌 국가

🔊 うた 노래

🔊 うた(う) 노래하다

私の夢は歌手になることです。 저의 꿈은 가수가 되는 것입니다.

彼はいつも好きな歌手の歌を歌っています。

그는 항상 좋아하는 가수의 노래를 부르고 있습니다.

붙어살 기, 부칠 기

N2 초5

> 불우하여(奇) 남의 집(宀)에 붙어살게 의탁함

*奇(기이할 기, 불우할 우) : 사람(大)의 몸이 기이하게 구부러져(可) 있어서 불우함

🔊 き　寄金 기금　寄生虫 기생충　寄付 기부　寄与 기여

🔊 よ(る) 접근하다, 다가서다, 들르다

🔊 よ(せる) 밀려오다, 다가오다

母校に100万円寄付しました。 모교에 100만 엔 기부했습니다.

ちょっと寄って行く所があります。 잠깐 들러야 할 곳이 있습니다.

갑 기

N1 초4

> 육지가 굽어(奇) 바다로 쑥 내민 땅(土)

🔊 さい　埼玉県 사이타마 현

私は埼玉県に住んでいます。 저는 사이타마 현에 살고 있습니다.

험할 기

N1 초4

▶ 육지가 굽어(奇) 바다로 쑥 내민 산(山)이나 땅

🔵훈 さき 갑, 곶　*観音崎 _{かんのんざき} 간논자키　*宮崎県 _{みやざきけん} 미야자키 현

宮崎県は自然が美しいです。 미야자키 현은 자연이 아름답습니다.
_{みやざきけん　しぜん　うつく}

友達と観音崎公園を散歩してきました。
_{ともだち　かんのんざきこうえん　さんぽ}
친구와 간논자키 공원을 산책하고 왔습니다.

배 항, 배로 물 건널 항

N2 초5

▶ 곧은 사람의 목(亢)처럼, 똑바로(亢) 나아가는 배(舟)를 뜻함
　*亢(목 항, 높을 항) : 똑바로 선 사람의 목의 모습

🔵음 こう　航海 _{こうかい} 항해　航空 _{こうくう} 항공　運航 _{うんこう} 운항

息子は航空会社に就職しました。 아들은 항공회사에 취직했습니다.
_{むすこ　こうくうがいしゃ　しゅうしょく}

台風のため、運航が中止となった。 태풍 때문에 운항이 중지되었다.
_{たいふう　うんこう　ちゅうし}

심장, 마음

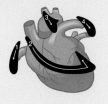

마음 심

N4 초2

▶ 심장의 모양을 그린 상형문자

🔵음 しん　心配 _{しんぱい} 걱정　安心 _{あんしん} 안심　関心 _{かんしん} 관심　中心 _{ちゅうしん} 중심
　*用心 _{ようじん} 조심함
🔵훈 こころ 마음, 진정, 진심, 정성

皆さん、くれぐれも火の用心してください。
_{みな　　　　　　　　　ひ　ようじん}
여러분 아무쪼록 불조심하세요.

彼女に心を込めたプレゼントを渡しました。
_{かのじょ　こころ　こ　　　　　　　　わた}
그녀에게 마음을 담은 선물을 건넸습니다.

위

밥통 위

N2 초6

▶ 신체 일부(月) 중 음식물이 들어가는 둥근 위(田)의 모습

🔵음 い　胃 위　胃ガン 위암　胃腸 _{いちょう} 위장

胃の調子が悪いです。 위의 상태가 안 좋습니다.
_{い　ちょうし　わる}

胃ガンは男性に多いそうです。 위암은 남성에게 많다고 합니다.
_{い　　　　だんせい　おお}

겨드랑이

밤 야

N4 | 초2

➤ 밤은 낮을 사이에 끼고 그 양쪽에 있으며(亦) 해가 지면 달(月)이 나옴

* 亦(또 역, 겨드랑이 액) : 서 있는 사람의 모양(大)과 양쪽 겨드랑이(八)를 나타냄
겨드랑이는 오른쪽에도 왼쪽에도 있다 하여 또한, 또의 뜻이 됨

- 음 や　夜景 야경　夜食 야식　今夜 오늘 밤　深夜 심야
- 훈 よ　夜中 밤중, 한밤중　夜道 밤길
- 훈 よる 밤

横浜の夜景はとても美しいです。

요코하마의 야경은 매우 아름답습니다.

夜になると熱が出ます。 밤이 되면 열이 납니다.

진 액

N2 | 초5

➤ 시간을 사이에(夜) 두고 똑똑 떨어지는 진한 물방울(氵)

- 음 えき　液体 액체　血液 혈액

氷が溶けると液体になります。 얼음이 녹으면 액체가 됩니다.

あなたの血液型は何ですか。 당신의 혈액형은 무엇입니까?

손, 팔

손 수

N4 | 초1

➤ 손의 모양을 그린 모습

- 음 しゅ　握手 악수　歌手 가수　選手 선수　拍手 박수
- 훈 て 손, 일손　훈 た　下手 서투름
- 예외 上手 잘함, 능숙함

私はサッカー選手を目指しています。

저는 축구선수를 목표로 하고 있습니다.

質問のある方は手を挙げてください。

질문이 있는 분은 손 들어주세요.

잃을 실

N3 | 초4

➤ 수중(手)의 물건이 옆으로 빠져나가(乀) 잃어버리는 것

- 음 しつ　失敗 실패　失礼 실례　失恋 실연　損失 손실
- 훈 うしな(う) 잃다, 상실하다

彼女は試験に失敗しました。 그녀는 시험에 실패했습니다.

彼は全財産を失いました。 그는 전 재산을 잃었습니다.

절 배

N2　초6

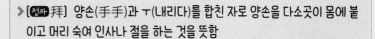

▶[전자]拜] 양손(手手)과 一(내리다)를 합친 자로 양손을 다소곳이 몸에 붙이고 머리 숙여 인사나 절을 하는 것을 뜻함

🔊 はい　拝見 배견, 삼가 봄　参拝 참배
🔊 おが(む) 배례하다, 두 손 모아 빌다

お手紙うれしく拝見いたしました。 편지 기쁘게 배견하였습니다.

お正月に日の出を拝みました。

설날에 일출을 바라보며 빌었습니다.

받들 승, 이을 승

N2　초6

▶무릎 꿇고 있는 사람(卩→マ)과 양손(廾)과 손(手)을 합친 자로 사람이 무릎 꿇고(マ) 양손으로 받드는 것

🔊 しょう　承知 알고 있음, 승낙함　承認 승인　了承 양해
🔊 うけたまわ(る) 받다의 겸양어, 삼가 받다

それはよく承知しています。 그것은 잘 알고 있습니다.

忘年会のご予約を承ります。 망년회 예약을 받겠습니다.

힘쓸 노

N3　초4

▶끈기 있게(奴) 힘(力)을 쓰는 것
＊奴(종 노) : 노예로 끈기 있게 일하는 사람

🔊 ど　努力 노력
🔊 つと(める) 힘쓰다, 노력하다

成功する者はいつも努力しています。

성공하는 사람은 항상 노력하고 있습니다.

問題の解決に努めています。 문제 해결에 힘쓰고 있습니다.

공변될 공, 공정할 공

N4　초2

▶팔로 감싸 감추고(厶) 있던 것을 열어서(八) 공개함
＊厶 : 안으로 굽힌 팔의 모습

🔊 こう　公園 공원　公開 공개　公害 공해　公共 공공
🔊 おおやけ 공공, 사회, 세상

今日は公害問題について考えてみましょう。

오늘은 공해문제에 대해서 생각해봅시다.

公の場ではマナーが必要です。

공공장소에서는 매너가 필요합니다.

소나무 송

N1 초4

▶잎이 침처럼 가늘고 길어서 잎 사이로 바람이 술술 빠져나가는(公) 나무(木)

음 しょう　松竹梅 송죽매　老松 노송, 늙은 소나무

훈 まつ 소나무

我が家の庭には老松があります。 우리 집 정원에는 노송이 있습니다.

この山には松の木が多いですね。 이 산에는 소나무가 많네요.

사사로울 사

N4 초6

▶벼(禾)를 내 것처럼 자기 팔에 끌어안은(ム) 모습

음 し　私有 사유　私立 사립　公私 공사

훈 わたし 나, 저

훈 わたくし (わたし보다 격식차린 말) 저

私立高校に合格しました。 사립 고등학교에 합격했습니다.

私達はとても仲が良いです。 저희들은 매우 사이가 좋습니다.

터질 결, 결단할 결

N3 초3

▶홍수(氵) 등으로 인하여 제방이 그 모양으로 도려내지는(夬) 것

*夬(터놓을 쾌) : 손(又)가락을 그모양으로 해서 흙 따위를 도려내는 모양

음 けつ　決心 결심　決定 결정　解決 해결

훈 き(まる) 정해지다, 결정되다

훈 き(める) 정하다, 결정하다

おかげさまで問題が解決できました。

덕분에 문제가 해결되었습니다.

出張のスケジュールが決まりました。 출장 스케줄이 정해졌습니다.

쾌할 쾌

N2 초5

▶마음속의(忄) 응어리를 도려낸(夬) 상쾌한 기분

음 かい　快感 쾌감　快晴 쾌청　快適 쾌적

훈 こころよ(い) 기분 좋다, 상쾌하다, 즐겁다, 유쾌하다

この部屋は快適ですね。 이 방은 쾌적하군요.

今日は快い風が吹いています。

오늘은 상쾌한 바람이 불고 있습니다.

欠

이지러질 결

▶ [정자 缺] 토기(缶)의 일부분이 ㄱ모양으로 깨지는(夬) 것

- 음 けつ　欠陥 결함　欠席 결석　欠点 결점
- 훈 か(ける) (일부분이) 깨져 떨어지다, 부족하다
- 훈 か(く) (일부를) 깨다, 빠뜨리다, 거르다

どんな人でも欠点があります。 어떤 사람이든 결점이 있습니다.
人間にとって、水は欠くことができません。
인간에게 있어서 물은 빼놓을 수 없습니다.

尺

자 척

▶ 손으로 길이를 재는 모습의 상형문자

- 음 しゃく　尺度 척도, 자, 기준　縮尺 축척

自分の尺度で他人をはかるのは良くないです。
자기 기준으로 남을 헤아리는 것은 좋지 않습니다.
これは縮尺5万分の1の地図です。 이것은 축척 5만분의 1 지도입니다.

究

궁구할 구, 연구할 구

▶ 손이 구멍(穴) 안쪽 끝에 이르러 구부러질(九) 때까지 깊이 조사함

- 음 きゅう　究明 구명　研究 연구　探究 탐구
　　　　追究 (진리·학문) 추구, 구명
- 훈 きわ(める) 구명하다, 깊이 연구하여 밝히다

先生は研究室にいらっしゃいます。 선생님은 연구실에 계십니다.
事件の原因を究めています。 사건의 원인을 구명하고 있습니다.

染

물들일 염

▶ 나무(木)로 만든 굽은(九) 용기에 물감(氵) 등을 넣어서 천을 물들임

- 음 せん　染色 염색　染料 염료　汚染 오염　感染 감염
- 훈 そ(まる) 물들다, 염색되다
- 훈 そ(める) 물들이다, 염색하다
- 훈 し(みる) 배다, 번지다, 스며들다
- 훈 し(み) 얼룩, (피부의) 검버섯, 기미

この川は汚染されています。 이 강은 오염되었습니다.
髪を茶色に染めました。 머리를 갈색으로 물들였습니다.

있을 유

N4 초3

▶ 손(ナ)에 고기(月)를 감싸서 들고 있는 모습

- 음 ゆう　有能 유능　有名 유명　有料 유료
- 음 う　有無 유무
- 훈 あ(る) 있다 (소유)

経験の有無は関係ないです。경험의 유무는 상관없습니다.

この子には音楽の才能が有ります。

이 아이는 음악에 대한 재능이 있습니다.

벗 우

N5 초2

▶ 손(ナ)과 손(又)을 서로 감싸듯이 맞잡고 우정을 나누는 모습

- 음 ゆう　友好 우호　友情 우정　友人 친구　親友 (친한) 친구
- 훈 とも 벗, 친구　友達 친구(들)

彼は私の親友の一人です。그는 저의 친한 친구 중 한 명입니다.

日本の友達からメールが届きました。

일본 친구로부터 메일이 도착했습니다.

왼 좌

N5 초1

▶ 물건을 만들(工) 때 물건을 받치는 왼손(ナ)

- 음 さ　左折 좌회전　左派 좌파　左右 좌우
- 훈 ひだり 왼쪽　左利き 왼손잡이

道を渡る時は、左右を確認しましょう。

길을 건널 때는 좌우를 확인합시다.

あそこの交差点を左に曲がってください。

저기 교차점에서 왼쪽으로 도세요.

도울 좌

N1 초4

▶ 물건을 만들(工) 때 물건을 받치는 왼손(ナ)처럼, 왼쪽에서 받쳐(左) 도와주는 사람(イ)

- 음 さ　佐賀県 사가 현　補佐 보좌

佐賀県ののりは美味しいです。사가 현의 김은 맛있습니다.

上司を補佐しました。상사를 보좌했습니다.

오른쪽 우

> ▶밥을 먹는(口) 오른손(ナ)

- 음 う　右折 우회전　右派 우파
- 음 ゆう　左右 좌우
- 훈 みぎ 오른쪽　右利き 오른손잡이

三つ目の信号を右折してください。 세 번째 신호에서 우회전하세요.

左利きより右利きの人が多いです。

왼손잡이보다 오른손잡이가 많습니다.

같을 약, 젊을 약

> ▶손(ナ)으로 부드러운 머리카락(艹)을 빗고 있는 젊은 여자를 그린 모양

- 음 じゃく　若年 약년, 나이가 젊음　若干 약간
- 음 にゃく　老若男女 남녀노소
- 훈 わか(い) 젊다, 어리다
- 훈 も(しくは) 혹은, 또는

この商品には若干問題があります。

이 상품에는 약간 문제가 있습니다.

土曜日もしくは日曜日でないと出席できない。

토요일 또는 일요일이 아니면 출석할 수 없다.

재 회

> ▶[정자 灰] 불(火)에 타고 남은 재를 손(ナ)으로 긁어내는 모습

- 음 かい　石灰 석회
- 훈 はい 재　灰皿 재떨이　灰色 회색, 잿빛

全席禁煙なので灰皿はありません。

전석 금연이기 때문에 재떨이는 없습니다.

灰色の人生からバラ色の人生に変わりました。

잿빛 인생에서 장밋빛 인생으로 바뀌었습니다.

거둘 수

> ▶흩어져 있는 것을 손(又)으로 끌어당겨 하나로 모으는(丩) 것

- 음 しゅう　収穫 수확　収集 수집　収入 수입　領収書 영수증
- 훈 おさ(まる) 들어가다, 담아지다
- 훈 おさ(める) 넣다, 담다, (결과를) 거두다

全世界のコインを収集するのが趣味です。

전 세계의 동전을 수집하는 것이 취미입니다.

美しい風景をカメラに収めました。

아름다운 풍경을 카메라에 담았습니다.

역사 사

N2 초5

▶기록한 것을 넣어 두는 통(中)이나 붓을 손(又)에 들고 있는 모습

음 し　史学 사학　国史 국사　世界史 세계사　歴史 역사

私は世界史が一番苦手です。 저는 세계사를 가장 못합니다.

メジャーリーグの歴史は長いです。 메이저 리그의 역사는 깁니다.

하여금 사, 부릴 사

N4 초3

▶윗사람(亻)이 아래 관리(吏)에게 일을 시키는 모습

*吏(관리 리) : 史(역사 사)처럼 손에 붓과 같은 물건을 들고 있는 모습으로 관리들이 손에 붓을 들고 나랏일을 하는 것을 뜻함

음 し　使命 사명　使用 사용　大使館 대사관　天使 천사

훈 つか(う) 쓰다, 사용하다

日本大使館はどこにありますか。 일본 대사관은 어디에 있습니까?

ちょっと電話を使っても良いですか。 잠시 전화를 사용해도 됩니까?

仮

거짓 가, 임시 가

N1 초5

▶[정자]假 사람(亻)이 표면을 덮어서 가리는(段) 것

*段 : 한 손(コ)으로는 늘어뜨린 덮개(厂)를 잡고 다른 한 손(又)으로는 두 개의 물건(二)을 늘어놓으며 위에서 덮어 가리는 것

음 か　仮説 가설　仮定 가정　仮名 가명

음 け　仮病 꾀병

훈 かり 임시, 가짜

仮病を使って学校を休んだ。 꾀병을 부려 학교를 쉬었다.

今は仮免許で練習をやっています。

지금은 임시면허로 연습을 하고 있습니다.

붓 필

N2 초3

▶대나무(竹) 자루를 붙인 붓(聿)

*聿(붓 율) : 손(ㅋ)에 붓을 세워 들고 있는 모습. 중앙의 丨는 붓 자루, 아래의 二는 붓에 난 털을 뜻함

음 ひつ　筆記 필기　筆者 필자　鉛筆 연필

훈 ふで 붓

一次の筆記試験に合格しました。 1차 필기시험에 합격했습니다.

筆箱にペンがいっぱい入っています。

필통에 펜이 잔뜩 들어 있습니다.

글 서

N5 초2

> 붓(聿) 아래에 벼루나 그림(日)이 있는 모습

🔊 しょ　書類 서류　辞書 사전　図書館 도서관　読書 독서
🔊 か(く) (글씨를) 쓰다

この単語は辞書に出ていない。 이 단어는 사전에 나와 있지 않다.

ここにお名前とご住所を書いてください。
여기에 이름과 주소를 써주세요.

그림 화, 꾀할 획

N4 초2

> [정자] 畵 붓(聿)으로 그린 그림(田)에 선(凵)을 그어서 구분 짓는 것

🔊 が　画家 화가　映画 영화　絵画 회화
🔊 かく　企画 기획　計画 계획

今日見た映画は感動的でした。 오늘 본 영화는 감동적이었습니다.

まず計画を立てることが重要です。
우선 계획을 세우는 것이 중요합니다.

낮 주

N4 초2

> [정자] 晝 해(日)가 비추는 시간을 여기부터 여기까지라고 붓(聿)으로 선 (一)을 긋는 것

🔊 ちゅう　昼間 주간, 낮　昼食 중식, 점심　昼夜 주야
🔊 ひる 낮

昼食は各自用意してください。 점심은 각자 준비해주세요.

昼は暖かくなるそうです。 낮에는 따뜻해진다고 합니다.

세울 건

N4 초4

> 몸을 똑바로 세워서(聿) 당당히 걷는(廴) 모습

🔊 けん　建国 건국　建設 건설　建築 건축
🔊 こん　建立 건립, 절이나 탑 등을 세움
🔊 た(つ) (건물 등이) 세워지다
🔊 た(てる) (건물 등을) 짓다, 세우다

将来の夢は建築家になることです。
장래의 꿈은 건축가가 되는 것입니다.

ここにはデパートが建ちます。 여기에는 백화점이 세워집니다.

튼튼할 건, 굳셀 건

N1 초4

▶ 사람(亻)이 몸을 똑바로 세워서(建) 굳세게 행동함

- 음 けん　健康 건강　健全 건전　保健 보건
- 훈 すこ(やか) (몸이) 건강함, 튼튼함, (마음이) 건전함

健康な生活を送るためには、運動が大切です。
건강한 생활을 보내기 위해서는 운동이 중요합니다.

子供たちが健やかに成長してほしいです。
아이들이 건강하게 성장해주었으면 합니다.

법 률

N2 초6

▶ 인간의 행동(亻) 규정을 붓(聿)으로 항목별로 써놓은 것

- 음 りつ　一律 일률　自律 자율　他律 타률　法律 법률

送料は全国一律500円です。송료는 전국 일률 500엔입니다.

ギャンブルは法律で禁止されています。
도박은 법률로 금지되어 있습니다.

事

일 사

N4 초3

▶ 일하기 위해 손에 붓이나 먼지떨이와 같은 도구를 들고 있는 모습

- 음 じ　事件 사건　事故 사고　工事 공사
　　　食事 식사　用事 볼일, 용무
- 음 ず　好事家 호사가(별난 것을 좋아하는 사람)
- 훈 こと 일, 것, 수, 적, 경우　*仕事 일

用事があってお先に失礼します。 용무가 있어서 먼저 실례하겠습니다.
お台場に行ったことがありますか。 오다이바에 가본 적이 있습니까?

아내 처

N3 초5

▶ 손(⺕)에 먼지떨이 따위를 들고 청소하는 여자(女)

- 음 さい　妻子 처자　夫妻 (지위가 높은) 부부, 내외분
　　　良妻 양처, 좋은 아내
- 훈 つま 아내 (⇔ 夫)

私には妻子がいます。 저에게는 아내와 자식이 있습니다.
たまには妻と二人で旅行に行きたいです。
가끔은 아내와 둘이서 여행 가고 싶습니다.

눈 설

N3 초2

▶ [정자 雪] 옛 자는 䨮. 彗는 깨끗하게 쓰는 빗자루(丰丰)를 손(ヨ)에 든 모습 지상을 쓸어서 깨끗이(彗) 한 하늘에서 내리는(雨) 흰 눈을 뜻함

- 음 せつ　雪景 설경　除雪 제설
- 훈 ゆき 눈
- 예외 吹雪 눈보라

山の雪景はまるで絵のようですね。산의 설경은 마치 그림 같네요.

雪が30センチも積もりました。눈이 30센티나 쌓였습니다.

며느리 부, 아내 부

N2 초5

▶ [정자 婦] 빗자루(帚 : 비 추)를 들고 청소하는 여자(女)

- 음 ふ　夫婦 부부　看護婦 간호사　主婦 주부　新婦 신부

今日の新婦はとても美しかったです。

오늘의 신부는 매우 아름다웠습니다.

姉は看護婦として働いています。누나는 간호사로서 일하고 있습니다.

돌아갈 귀, 돌아올 귀

N4 초2

▶ [정자 歸] 친정에 머물러 있던 며느리(婦)가 발(止)로 남편을 쫓아(追 → 𠂤) 집으로 돌아옴

- 음 き　帰化 귀화　帰国 귀국　帰省 귀성　帰宅 귀택, 귀가
- 훈 かえ(る) 돌아가다, 돌아오다
- 훈 かえ(す) 돌려보내다

彼は留学を終えて帰国しました。

그는 유학을 마치고 귀국했습니다.

そろそろ帰りましょう。슬슬 돌아갑시다.

임금 군

N3 초3

▶ 나라(口)를 다스리는(尹) 임금

　*尹(다스릴 윤) : 손(ヨ)에 막대기(ノ)를 들고 다스림

- 음 くん　君 군(동료나 손아랫사람의 이름에 붙이는 가벼운 높임말)
- 훈 きみ 자네, 그대

青木君はまじめな学生です。아오키 군은 성실한 학생입니다.

君はいったい何を考えているんだ。

자네는 도대체 무슨 생각을 하고 있는거야.

고을 군

N1 초4

▶임금(君)이 다스리는 고을(阝：고을 읍)

음 ぐん 　郡 군(일본의 옛 지방 행정 구획의 하나)
　　　　　郡内 군내　　郡民 군민

明日、郡内運動会が行われます。 내일 군내 운동회가 열립니다.
郡民の人口はどんどん減っている。
군민의 인구는 자꾸 줄고 있다.

무리 군

N2 초4

▶임금이 백성들을 모아(君) 다스리듯이 양(羊)이 모여서(君) 무리를 짓는 것

음 ぐん 　群集 군집　　群衆 군중　　群馬県 군마 현
　　　　　抜群 발군, 뛰어남

훈 む(れる) 떼를 짓다
훈 む(れ) 무리, 떼
훈 むら 무리, 떼 (＝むれ)

彼女のバレエの実力は抜群です。 그녀의 발레 실력은 뛰어납니다.
サルは群れで行動します。 원숭이는 무리로 행동합니다.

편안할 강

N1 초4

▶집(广) 안에서 손(⺕)에 절굿공이(丨)를 들고 쌀(氺)을 찧는 모습으로 곡식
이 풍부해서 마음이 편안하고 건강함을 나타냄

음 こう 　健康 건강

運動をして健康な体を作りましょう。
운동을 해서 건강한 몸을 만듭시다.

사탕 당, 엿 당

N1 초6

▶[형성 糖] 절구에 빻은(唐) 쌀(米)을 푹 삶아서 만든 엿기름

음 とう 　糖尿病 당뇨병　　糖分 당분　　砂糖 설탕

もう少し砂糖を入れてください。 설탕을 조금 더 넣어주세요.
糖分のとり過ぎは体に良くないです。
당분의 과다 섭취는 몸에 좋지 않습니다.

사랑 애

`N3` `초4`

➤ 손(爫)으로 감싸주고(冖) 싶은 애절한 마음(心)으로 가득 차서 발걸음(夊)이 잘 나아가지 못함

음 あい　愛 사랑　愛情 애정　愛人 (불륜의) 애인　恋愛 연애
　　　　　愛想 붙임성, 상냥함　お愛想 (음식점의) 계산

私は両親を愛しています。저는 부모님을 사랑합니다.

この店の店員たちは愛想が良いですね。이 가게 점원들은 상냥하네요.

받을 수

`N3` `초3`

➤ 위의 손(爫)과 아래의 손(又)이 어떤 물건(冖)을 주고받는 모습

음 じゅ　受験 수험　受賞 수상　受信 수신
훈 う(ける) 받다, (시험 등을) 치르다, 보다
훈 う(かる) (시험에) 합격하다, 붙다

受験生の皆さんを応援します。수험생 여러분을 응원합니다.

娘は来年大学試験を受けます。딸은 내년에 대학시험을 봅니다.

줄 수

`N1` `초5`

➤ 손(扌)으로 건네주어 받게(受) 하는 것

음 じゅ　授業 수업　授賞 수상　教授 교수
훈 さず(かる) (윗사람이) 내려 주시다, 주심을 받다
훈 さず(ける) (윗사람이) 내려주다, 수여하다, 전수하다

授業をサボって遊びに行ってきた。

수업을 빼먹고 놀러 갔다 왔다.

選手にメダルを授けました。선수에게 메달을 수여했습니다.

나물 채

`N2` `초4`

➤ 손으로 뜯은(采) 나물(艹)

＊采 : 손끝(爫)으로 나무(木)의 싹을 뜯거나 캐는 모습

음 さい　菜食 채식　白菜 배추　野菜 야채, 채소
훈 な　유채

今年は野菜が高いですね。올해는 채소가 비싸네요.

明日「菜の花まつり」を見に行きます。

내일 '유채꽃 축제'를 보러 갑니다.

캘 채

N2 초5

▶ 손(扌)으로 나무의 싹을 뜯거나 캐는(采) 것

음 さい 採血 채혈　採集 채집　採点 채점　採用 채용

훈 と(る) 채집하다, 따다, 채용하다, 뽑다

3人の新入社員を採用します。 세 명의 신입사원을 채용합니다.

きのこを採りに山へ行きます。 버섯을 따러 산에 갑니다.

젖 유

N2 초6

▶ 제비(乙 : 새 을 →乚)로부터 점지 받은 아이(子)를 손(爫)으로 끌어안고 젖을 먹여 기름

음 にゅう 乳児 유아　牛乳 우유　母乳 모유

훈 ち、ちち 젖

牛乳にはカルシウムが多く含まれています。

우유에는 칼슘이 많이 함유되어 있습니다.

赤ちゃんが乳を飲んでいます。 아기가 젖을 먹고 있습니다.

어지러울 란

N2 초6

▶ [정자] 亂 𤔔는 실패(▽△)에 엉켜있는 실(冂)을 양손(爫 又)으로 푸는 모습으로 혼란스러운(𤔔) 상황을 내리 눌러서(乚) 진정시킴

음 らん 乱暴 난폭　混乱 혼란　反乱 반란

훈 みだ(れる) 흐트러지다, 혼란해지다

훈 みだ(す) 흩뜨리다, 어지럽히다

夫の運転は乱暴です。 남편의 운전은 난폭합니다.

風が吹いて髪が乱れた。 바람이 불어서 머리가 흐트러졌다.

말 사, 사양할 사

N3 초4

▶ [정자] 辭 얽히고설킨(𤔔) 죄(辛)를 판가름하기 위해 재판에서 논하는 치밀한 말

음 じ 辞書 사전　辞典 사전　辞職 사직　辞表 사표

훈 や(める) (일·회사를) 그만두다

知らない単語があったら、辞書を引いてください。

모르는 단어가 있으면, 사전을 찾아보세요.

仕事を辞めることにしました。 일을 그만두기로 했습니다.

> [정자 暖] 햇볕(日)이 내리쬐어 몸이 느즈러질(爰) 정도로 따뜻함
>
> *爰(당길 원, 느즈러질 원) : 사람이 손(爫)으로 구덩이에 빠진 사람의 손(又)에 덩굴(干) 따위를 던져주어 잡아당겨 구해주는 모습

- 음 だん　暖房 난방　暖流 난류　温暖化 온난화
- 훈 あたた(か) 따뜻함, 따스함
- 훈 あたた(かい) (날씨·마음) 따뜻하다
- 훈 あたた(まる) あたた(める) (날씨·마음) 따뜻해지다, 따뜻하게 하다

近年、地球温暖化が問題になっています。

근래 지구온난화가 문제가 되고 있습니다.

今年の冬は暖かいですね。올 겨울은 따뜻하네요.

따뜻할 난

N2　초6

> [정자 媛] 부드럽고 여유 있는(爰) 아름다운 여성(女)

- 음 えん　才媛 재원, 재주 있는 젊은 여자
- 훈 ひめ　愛媛県 에히메 현

彼女は名門大学を卒業した才媛です。

그녀는 명문대학을 졸업한 재원입니다.

愛媛県の人は真面目だと言われています。

에히메 현 사람은 성실하다고 합니다.

미인 원

N1　초4

> [정자 爭] 어떤 물건(亅)을 두 사람이 손(爫ㅋ)으로 서로 당기며 다투는 모습

- 음 そう　競争 경쟁　戦争 전쟁　論争 논쟁
- 훈 あらそ(う) (옥신각신) 싸우다, 말다툼하다, 다투다, 경쟁하다

この世から戦争を無くすべきです。이 세상에서 전쟁을 없애야 합니다.

韓国と日本が優勝を争っています。

한국과 일본이 우승을 다투고 있습니다.

다툴 쟁

N3　초4

> 又에 점(丶)을 찍은 자. 손(又) 끝에서 맥박(丶)이 뛰는 손목까지의 길이로 정해져 있는 길이의 기준은 반드시 지켜야 하는 규칙

- 음 すん　寸前 직전, 바로 전　寸法 치수, 길이

ゴール寸前で逆転されました。결승점 직전에서 역전되었습니다.

洋服の寸法をはかってみました。양복의 치수를 재봤습니다.

마디 촌, 법도 촌

N1　초6

付 줄 부, 붙일 부

N3 초4

▶ 손(寸)에 쥔 물건을 상대(イ)에게 건네주거나 또는 손(寸)을 뻗어서 상대(イ)의 몸에 붙이는 것

- 음 ふ　付近 부근　付録 부록　寄付 기부
- 훈 つ(く) 붙다, 달라붙다, 불이 붙다, 켜지다
- 훈 つ(ける) 붙이다, 쓰다, 기입하다, 불을 붙이다, 켜다

給料の5%を寄付しています。 월급의 5%를 기부하고 있습니다.
暑いからエアコンを付けましょう。 더우니까 에어컨을 켭시다.

府 곳집 부, 관청 부

N2 초4

▶ 창고처럼 물건을 빈틈없이 붙여(付) 쌓아두는 집(广)

- 음 ふ　政府 정부　大阪府 오사카 부　京都府 교토 부

政府に不満を持っている人が多いです。
정부에 불만을 갖고 있는 사람이 많습니다.

現在、「府」が使われているのは大阪府と京都府だけだ。
현재 '부'가 사용되고 있는 것은 오사카 부와 교토 부뿐이다.

守 지킬 수

N3 초3

▶ 손(寸)으로 지붕(宀) 아래에 울타리를 둘러쳐서 집을 지킴

- 음 しゅ　守備 수비　保守 보수
- 음 す　留守 집을 비움, 부재중
- 훈 まも(る) 지키다
- 훈 も(り) 지키는 일(사람), 특히 아기 보는 사람　子守歌 자장가

青山さんに会いに行ったが、留守でした。
아오야마 씨를 만나러 갔는데 부재중이었습니다.

約束は必ず守るようにしています。
약속은 반드시 지키려고 하고 있습니다.

討 칠 토, 다스릴 토

N1 초6

▶ 법도(寸) 있는 말(言)로 옳지 못한 상대방을 치는 것

- 음 とう　討論 토론　検討 검토
- 훈 う(つ) (적을) 치다, 공격하다, 토벌하다

もう一度検討してみます。 한 번 더 검토해 보겠습니다.
父の敵を討ちました。 아버지의 원수를 갚았습니다.

> 법(寸)을 지키며 나무(木) 숲을 의지 삼아 모여 사는 마을

- 음 そん　漁村 어촌　山村 산촌　農村 농촌
- 훈 むら 마을

私は山村で産まれました。 저는 산촌에서 태어났습니다.
今は小さい村に住んでいます。 지금은 작은 마을에 살고 있습니다.

마을 촌

N4　초1

> 손(⺕)으로 사람을 내리눌러 무릎 꿇어(卩) 앉히는 모습으로 나중에
> 위에서 눌러 찍는 도장이라는 의미가 됨

- 음 いん　印刷 인쇄　印象 인상　実印 인감 도장
- 훈 しるし 표·기호, 상징　*星印 별표　*矢印 화살표

就職では、第一印象が大切です。
취직에서는 첫인상이 중요합니다.

ハトは平和の印です。 비둘기는 평화의 상징입니다.

도장 인

N2　초4

> [정자 勝] 힘(力)을 짐서 다른 것보다 위로 올라와(朕) 이기는 것
> *朕 : 배(舟→月)와 양손으로 물건을 들어올리는(𢍏) 모습을 합친 자. 배를 들어올리는 부력으로 위로 들어올리는 것을 뜻함

- 음 しょう　勝敗 승패　勝利 승리　決勝 결승　優勝 우승
- 훈 か(つ) 이기다, 승리하다　勝手 제멋대로 굶
- 훈 まさ(る) (다른 것보다 더) 낫다, 뛰어나다

うちのチームが優勝しました。 우리 팀이 우승했습니다.
韓国がイタリアに勝ちました。 한국이 이탈리아에게 이겼습니다.

이길 승

N3　초3

> 양손으로 받쳐드는(奉) 나무(木) 막대기
> *奉(받들 봉) : 十(물건)과 廾(양손)과 扌(손)을 합친 자. 양손으로 물건을 받쳐드는 것

- 음 ぼう　棒グラフ 막대 그래프　鉄棒 철봉　泥棒 도둑

毎日、鉄棒運動をしています。 매일 철봉운동을 하고 있습니다.
留守の間に泥棒に入られた。 집을 비운 사이에 도둑이 들어왔다.

몽둥이 봉

N2　초6

함께 공

N3 초4

▶ 양손(廾→六)으로 함께 물건(廿)을 받쳐드는 모습

음 きょう　共通 공통　共同 공동　共有 공유　公共 공공

훈 とも 함께, 같이, 전부, 모두

二つの話には共通点があります。 두 이야기에는 공통점이 있습니다.

私の両親は共働きです。 저희 부모님은 맞벌이입니다.

이바지할 공, 받들 공

N2 초6

▶ 윗사람(イ)에게 두 손으로 물건을 받쳐(共) 올린다는 데서 이바지한다는 의미를 나타냄

음 きょう　供給 공급　提供 제공

훈 そな(える) (신불에게) 바치다, 올리다

훈 とも 수행원　お供 수행원, 모시고 따라감

情報のご提供ありがとうございます。 정보제공 감사드립니다.

神前に花を供えました。 신전에 꽃을 바쳤습니다.

다를 이

N1 초6

▶ 머리(田)를 양손(廾)으로 받치고 있는 모습. 한 손 외에 다른 한 손도 사용됨

음 い　異常 이상, 정상이 아님　異性 이성　異動 (인사)이동

훈 こと 다름　異なる 다르다

4月は人事異動の季節です。 4월은 인사이동의 계절입니다.

重さによって料金は異なります。 무게에 따라서 요금은 다릅니다.

찔 폭, 드러낼 폭

N2 초5

▶ 양손(廾)으로 쌀(米)을 꺼내 햇볕(日)에 쬐이면서 말리는 모습

음 ぼう　暴行 폭행　暴力 폭력　乱暴 난폭

음 ばく　暴露 폭로

훈 あば(く) 폭로하다

훈 あば(れる) 날뛰다, 난폭하게 굴다

暴力は絶対に許されません。 폭력은 절대로 용서받지 못합니다.

彼は酒に酔って暴れています。 그는 술에 취해서 날뛰고 있습니다.

일 흥, 흥할 흥

`N1` `초5`

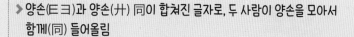

▶ 양손(王 ヨ)과 양손(廾) 同이 합쳐진 글자로, 두 사람이 양손을 모아서 함께(同) 들어올림

- **음** こう　興行 흥행　興奮 흥분
- **음** きょう　興味 흥미　遊興 유흥
- **훈** おこ(る) 흥하다, 일어나다, 번성하다
- **훈** おこ(す) 흥하게 하다, 일으키다

日本の文学に興味があります。 일본 문학에 흥미가 있습니다.

新しい産業が興ります。 새로운 산업이 흥합니다.

들 거

`N1` `초4`

▶ [정자]擧 두 사람이 양손으로 어떤 물건(ﾃ)을 들어올리듯이, 손(手)을 들어올림

- **음** きょ　挙手 거수　選挙 선거
- **훈** あ(がる) (손이) 올라가다, (범인이) 잡히다, 검거되다
- **훈** あ(げる) (손을) 들다, (예를) 들다, (식을) 올리다

選挙に出馬する予定です。 선거에 출마할 예정입니다.

秋に娘が結婚式を挙げます。 가을에 딸이 결혼식을 올립니다.

보낼 송

`N4` `초3`

▶ [정자]送 关은 물건(厶)을 양손(廾 → 大)으로 들고 있는 모습으로, 물건을 들어서(关) 다른 장소로 옮기는(辶) 것

- **음** そう　送別会 송별회　送料 송료　放送 방송
- **훈** おく(る) (물건을) 보내다, 부치다, (사람을) 보내다, 파견하다

明日、木村さんの送別会があります。

내일 기무라 씨의 송별회가 있습니다.

小包を外国へ送りました。 소포를 외국에 보냈습니다.

말 권, 책 권

`N2` `초6`

▶ [정자]卷 흩어져(小) 있는 것을 양손(廾)으로 둥글게(㔾) 마는 것

* 㔾 : 무릎 꿇고 몸을 둥글게 한 사람의 모습

- **음** かん　巻数 권수　巻頭 권두, 책 머리　巻末 권말
- **훈** ま(く) 말다, 감다
- **훈** まき 감음　えり巻き 목도리　のり巻き 김밥

巻数を確認してみてください。 권수를 확인해 보세요.

彼氏にえり巻きをプレゼントしました。

남자친구에게 목도리를 선물했습니다.

券

문서 권

N2 초6

▶ [정자] 券] 칼로 죽간에 글을 새겨 양손으로 둘둘 감아서(龹) 보존한 문서

🔊 けん　　証券 증권　　乗車券 승차권　　食券 식권　　旅券 여권

まず、食券を買います。 우선 식권을 삽니다.

旅券を見せてください。 여권을 보여주세요.

다리, 발

足

발 족

N4 초1

▶ 무릎부터 발끝까지의 모양

🔊 そく　　遠足 소풍　　不足 부족　　*満足 만족

🔊 あし 발

🔊 た(りる) 족하다, 충분하다

🔊 た(る) 족하다, 충분하다

🔊 た(す) 더하다, 보태다

彼は結果に満足しているようです。

그는 결과에 만족하고 있는 것 같습니다.

忙しくて人手が足りないです。 바빠서 일손이 부족합니다.

定

정할 정

N3 초3

▶ 집 안(宀)에서 자리를 정해 발길(龰)을 멈추고(一) 움직이지 않는 것

🔊 てい　　定員 정원　　定食 정식　　決定 결정　　予定 예정

🔊 じょう　　定規 자

🔊 さだ(まる) 정해지다, 결정되다

🔊 さだ(める) 정하다, 결정하다

🔊 さだ(か) 확실함, 분명함

定員は100名様までです。 정원은 100분까지입니다.

火事の原因は定かではないです。 화재의 원인은 분명치 않습니다.

走

달릴 주

N4 초2

▶ 사람이 손발을 크게 벌리며(大 → 土) 빠른 걸음으로(龰) 달리는 것 혹은 발(龰)로 땅(土) 위를 달리는 것

🔊 そう　　走行 주행　　走者 주자　　逃走 도주

🔊 はし(る) 달리다, 뛰다

犯人はまだ逃走中です。 범인은 아직 도주 중입니다.

犬の名前を呼んだら、走ってきた。 개 이름을 불렀더니 달려왔다.

徒

무리 도, 보행할 도

N3 초4

▶ 무리를 지어서 육지(土)를 한 발(龰) 걸어감(彳)

음 と　徒歩 도보　生徒 생도(중·고등학생)

駅から徒歩10分ぐらいかかります。
역에서 도보로 10분 정도 걸립니다.

先生が生徒たちの間に座った。 선생님이 학생들 사이에 앉았다.

從

좇을 종, 따를 종

N1 초6

▶ 【정자】從 뒷사람(人)이 발(龰)로 앞사람(人)을 따라감(彳)

음 じゅう　従業員 종업원　従事 종사　服従 복종
훈 したが(う) (지시·명령 등에) 따르다, 복종하다

来月から従業員を増やしましょう。
다음 달부터 종업원을 늘립시다.

社長の指示に従って作業をします。
사장님의 지시에 따라서 작업을 합니다.

縱

늘어질 종, 세로 종

N1 초6

▶ 【정자】縱 실(糸)이 잇달아(從) 세로로 늘어지는 것

음 じゅう　縦断 종단　操縦 조종
훈 たて 세로

台風が日本列島を縦断しました。 태풍이 일본 열도를 종단했습니다.
日本の小説は縦書きが多いです。 일본 소설은 세로쓰기가 많습니다.

止

그칠 지

N4 초2

▶ 지면에 그친 발 모양

음 し　禁止 금지　停止 정지　中止 중지
훈 と(まる) 멈추다, 멎다
훈 と(める) 멈추다, 세우다

ハイキングは雨のため中止されました。
하이킹은 비 때문에 중지되었습니다.
駅の前に車を止めてはいけません。 역 앞에 차를 세우면 안 됩니다.

正

바를 정

N4 초1

▶ 발(止)이 목표(一)를 향해 똑바로 나아가는 모습

- 🔵음 せい　正解 정답　正式 정식　不正 부정
- 🔵음 しょう　正月 정월, 설　正直 정직
- 🟢훈 ただ(しい) 바르다, 옳다, 맞다
- 🟢훈 ただ(す) 바로잡다, 고치다, 가다듬다
- 🟢훈 まさ(に) 틀림없이, 정말로, 바로

毎年お正月に神社へ行きます。 매년 설날에 신사에 갑니다.

正にあなたの言う通りですね。 정말로 당신이 말하는 대로네요.

政

정사 정, 바로잡을 정

N3 초5

▶ 사회를 바르게(正) 정리하는 일(행위 : 攵)

- 🔵음 せい　政治 정치　政府 정부　行政 행정
- 🟢훈 まつりごと 정사, 영토와 국민을 다스림, 정치

彼は大学で政治学を専攻しています。

그는 대학에서 정치학을 전공하고 있습니다.

政治のことを、昔は「政」と言いました。

정치를 옛날에는 '정사'라고 했습니다.

整

가지런할 정

N1 초3

▶ 가지런히 묶어서(束) 바르게(正) 하는(攵) 것

- 🔵음 せい　整備 정비　整理 정리　整列 정렬
- 🟢훈 ととの(う) 정돈되다, 고르게 되다
- 🟢훈 ととの(える) 정돈하다, 단정히 하다, 가다듬다

この書類を整理しておいてくれる。 이 서류 좀 정리해 놔줄래?

面接の前に服装を整えた。 면접 전에 복장을 단정히 했다.

歩

걸음 보

N4 초2

▶ 【정자】歩 止(발)을 위아래로 두 개 붙인 자로, 왼발과 오른발을 번갈아 내딛는 것

- 🔵음 ほ　歩道 보도　散歩 산책　進歩 진보
- 🔵음 ぶ　歩合 비율, 능률　🔵음 ふ　歩 (일본 장기의) 졸
- 🟢훈 ある(く) (구체적) 걷다
- 🟢훈 あゆ(む) (추상·문학적) 걷다

天気が良いから散歩でもしよう。 날씨가 좋으니까 산책이라도 하자.

駅までは歩いて20分かかります。 역까지는 걸어서 20분 걸립니다.

> ▶ 길게(廴 : 길게 걸을 인) 끌며(丿) 나아가는(止) 것

- 음 えん　延期 연기　延長 연장　遅延 지연
- 훈 の(びる) 연장되다, 연기되다
- 훈 の(ばす) 연장하다, 연기하다
- 훈 の(べる) 펴다, 뻗치다

イベントが来週に延期されました。
이벤트가 다음 주로 연기 되었습니다.

出発時刻を30分延ばします。 출발 시각을 30분 연기합니다.

끌 연

N2　초6

> ▶ 말(言)을 길게 끄는 것으로(延), 아이가 길게 울면서 태어남

- 음 たん　誕生 탄생　生誕 (신불이나 유명한 사람의) 탄생

お誕生日おめでとうございます。 생일 축하드립니다.
12月25日はイエスの生誕を祝う日です。
12월 25일은 예수의 탄생을 축하하는 날입니다.

태어날 탄, 거짓 탄

N1　초6

> ▶ 손(寸)과 발(土→止)을 움직여서 여러 가지 일을 하는 '관청' 또는 인도에
> 서 중국으로 불교가 전해졌을 때 관청에 가만히 모셔진 '절'을 뜻함

- 음 じ　寺院 사원, 절
- 훈 てら 절

年末年始になると、寺院へ行く人が多いです。
연말연시가 되면 사원에 가는 사람이 많습니다.
京都にはお寺が多いですね。 교토에는 절이 많네요.

절 사, 관청 사

N3　초2

> ▶ 옛날에는 태양(日)의 움직임(寺)으로 시간을 측정했다는 것을 뜻함

- 음 じ　時間 시간　時刻 시각　時期 시기　時代 시대
- 훈 とき 때, 시간

言葉は時代と共に変化していきます。 말은 시대와 함께 변해갑니다.
「時は金なり」と言うことを忘れるな。
'시간은 돈이다'라는 것을 잊지 마라.

때 시

N5　초2

持

가질 지

`N4` `초3`

▶ 손(扌)에 가만히(寺) 가지고 있음

🔵(음) じ　持続 지속　持病 지병　持参 지참　所持 소지

🟢(훈) も(つ) 들다, 쥐다, 가지다, 지니다, 소지하다

学生証を必ず持参してください。 학생증을 반드시 지참하세요.

私がお持ちしましょうか。 제가 들어드릴까요?

待

기다릴 대

`N4` `초3`

▶ 길이나 역에 가서(彳) 가만히(寺) 사람을 기다리고 있는 것

🔵(음) たい　待機 대기　期待 기대　招待 초대

🟢(훈) ま(つ) 기다리다

性能は期待以上でした。 성능은 기대 이상이었습니다.

大学の合格発表を待っています。

대학 합격발표를 기다리고 있습니다.

特

특별할 특, 수소 특

`N4` `초4`

▶ 다른 소(牛)들은 움직이는데 한 마리만 가만히(寺) 있어 특히 눈에 띔

🔵(음) とく　特技 특기　特集 특집　特徴 특징　特別 특별

私の特技はサッカーです。 저의 특기는 축구입니다.

これは私にとって特別な物です。 이것은 저에게 특별한 것입니다.

詩

시 시

`N1` `초3`

▶ 마음이 움직이는(寺) 대로 주관적인 말(言)로 쓴 시(서정시)

🔵(음) し　詩 시　詩人 시인　詩集 시집

私は昔の詩を集めています。 저는 옛날 시를 모으고 있습니다.

アイルランドには有名な詩人が多い。

아일랜드에는 유명한 시인이 많다.

가지런할 등, 같을 등

N3 초3

> 대나무(竹) 마디의 간격이 같은 것을 뜻함. 寺는 음을 나타낼 뿐 뜻이 없음

- 음 とう　等級 등급　等分 등분　同等 동등　*平等 평등
- 훈 ひと(しい) 같다, 똑같다, 마찬가지다, 다름없다

法の下では皆平等です。 법 아래에서는 모두 평등합니다.
この二本の線の長さは等しいです。 이 두 선의 길이는 같습니다.

뜻 지

N1 초5

> 뜻을 품은 마음(心)이 한 목표를 향해서 나아감(士 → 止)

- 음 し　志望 지망　志向 지향　意志 의지
- 훈 こころざ(す) 뜻을 두다, 지향하다, 목표로 하다
- 훈 こころざし 뜻, 의향, 목표, 목적

第一志望の大学に合格しました。 제1지망 대학에 합격했습니다.
高校生のころは医者を志していました。

고교시절에는 의사를 목표로 했었습니다.

기록할 지

N2 초6

> 마음이 하나의 목표로 고정되어 있듯이(志) 중요한 말(言)을 서적에 남겨 둠(志)

- 음 し　雜誌 잡지　週刊誌 주간지　月刊誌 월간지

この雜誌は広く読まれています。 이 잡지는 널리 읽히고 있습니다.
待っていた月刊誌が発刊された。 기다리던 월간지가 발간되었다.

먼저 선

N5 초1

> 止(발)과 儿(人)이 합쳐진 자로, 발끝은 몸의 가장 앞에 있는 데서 '앞, 먼저'라는 의미를 나타냄

- 음 せん　先週 지난주　先月 지난달　先生 선생님　先輩 선배
- 훈 さき 앞, 선두, 장래, 앞날, 먼저

先週、先生に相談をしました。 지난주에 선생님에게 상담했습니다.
では、お先に失礼します。 그럼 먼저 실례하겠습니다.

洗

씻을 세, 발 씻을 선

N3 초6

▶물(氵)로 발(先)을 씻거나 물건을 씻는 것

- 음 せん　洗濯 세탁　洗剤 세제　洗顔 세안, 세수
- 훈 あら(う) 씻다, 빨다, 세탁하다

洗剤は入れすぎないでください。 세제는 많이 넣지 말아주세요.
料理は楽しいけれど、皿洗いが面倒くさい。
요리는 즐겁지만 설거지가 귀찮다.

前

앞 전

N5 초2

▶옛 자는 止(발)과 舟(배)가 합쳐진 자. 배(舟)가 앞으로 나아가는(止) 의미로 나중에 前로 변함

- 음 ぜん　前期 전기　前後 전후　以前 이전　午前 오전
- 훈 まえ (공간적) 앞, 정면, (시간적) 이전, 전

私は以前よく釣りに行きました。
저는 이전에 자주 낚시하러 갔습니다.
その話は3年前の事です。 그 이야기는 3년 전 일입니다.

疑

의심할 의

N2 초6

▶왼쪽 부분(疋)은 사람이 뒤를 돌아보는 모습. 자기 아이(マ → 子)가 걱정이 되어 발길(疋 → 足)이 안 떨어져 자꾸 뒤를 돌아보며 의심함

- 음 ぎ　疑問 의문　容疑者 용의자
- 훈 うたが(う) 의심하다

彼が来るかどうか疑問です。 그가 올지 어떨지 의문입니다.
彼女の実力を疑う人はいません。
그녀의 실력을 의심할 사람은 없습니다.

各

각각 각

N3 초4

▶사람의 발(夊)이 돌(口)에 각각 걸려 멈춰 선 모습

- 음 かく　各自 각자　各種 각종　各地 각지　各国 각국
- 훈 おのおの 각자, 각각

日本各地から専門家が集まった。 일본 각지에서 전문가가 모였다.
お昼は各々用意してください。 점심은 각자 준비해주세요.

손 객

N3 초3

▶ 남의 집(宀)에 잠시 발길을 머무르는(各) 사람

- 음 きゃく　客席 객석　観客 관객　乗客 승객
- 음 かく　旅客 (= 旅客) 여객

客席は2階にあります。 객석은 2층에 있습니다.

多くの観客が入場しました。 많은 관객이 입장했습니다.

바로잡을 격, 격식 격

N3 초5

▶ 차량 통행 금지처럼 딱 걸려서 멈추게 하는(各) 나무 봉(木)

- 음 かく　価格 가격　格好 모양, 모습　合格 합격　性格 성격

このメガネの価格はいくらですか。 이 안경의 가격은 얼마입니까?

木村君とは性格が合いません。 기무라 군과는 성격이 맞지 않습니다.

떨어질 락

N3 초3

▶ 물방울(氵)이 뿔뿔이(各) 떨어지듯 초목(艹)의 잎이 떨어짐(洛)

- 음 らく　落書き 낙서　落第 낙제　落下 낙하　下落 하락
- 훈 お(ちる) 떨어지다
- 훈 お(とす) 떨어뜨리다

株価が下落しました。 주가가 하락했습니다.

コップを落として割ってしまった。 컵을 떨어뜨려서 깨고 말았다.

간략할 략, 대략 략

N2 초5

▶ 각각(各) 밭(田) 사이에 지름길처럼 간략하게 나 있는 밭 두렁길

- 음 りゃく　略語 약어, 준말　略字 약자　簡略 간략　省略 생략

UNとは何の略語ですか。 UN은 무슨 약어입니까?

以下の説明は省略します。 이하의 설명은 생략하겠습니다.

길 로

N3 초3

>사람이 각각(各) 다니는(足) 길

음 ろ　進路 진로　線路 선로　道路 도로
훈 じ　家路 귀갓길

卒業後の進路について相談した。졸업 후의 진로에 대해서 상담했다.
彼は家路を急ぎました。그는 귀갓길을 서둘렀습니다.

문설주 각, 내각 각

N1 초6

>열려 있는 문(門)이 걸려서 움직이지 못하게(各) 하는 돌이나 기둥

*문설주 : 문짝을 끼워 달기 위하여 문의 양쪽에 세운 기둥

음 かく　閣僚 각료　内閣 내각

WTO閣僚会議が開かれました。WTO 각료 회의가 열렸습니다.
新内閣が決まりました。새로운 내각이 결정되었습니다.

내릴 강, 항복할 항

N2 초6

>진지를 버리고 양발(夅)로 언덕(阝)을 내려와 항복하는 것

음 こう　降雨 강우　降水 강수　降雪 강설　以降 이후
훈 お(りる) (탈것에서) 내리다
훈 お(ろす) (탈것에서) 내리게 하다
훈 ふ(る) (비·눈 등이) 내리다

この地域は年間の降水量が少ない。이 지역은 연간 강수량이 적다.
駅の前で降ろして下さい。역 앞에서 내려주세요.

지킬 위, 호위할 위

N1 초5

>어떤 물건(口)을 사이에 두고 두 발이 빙글빙글 돌듯이(韋), 빙글빙글 돌아
(韋) 가며(行) 안을 지킴

음 えい　衛生 위생　衛星 위성　防衛 방위, 방어

衛生面に一番気を付けています。위생 면에 가장 조심하고 있습니다.
人工衛星が打ち上げられました。인공위성이 발사되었습니다.

囲 둘레 위
N2 초5

▶ [전자 圍] 어떤 물건(口)을 사이에 두고 두 발이 빙글빙글 돌듯이(韋), 주위를 빙(韋) 둘러치는(口) 것

- 음 い　周囲 주위　雰囲気 분위기
- 훈 かこ(む) 둘러싸다, 에워싸다
- 훈 かこ(う) 둘러싸다, 에워싸다

周囲に迷惑をかけてしまった。 주위에 폐를 끼치고 말았다.

皆がテーブルを囲んで座りました。

모두가 테이블을 둘러싸고 앉았습니다.

病 병 병
N4 초3

▶ 병(疒)으로 몸이 자유롭게 움직이지 못하고 뻣뻣함(丙)

* 丙(남녘 병) : 책상이나 사람의 다리 또는 생선의 꼬리가 좌우로 꼿꼿이 뻗은 모양

- 음 びょう　病院 병원　病気 병　病人 환자
- 음 へい　疾病 질병
- 훈 や(む) 앓다, 병들다　훈 やまい 병

父は頭痛で病院に通っています。

아버지는 두통으로 병원에 다니고 계십니다.

「病は気から」と言われている。 '병은 마음에서 생긴다'고 한다.

便 편할 편, 똥오줌 변
N3 초4

▶ 사람(イ)이 불편한 데를 고쳐서(更) 편하게 함

* 更(다시 갱, 고칠 경) : 丙(다리가 꼿꼿이 뻗은 모양)과 攴(동작)이 합쳐져, 느슨해진 것에 힘을 가해서(攴) 다시 꼿꼿이(丙) 고치는 것

- 음 べん　便利 편리　小便 소변　大便 대변　不便 불편
- 음 びん　郵便 우편
- 훈 たよ(り) 편지, 소식

スマホは本当に便利です。 스마트폰은 정말로 편리합니다.

時々便りを下さい。 종종 소식을 전해주세요.

復 돌아올 복, 돌아올 부
N2 초5

▶ 갔던 길을 발(夊)로 다시(复) 돌아오는(イ) 것

* 复(거듭 복) : 위아래의 모양이 같고 배가 불룩한 항아리(畗)와 발(夊)이 합쳐져, 같은 코스를 발로 다시 돌아오는 것

- 음 ふく　復活 부활　復習 복습　往復 왕복　回復 회복

必ず復習してください。 꼭 복습해주세요.

京都までは往復何時間かかりますか。

교토까지는 왕복 몇 시간 걸립니까?

複

겹옷 복, 겹칠 복

N2 초5

▶ 옷(衤)이 거듭(复) 겹쳐지는 모습

🔊 ふく　複雑 복잡　複数 복수　重複 중복

それは複雑な問題です。 그것은 복잡한 문제입니다.

質問が複数あります。 질문이 몇 개 있습니다.

腹

배 복

N2 초6

▶ 신체 부위(月) 중에서 불룩한 배(复)를 뜻함

🔊 ふく　腹痛 복통　腹部 복부　空腹 공복　満腹 만복, 배부름

🔊 はら 배, 기분, 감정

空腹にまずいものなし。 배고프면 맛없는 것이 없다.

彼のいたずらには腹が立ちます。 그의 장난에는 화가 납니다.

北

북녘 북

N5 초2

▶ 두 사람이 서로 등진 모습 또는 등을 지는 차가운 북풍이 불어오는 북쪽

🔊 ほく　北上 북상　北部 북부　北海道 홋카이도　北極 북극

🔊 きた 북쪽

台風14号が北上しています。 태풍 14호가 북상하고 있습니다.

動物は北へ行くほど色が白いです。

동물은 북쪽으로 갈수록 색이 하얗습니다.

背

등 배

N3 초6

▶ 두 사람이 서로 등지고 있는 모습과 신체 일부인 몸(月)을 합하여 등을 뜻함

🔊 はい　背景 배경　背後 배후

🔊 せ、せい 키, 신장

🔊 そむ(く) (등을) 돌리다, 등지다, 배반하다

🔊 そむ(ける) (얼굴이나 눈길을) 돌리다

海を背景にして写真を撮った。 바다를 배경으로 사진을 찍었다.

私の兄は背が高いです。 저희 형은 키가 큽니다.

要

구할 요, 중요할 요

N3 초4

▶여자(女)가 양손(⼪ㅋ)으로 허리를 졸라서 잘록하게 하는 모양으로
내놓으라고 조른다는 데서 요구한다는 의미를 뜻함

음 よう 要求 요구 要点 요점 重要 중요 必要 필요

훈 い(る) 필요하다, 들다, 소용되다

この単語は非常に重要です。 이 단어는 매우 중요합니다.

この事業には多くの資金が要ります。

이 사업에는 많은 자금이 필요합니다.

票

불똥 틸 표, 표 표

N1 초4

▶覀(要의 획줄임)과 火(나중에 示로 변형)을 합친 자로, 가는(要) 불똥(火)
이 눈에 띄게 팔랑팔랑 날아오르듯 팔랑거리는 얇은 종이 쪽지

음 ひょう 開票 개표 投票 투표 伝票 전표

開票は午後9時からです。 개표는 오후 9시부터입니다.

投票することは国民の義務です。

투표하는 것은 국민의 의무입니다.

標

표할 표, 우듬지 표

N2 초4

▶눈에 띄도록 나무(木) 위에 높이(票) 내건 표지

음 ひょう 標語 표어 標識 표지(판) 標準 표준 目標 목표

これが標準サイズです。 이것이 표준 사이즈입니다.

まず目標から決めましょう。 우선 목표부터 정합시다.

居

있을 거, 살 거

N3 초5

▶엉덩이(尸)를 단단한 대(古)에 얹어 자리 잡고 앉음

＊古(옛 고) : 오래되고 단단한 해골 모양

음 きょ 居住 거주 住居 주거 同居 동거

훈 い(る) (살아서 움직이는 사람·동물 등이) 있다

兄は海外に居住しています。 형은 해외에 거주하고 있습니다.

今度はずっと東京に居ます。 이번에는 쭉 도쿄에 있습니다.

이를 계

N2 초6

▶ [정자 届] 엉덩이(尸)가 둥근 흙덩어리(凷)처럼 둔해서 어느 장소에 자주 멈추어 이름

훈 とど(く) 닿다, 미치다, 도착하다

훈 とど(ける) 보내다, 전하다, 신고하다

いよいよ荷物が届きました。드디어 짐이 도착했습니다.

財布を拾って交番に届けた。지갑을 주워서 파출소에 신고했다.

인쇄할 쇄, 쓸 쇄

N2 초4

▶ 엉덩이(尸)를 천(巾)으로 휙 닦듯이, 칼(刂)로 휙 쓸어서(刷) 더러운 것을 제거함

음 さつ　印刷 인쇄

훈 す(る) 인쇄하다, 찍다

息子は印刷会社に就職しました。

아들은 인쇄회사에 취직했습니다.

新聞を1万部刷りました。신문을 만 부 인쇄했습니다.

임금 후, 왕후 후

N1 초6

▶ 사람(人) 뒤에 있는 구멍(口)으로 항문을 뜻하며 또는 '뒤'에서 파생되어 대궐의 뒷 건물에 사는 왕후라는 의미로도 사용됨

음 こう　后妃 후비, 왕비

韓国には何人の后妃がいましたか。

한국에는 몇 명의 왕비가 있었습니까?

될 화

N3 초3

▶ 똑바로 서 있던 사람(亻)이 자세를 바꿔 웅크리는(匕) 것

음 か　化学 화학　進化 진화　文化 문화　変化 변화

음 け　化粧 화장

훈 ば(ける) 둔갑하다

훈 ば(かす) 홀리다

韓国の化粧品は人気が高いそうです。

한국 화장품은 인기가 높다고 합니다.

キツネが女に化けるという昔話があります。

여우가 여자로 둔갑한다는 옛날이야기가 있습니다.

꽃 화

N4 초1

▶초목(艹) 중에서 봉오리 → 꽃이 핌 → 꽃이 짐의 과정으로 모습이 바뀌는 (化) 꽃을 나타냄

음 か　花ビン 꽃병　花粉 화분, 꽃가루　開花 개화

훈 はな 꽃　花見 꽃구경

風邪ではなく、花粉症のようです。

감기가 아니라 꽃가루 알레르기 같습니다.

お花見の季節が近づいてきましたね。꽃구경의 계절이 다가왔네요.

재화 화

N2 초4

▶여러 물건과 바꿀(化) 수 있는 조개(貝)로 돈을 의미함

음 か　貨物 화물　雑貨 잡화　通貨 통화

この店では日用雑貨を売っています。

이 가게에서는 일용잡화를 팔고 있습니다.

国際通貨基金の本部はワシントンにあります。

국제통화기금의 본부는 워싱턴에 있습니다.

인할 인

N3 초5

▶이불(口)을 깔고 그 위에 손발을 벌리고 大자로 누운 모습으로, 하나의 일이 다음에 일어나는 것의 바탕이 됨

음 いん　因縁 인연　原因 원인　要因 요인

훈 よ(る) 의하다, 기인하다, 관계 되다

火事の原因を調べています。화재의 원인을 조사하고 있습니다.

これは不注意に因る事故です。이것은 부주의로 인한 사고입니다.

은혜 은

N1 초6

▶은혜를 입어서 고마운 심정이 마음(心)을 내리누름(因)

음 おん　恩恵 은혜　恩師 은사　恩人 은인

今日、恩師のお宅を訪問しました。오늘 은사님 댁을 방문했습니다.

彼は私の命の恩人です。그는 제 생명의 은인입니다.

설 립

N5 초1

▶ 사람이 양발로 서 있는 모습

음 りつ 立派 훌륭함, 아주 뛰어남 国立 국립 私立 사립
　　　　成立 성립

음 りゅう 建立 건립, 절이나 탑 등을 세움

훈 た(つ) 서다, 일어서다

훈 た(てる) 세우다, 일으키다

彼は立派な成績を上げました。 그는 훌륭한 성적을 올렸습니다.

倒れた自転車を立てておいた。 쓰러진 자전거를 세워놓았다.

자리 위

N3 초4

▶ 사람(イ)이 서 있는(立) 자리

음 い 位置 위치 上位 상위 単位 단위, (대학 등의) 학점
　　地位 지위

훈 くらい 정도, 쯤 (=ぐらい)

テーブルの位置を替えましょう。 테이블의 위치를 바꿉시다.

冬休みは2週間位です。 겨울방학은 2주 정도입니다.

울 읍

N3 초4

▶ 눈물(氵) 방울(粒 : 알 립→立)이 흘러내리는 모습

음 きゅう 号泣 호읍 (크게 소리 내어 욺)

훈 な(く) 울다

훈 な(ける) (저절로) 눈물이 나다

彼女は急に号泣しはじめました。

그녀는 갑자기 소리 내어 울기 시작했습니다.

悲しい映画を見ると泣けます。 슬픈 영화를 보면 눈물이 납니다.

아우를병, 나란히할병

N2 초6

▶ [정자] 竝 立을 두 개 나란히 늘어 세운 모습

음 へい 並行 병행 並列 병렬

훈 なみ ~과 같은 수준, 늘어섬, 줄 지음

훈 なら(べる) 줄지어 놓다. 죽 늘어놓다

훈 なら(ぶ) 줄을 서다, 나란히 서다

훈 なら(びに) 및, 와, 과

勉強とバイトを並行しています。

공부와 아르바이트를 병행하고 있습니다.

食卓に料理を並べてください。 식탁에 요리를 차려주세요.

견줄 비

N2 초5

> 두 사람이 무언가를 겨루기 위해 출발 선상에 나란히 서 있는 모습

음 ひ 　比較 비교　　比重 비중　　比例 비례　　反比例 반비례

훈 くら(べる) 비교하다, 견주다

やっぱり値段と味は比例しますね。

역시 가격과 맛은 비례하네요.

水の比重は1です。 물의 비중은 1입니다.

비평할 비

N1 초6

> 물건을 늘어 세워(比) 놓고 손(扌)으로 좋고 나쁜 것을 가려냄

음 ひ 　批判 비판　　批評 비평

その新聞は批判的な記事が多いです。

그 신문은 비판적인 기사가 많습니다.

彼は有名な映画批評家です。 그는 유명한 영화 비평가입니다.

섬돌 계, 층계 계

N2 초3

> 크기가 같은 벽돌 따위를 여러(皆) 단 쌓아올려(阝) 만든 계단

음 かい 　階級 계급　　階段 계단　　段階 단계　　二階 2층

火事の時はこちらの階段をご利用ください。

화재 시에는 이쪽 계단을 이용해주세요.

食堂は2階にあります。 식당은 2층에 있습니다.

섬돌 폐

N1 초6

> 흙벽돌(土)을 쌓아올려(阝) 만든, 잘 정돈되어 늘어선(比) 흙 계단

음 へい 　陛下 폐하, 천황이나 황후를 높여서 일컫는 말

天皇陛下が新年の挨拶をしました。

천황 폐하가 신년 인사를 했습니다.

今日は、皇后陛下の誕生日です。 오늘은 황후 폐하의 탄신일입니다.

섞을 혼

N2 초5

▶여러(昆) 갈래의 물(氵)이 한 곳으로 모여 섞임

＊昆(벌레 곤) : 태양(日) 아래에 여러 사람(比)이 모여 있는 모습. 또는 다리가 여러 개 달린 곤충의 모습

- 음 こん　混合 혼합　混雑 혼잡　混同 혼동　混乱 혼란
- 훈 ま(じる)　훈 ま(ざる) 섞이다
- 훈 ま(ぜる) (뒤)섞다

公私を混同してはいけません。 공사를 혼동해서는 안 됩니다.

お昼は混ぜご飯にしましょう。 점심은 비빔밥으로 합시다.

임금 왕

N3 초1

▶크고 위대한 사람이 손발을 크게 벌리고 하늘과 땅 사이에 서 있는 모습

- 음 おう　王国 왕국　王様 임금님, 왕　王子 왕자　国王 국왕

日本はアニメ王国ですね。 일본은 애니메이션 왕국이네요.

国王のいる国はいくつですか。 국왕이 있는 나라는 몇 개입니까?

갈 왕

N1 초5

▶풀의 싹(丶)이 넓게 퍼지듯이(王) 기세 있게 나아가는(彳) 모습

- 음 おう　往診 왕진　往復 왕복　往来 왕래

往復チケットはいくらですか。 왕복 티켓은 얼마입니까?

この通りは人の往来が多いです。 이 거리는 사람의 왕래가 많습니다.

임금 황

N1 초6

▶코(自 → 白)는 몸의 가장 앞에 있듯이, 가장 첫 번째(白) 왕(王)을 나타냄

- 음 こう　皇太子 황태자　皇帝 황제　教皇 교황
- 음 おう　皇子 황자, 천황의 아들　＊天皇 천황

彼は皇太子と呼ばれています。 그는 황태자로 불리고 있습니다.

天皇が変わると年号が変わります。 천황이 바뀌면 연호가 바뀝니다.

士

선비 사

N1 초5

▶ 남자가 똑바로 서 있는 모습으로, '남자', '똑바로 서다'라는 의미

음 し 　修士 석사　博士 박사　弁護士 변호사　*富士山 후지산

富士山は日本で一番高い山です。

후지산은 일본에서 가장 높은 산입니다.

彼は有能な弁護士です。 그는 유능한 변호사입니다.

仕

벼슬할 사, 섬길 사

N4 초3

▶ 신분 높은 사람 곁에 똑바로 선(士) 남자(시종)(イ)

음 し 　仕事 일　仕方 하는 방법, 수단
　　　仕送り 생활비나 학비(의 일부)를 보내줌, 생활비나 학비
훈 つか(える) 모시다, 섬기다

両親から毎月仕送りをもらっています。

부모님으로부터 매달 생활비를 받고 있습니다.

彼女はお母さんに仕えているそうです。

그녀는 어머님을 모시고 있다고 합니다.

無

없을 무

N3 초4

▶ 사람(人)이 양손에 새의 깃털(卌)을 들고 양발(灬)로 춤추는 모습

음 む 　無視 무시　無理 무리　無料 무료
음 ぶ 　無事 무사　無礼 무례
훈 な(い) 없다

無理はしない方が良いです。 무리는 하지 않는 편이 좋습니다.

あれっ、財布が無い。 어! 지갑이 없어!

己

몸 기, 자기 기

N1 초6

▶ 앉아 있던 사람이 일어나는 모습

음 こ 　自己 자기　利己 이기
음 き 　知己 지기(자기 마음을 잘 알아주는 사람)
훈 おのれ 자기 자신

自己満足に終わってはいけない。 자기만족으로 끝나서는 안 된다.

全ての失敗は己の責任です。 모든 실패는 자신의 책임입니다.

일어날 기

N4 초3

> ▶ 달리려고(走) 몸을 일으키는(己) 모습

- 음 き　起床 기상　起立 기립　再起 재기
- 훈 お(きる) (잠자리에서/일·사건이) 일어나다
- 훈 お(こす) (누워 있는 것을/일·사건을) 일으키다, 깨우다
- 훈 お(こる) (일·사건이) 일어나다

全員起立して迎えました。 전원 기립해서 맞이했습니다.
私は毎朝7時に起きます。 저는 매일 아침 7시에 일어납니다.

配

짝 배, 나눌 배

N3 초3

> ▶ 사람(己)이 술독(酉) 옆에 바싹 붙어 있는 모습으로 옆에 있는 짝을 뜻함

- 음 はい　配達 배달　支配 지배　手配 준비, 수배　心配 걱정
- 훈 くば(る) 나누어주다, 배포하다

息子の将来が 心配です。 아들의 장래가 걱정입니다.
新聞を配るバイトをしています。
신문을 배포하는 아르바이트를 하고 있습니다.

記

기록할 기

N3 초2

> ▶ 훗날에 단서를 내세우기(己) 위해서 기록한 말(言)

- 음 き　記事 기사　記録 기록　日記 일기　筆記 필기
- 훈 しる(す) 적다, 기록하다

彼は多くの記録を残しました。 그는 많은 기록을 남겼습니다.
お名前と住所を記してください。 이름과 주소를 적으세요.

벼리 기, 실마리 기

N1 초5

> ▶ 헝클어진 실(糸)의 끝(己)으로 실마리를 찾아서 풀어나가는 것

- 음 き　紀元 기원　紀行 기행　世紀 세기

21世紀は、2001年から2100年までです。
21세기는 2001년부터 2100년까지입니다.

修学旅行の紀行文を書いている。 수학여행 기행문을 쓰고 있다.

> ▶ 느슨해진 것을 일으켜 세워(己) 옳게 바로잡는 행위(攵 : 행위)

- 음 かい 　改札 개찰　改善 개선　改正 개정, 고쳐 바르게 함
  改定 개정, 고쳐 다시 정함
- 훈 あらた(まる) 고쳐지다, 개선되다, 좋아지다
- 훈 あらた(める) 고치다, 개선하다, 바꾸다

バスの運賃が改定されました。버스의 운임이 개정되었습니다.
そんな態度は改めた方が良いよ。그런 태도는 고치는 편이 좋아.

고칠 개

N2　초4

> ▶ [정자 選] 제단(共)에 제물로 바쳐질 사람들(巳巳)을 골라서 보냄(辶)

- 음 せん 　選挙 선거　選手 선수　予選 예선
- 훈 えら(ぶ) 고르다, 뽑다, 선택하다

うちの息子は野球選手を目指しています。
우리 아들은 야구선수를 목표로 하고 있습니다.
木村さんが会長に選ばれた。기무라 씨가 회장으로 뽑혔다.

가릴 선, 뽑을 선

N3　초4

> ▶ 사람(ク)이 절벽(厂)에서 굴러떨어져 다쳐서 쪼그리고(巳) 있는 모습

- 음 き 　危機 위기　危険 위험
- 훈 あぶ(ない) 위험하다, 위태롭다
- 훈 あや(うい) 위험하다, 위태롭다
- 훈 あや(ぶむ) 위태롭게 생각하다, 걱정하다

重大な危機に直面しました。중대한 위기에 직면했습니다.
冬の登山は危ないです。겨울 등산은 위험합니다.

위태할 위

N3　초6

> ▶ 쪼그리고(巴) 있는 사람 위에 다른 사람(ク)이 올라탄 모습

- 음 しょく 　特色 특색　無色 무색
- 음 しき 　色素 색소　景色 경치
- 훈 いろ 색

窓から見える景色が素晴らしい。창으로 보이는 경치가 아름답다.
私は明るい色が好きです。저는 밝은 색을 좋아합니다.

빛 색

N4　초2

絶

끊을 절

▶ 사람이 쪼그리고(巴) 앉아 칼(刀)로 실(糸)을 끊는 모습

음 ぜつ　絶好 절호　絶対 절대(로)　謝絶 사절

훈 た(える) 끊어지다, 없어지다

훈 た(やす) 끊어지게 하다, 없애다, 근절시키다

훈 た(つ) (계속되던 것·관계 등을) 끊다

絶好のチャンスがやってきました。 절호의 찬스가 찾아왔습니다.

彼女はいつも笑顔を絶やさない。 그녀는 항상 웃음을 잃지 않는다.

肥

살찔 비, 거름 비

▶ 사람이 몸을 둥글게 하고 무릎을 꿇고 앉은 모습(巴)처럼, 몸에 살(月)이 붙어서 둥글둥글해지는(巴) 것

음 ひ　肥満 비만　肥料 비료

훈 こ(える) 살찌다, (땅이) 기름지다, 비옥해지다

훈 こ(やす) 살찌우다, (땅을) 기름지게 하다, 비옥하게 하다

近年、子供の肥満が増えています。

근래 아이들의 비만이 늘고 있습니다.

この地方は土地が肥えています。 이 지방은 토지가 비옥합니다.

犯

범할 범

▶ 개(犭)가 틀을 부수고 뛰쳐나옴(㔾)

음 はん　犯行 범행　犯罪 범죄　犯人 범인　防犯 방범

훈 おか(す) (죄·법률·규칙·도덕을) 범하다, 어기다

犯人はまだ捕まっていません。 범인은 아직 잡히지 않았습니다.

彼は罪を犯しました。 그는 죄를 범했습니다.

丸

알 환

▶ 사람이 몸을 둥글게 웅크려 앉은 모습

음 がん　丸薬 환약, 알약

훈 まる(い) (입체적) 둥글다

훈 まる(める) (입체적) 둥글게 하다, 뭉치다

丸薬は飲みやすいです。 알약은 먹기 쉽습니다.

マゼランにより、地球は丸いことが分かった。

마젤란에 의해 지구는 둥글다는 것을 알게 되었다.

> 굶주린 사람이 입을 벌리고(欠) 음식(食)을 삼키는 것

*欠 : 사람이 몸을 웅크리고 입을 벌리고 있는 모습

마실 음

- 음 いん　飲料 음료　飲酒 음주　飲食 음식
- 훈 の(む) 마시다, (약을) 먹다, 복용하다

飲酒運転は危ないです。음주운전은 위험합니다.

風邪を引いて薬を飲んでいます。감기 걸려서 약을 먹고 있습니다.

N4　초3

> 몸을 웅크리고(欠) 물건을 차례대로 가지런히 늘어놓은(二) 것

- 음 じ　次回 다음 번　目次 목차　次男 차남
　*次第 〜여하, 〜나름, 〜하는 즉시
- 훈 つぎ 다음
- 훈 つ(ぐ) 잇따르다, 다음가다, 버금가다

버금 차

成功は君の努力次第です。성공은 자네의 노력 나름입니다.

次は必ず勝ちますから。다음에는 반드시 이길테니까요.

N3　초3

> 여자(女)가 얼굴이나 복장을 가지런히(次) 함

- 음 し　姿勢 자세　姿態 자태　容姿 용자(용모와 자태)
- 훈 すがた 모습

健康のためには正しい姿勢が重要です。

건강을 위해서는 바른 자세가 중요합니다.

後ろ姿を見て女性だと思いました。

뒷모습을 보고 여성이라고 생각했습니다.

맵시 자, 모습 자

N1　초6

> 나중에 유용하게 쓸 수 있도록 돈(貝)이나 물건을 가지런히(次) 갖추어둠

- 음 し　資格 자격　資料 자료　資本 자본　資産 자산

就職に役立つ資格が取りたい。취직에 도움 되는 자격증을 따고 싶다.

資料は全部そろっています。자료는 전부 갖추어졌습니다.

재물 자

N2　초5

맡을 사, 벼슬 사

N1 초4

▶ 사람이 몸을 앞으로 숙이고(⼘) 작은 구멍(口)으로 들여다보는 것으로 좁은 범위를 맡음

음 し　司会 사회　司法 사법　上司 상사

結婚式の司会を頼まれました。 결혼식의 사회를 부탁받았습니다.

私の上司は厳しいです。 저의 상사는 엄격합니다.

말씀 사

N2 초6

▶ 최소 단위인 작은(司) 단어들을 연결해놓은 말(言)

음 し　歌詞 가사　形容詞 형용사　動詞 동사　名詞 명사

この歌の歌詞は悲しいですね。 이 노래의 가사는 슬프네요.

動詞はなかなか覚えられません。 동사는 좀처럼 외워지지 않습니다.

먹일 사, 기를 사

N1 초5

▶ 잘게 부순(司) 음식물(食)

음 し　飼育 사육　飼料 사료

훈 か(う) (동물을) 기르다, 사육하다

このマンションでは、ペットの飼育が禁止されています。

이 아파트에서는 애완동물 사육이 금지되어 있습니다.

私はプードルを飼っています。 저는 푸들을 기르고 있습니다.

어찌 하

N5 초2

▶ 사람(イ)이 나무에 짐을 매달아서 어깨에 짊어진 모습(可)

음 か　幾何学 기하학

훈 なに 무엇, 어떤 것

훈 なん 무엇, 몇　何日 며칠　何時 몇 시

예외 何時 언제

今、数学で幾何学を習っています。

지금 수학에서 기하학을 배우고 있습니다.

大学では何を専攻していますか。

대학에서는 무엇을 전공하고 있습니까?

> ▶사람(イ)이 어깨에 풀(艹)과 같은 짐을 짊어짐(可)

- 음 か　荷重 하중　出荷 출하　入荷 입하
- 훈 に　짐, 화물, 부담　荷物 짐

夏服が入荷しました。여름 옷이 입하했습니다.

ここの荷物を二階に運んでください。

여기의 짐을 2층으로 옮겨주세요.

짐 하, 연 하

N2　초3

> ▶굽어 흐르는(可) 물(氵)의 모습

- 음 か　河川 하천　*運河 운하　*銀河 은하수　*氷河 빙하
- 훈 かわ　(외국의) 큰 강

最近、氷河が溶けているそうです。최근 빙하가 녹고 있다고 합니다.

河が深いので気をつけてください。강이 깊으므로 조심해주세요.

물 하

N2　초5

> ▶사람(イ → 亠)이 으슥한 곳(ㄴ)에 자신의 모습을 숨겨 없어지는 것

- 음 ぼう　亡命 망명　死亡 사망　逃亡 도망
- 훈 な(い)　(죽어서) 이 세상에 없다
- 훈 な(くなる)　「死ぬ」보다 완곡한 표현, 돌아가시다, 죽다

交通死亡事故が発生しました。교통 사망사고가 발생했습니다.

祖母は昨年亡くなりました。할머니는 작년에 돌아가셨습니다.

망할 망, 죽을 망

N3　초6

> ▶마음(心) 속에 있던 것이 지워져 없어짐(亡)

- 음 ぼう　忘年会 망년회　備忘録 비망록
- 훈 わす(れる)　잊어버리다, 망각하다

金曜日に忘年会があります。금요일에 망년회가 있습니다.

妻の誕生日をうっかり忘れていました。

아내 생일을 깜빡 잊고 있었습니다.

잊을 망

N3　초6

宿

묵을 숙, 잘 숙

▶좁은 곳(宀)에서 사람(イ)이 움츠리고(百 : 물건이 오그라들어 주름진 모습) 자는 모습

- 음 しゅく　　宿題 숙제　　宿泊 숙박　　合宿 합숙
- 훈 やど 숙소
- 훈 やど(る) 묵다, 숙박하다
- 훈 やど(す) 묵게 하다, 숙박시키다

宿題が終わったらテレビを見ても良いよ。
숙제가 끝나면 텔레비전을 봐도 좋아요.

この宿に決めましょう。 이 숙소로 정합시다.

縮

줄어들 축, 오그라들 축

▶끈(糸)을 꽉 매서 오그라들게 하는(宿) 것

- 음 しゅく　　縮小 축소　　圧縮 압축　　短縮 단축
- 훈 ちぢ(む) 줄다, 오그라들다, 짧아지다
- 훈 ちぢ(まる) 오그라들다, 줄어들다
- 훈 ちぢ(める) 줄이다, 축소하다
- 훈 ちぢ(れる) 오그라지다, 곱슬곱슬해지다
- 훈 ちぢ(らす) 오그라들게 하다, 곱슬곱슬하게 만들다

空き缶はできるだけ圧縮して出してください。
빈 캔은 가능한 한 압축해서 내놓으세요.

Tシャツを洗ったら縮んでしまった。 티셔츠를 빨았더니 줄어들었다.

힘쓸 면

▶아이를 출산하듯이(免) 힘(力)을 쓰는 것

＊免 : 여성이 출산하는 모습을 그린 상형문자

- 음 べん　　勉強 공부　　勉学 면학　　勤勉 근면

勉強に近道はないと思います。 공부에 지름길은 없다고 생각합니다.
あの人は勤勉な人です。 저 사람은 근면한 사람입니다.

저물 만, 늦을 만

▶아기가 밑으로 빠져나오듯이(免) 해(日)가 서산으로 빠져나가(免) 저무는 것

- 음 ばん　　今晩 오늘 밤　　晩婚 만혼　　晩秋 만추, 늦가을
　　　　　　毎晩 매일 밤

今晩は寒くなるそうです。 오늘 밤은 추워진다고 합니다.
私は毎晩本を読んでいます。 저는 매일 밤 책을 읽고 있습니다.

誤 그릇할 오 — N2 초6

▶ [전자] 誤] 말(言)이 틀림(吳)

* 吳 : 사람이 목을 뒤로 제치고 깔깔대고 웃는 모습과 굽어 있는 모습에서 잘못됨
이라는 의미가 파생됨

음 ご　誤解 오해　誤差 오차　誤字 오자　誤診 오진

훈 あやま(る) 잘못하다, 틀리다, 실수하다

そんなことを言ったら誤解されます。 그런 말을 하면 오해받습니다.

操作を誤ったら事故になります。 조작을 잘못하면 사고 납니다.

酸 초 산, 실 산 — N1 초5

▶ 몸을 날씬하고(夋) 부드럽게 해주는 신맛이 나는 발효액(酉)

* 夋 : 키가 훤칠하고 날씬한 사람이 서 있는 모습

음 さん　酸化 산화　酸性 산성　酸素 산소　炭酸 탄산

훈 す(い) 시다(=酸っぱい)

火は酸素がないと消えます。 불은 산소가 없으면 꺼집니다.

このキャンディは酸っぱいです。 이 사탕은 십니다.

근골

力 힘 력 — N4 초1

▶ 물건을 들어올릴 때 팔에 생기는 근육의 모양

음 りょく　実力 실력　体力 체력　努力 노력　能力 능력

음 りき　力学 역학　力士 스모 선수

훈 ちから 힘

努力は決して裏切りません。 노력은 결코 배신하지 않습니다.

愛の力はすごいと思います。 사랑의 힘은 굉장하다고 생각합니다.

加 더할 가 — N3 초4

▶ 힘써(力) 일을 돕고 말(口)로 조언까지 곁들임

음 か　加工 가공　参加 참가　増加 증가　追加 추가

훈 くわ(わる) 더해지다, 늘다, 추가되다

훈 くわ(える) 더하다, 보태다, 가하다

世界の人口は増加しています。 세계 인구는 증가하고 있습니다.

人数が3人加わりました。 인원수가 세 명 추가되었습니다.

하례 하

N1 초4

> 경사스러운 일에 재물(貝)을 덧붙여(加) 보내서 축하함

음 が　祝賀 축하　年賀 연하, 신년의 축하

明日、新年祝賀会を開きます。 내일 신년 축하회를 엽니다.

恩師に年賀状を送りました。 은사님에게 연하장을 보냈습니다.

화할 협

N2 초4

> 많은 힘(劦)을 하나로 합치는(十) 것

음 きょう　協会 협회　協同 협동　協力 협력

留学生協会に加入しました。 유학생 협회에 가입했습니다.

皆様のご協力をお願いいたします。

여러분들의 협력을 부탁드립니다.

筋

힘줄 근, 근육 근

N1 초6

> 몸(月)에 힘(力)을 주면 대나무(竹)처럼 울퉁불퉁하게 나타나는 힘줄이나
> 근육

음 きん　筋肉 근육　鉄筋 철근　腹筋 복근

훈 すじ 힘줄, 근육, 줄거리

久しぶりにテニスをしたら、筋肉痛になった。

오랜만에 테니스를 쳤더니 근육통이 생겼다.

この映画の筋を話してください。

이 영화의 줄거리를 좀 이야기 해주세요.

뼈 골

N3 초6

> 몸(月)의 관절(冎), 즉 뼈를 뜻함

음 こつ　骨格 골격　骨折 골절

훈 ほね 뼈, 가시

彼は足を骨折して入院中です。

그는 발이 골절되어서 입원 중입니다.

骨には異常がないです。 뼈에는 이상이 없습니다.

▶ 둥글게 움푹 파여 매끄럽게 움직이는 관절(咼)처럼 매끄럽게 나아감(辶)
또는 너무 지나치게 나아감

- 음 か　過去 과거　過失 과실　過労 과로　通過 통과
- 훈 す(ぎる) (장소·시간) 지나가다, 지나다, 경과하다
- 훈 す(ごす) (시간·세월) 보내다, 지내다
- 훈 あやま(つ) 잘못하다, 실수하다
- 훈 あやま(ち) 실수, 잘못

嫌な過去は忘れましょう。싫은 과거는 잊읍시다.

京都駅はもう過ぎました。교토역은 이미 지났습니다.

지날 과, 허물 과

N2　초5

▶ 관절(另)을 칼(刂)로 잘라서 따로따로 나누는 것

＊另 : 관절 咼의 변형

- 음 べつ　区別 구별　差別 차별　送別 송별　特別 특별
- 훈 わか(れる) 헤어지다, 이별하다

まだ差別が存在するなんて。아직 차별이 존재하다니.

昨日、彼氏と別れました。어제 남자친구와 헤어졌습니다.

나눌 별, 다를 별

N4　초4

▶ 관절(歹)을 칼(刂)로 잘라서 벌려놓는 것

＊歹(=歺) : 관절의 하반부를 그린 자

- 음 れつ　列車 열차　列島 열도　行列 행렬

強い地震で列車が止まっています。강한 지진으로 열차가 멈췄습니다.

あの店はいつも行列ができているね。저 가게는 항상 줄이 서 있네.

벌일 렬

N3　초3

▶ 사람(亻)이 무언가를 벌려놓고(列) 서로 견주어봄

- 음 れい　例 예　例外 예외　例文 예문　比例 비례
- 훈 たと(える) 예를 들다, 비유하다　例えば 예를 들면, 예컨대

具体的な例を挙げましょう。구체적인 예를 들어봅시다.

例えば、バラが好きです。예를 들면, 장미를 좋아합니다.

법식 례, 보기 례

N3　초4

죽을 사

N4 초3

> 사람(匕)이 죽어서 뼈(歹)만 남음

- 음 し　死刑 사형　死亡 사망　生死 생사　必死 필사
- 훈 し(ぬ) 죽다

必死に努力しています。 필사적으로 노력하고 있습니다.

昨日、愛犬が死んでしまいました。 어제 애견이 죽었습니다.

예 고

N5 초2

> 오래되고 단단한 해골 모양

- 음 こ　古代 고대　古文 고문　中古 중고
- 훈 ふる(い) 오래되다, 낡다
- 훈 ふる(す) 오래 써서 낡게 하다

日本の中古車は人気が高い。 일본의 중고차는 인기가 높다.

古本屋に寄って本を買いました。 헌책방에 들러서 책을 샀습니다.

쓸 고, 괴로울 고

N3 초3

> 입이 굳는(古) 듯한 느낌을 주는 쓴맛이 나는 풀(艹)

- 음 く　苦情 불평, 불만　苦心 고심　苦痛 고통　苦労 고생
- 훈 にが(い) (맛이) 쓰다
- 훈 にが(る) 못마땅해하다
- 훈 くる(しい) (몸·마음) 괴롭다, 고통스럽다
- 훈 くる(しむ) (육체적·경제적) 괴로워하다
- 훈 くる(しめる) (육체적·정신적) 괴롭히다, 고통을 주다

場所を探すのに苦労しました。 장소를 찾는 데에 고생했습니다.

薬には苦いものが多いです。 약에는 쓴 것이 많습니다.

굳을 고

N2 초4

> 단단히(古) 둘러싸서(口) 움직이지 못하게 고정함

- 음 こ　固体 고체　固定 고정　固有 고유
- 훈 かた(い) 굳다, 엄(격)하다, 강하다
- 훈 かた(まる) 굳어지다, 다져지다
- 훈 かた(める) 굳히다, 다지다

固有名詞の漢字の読み方は難しいです。

고유명사의 한자 읽는 법은 어렵습니다.

彼女は固い信念を持っています。 그녀는 굳은 신념을 가지고 있습니다.

낱 개

N2 초5

> **사람(イ)이 단단한(固) 물건을 하나하나 세는 것**

음 こ 　個人 개인　 個性 개성　 個別 개별　 一個 한 개

それは個人の問題ではないです。 그것은 개인의 문제는 아닙니다.

個性は尊重されるべきです。 개성은 존중되어야 합니다.

예 고, 연고 고

N1 초5

> **굳어져서(古) 고정된 사실이 됨(攵)**

음 こ 　故意 고의　 故郷 고향　 故障 고장　 事故 사고

훈 ゆえ 이유, 원인, ~때문에

不注意で事故を起こしてしまった。 부주의로 사고를 내고 말았다.

愛するが故にケンカもするものです。

사랑하기 때문에 싸움도 하게 마련입니다.

호수 호

N2 초3

> **대지를 덮고(胡) 있는 물(氵)로 호수를 뜻함**
> *胡 : 턱을 덮고 있는 오래되고(古) 늘어진 볼의 살(月)

음 こ 　湖水 호수　 ~湖 ~호

훈 みずうみ 호수

びわ湖の周りを散歩しました。 비와호 주위를 산책했습니다.

この湖では釣り禁止です。 이 호수에서는 낚시금지입니다.

몸

몸 신, 아이 밸 신

N3 초3

> **아이 밴 여자의 불룩한 몸 모양**

음 しん 　身体 신체　 身長 신장　 自身 자신　 出身 출신

훈 み 몸, 신체　 身近 신변, 가까움, 관계가 깊음　 身分 신분

父は大阪出身です。 아버지는 오사카 출신입니다.

これは私達にとっても身近な問題です。

이것은 우리에게도 관계 깊은 문제입니다.

쏠 사

N1 초6

▶손(寸)으로 활에 화살을 메기고 불룩하게 당기고 있는 모양(身)

🔊 しゃ　注射 주사　発射 발사　反射 반사　放射能 방사능

🔊 い(る) (활을) 쏘다

注射を受けるのは嫌です。 주사 맞는 것은 싫습니다.

趣味で矢を射ています。 취미로 화살을 쏘고 있습니다.

사례할 사, 사절 사

N1 초5

▶화살을 쏘면(射) 활시위가 느슨해지듯, 말(言)로 사죄하여 긴장되어 있던 기분이 풀어지는 것

🔊 しゃ　謝罪 사죄　謝絶 사절　感謝 감사

🔊 あやま(る) 사과하다, 사죄하다

応援してくださって感謝しています。 응원해주셔서 감사드립니다.

私が代わりに謝ります。 제가 대신에 사과드립니다.

생물

✔ 다 외운 항목을 체크해보아요!

● 가축 (23) ● 짐승 (5) ● 파충류 (6) ● 벌레 (7)

● 가죽 (11) ● 새 (19) ● 날개 (7) ● 물고기 (2)

● 조개 (15)

가축

개 견

N4 초1

> 개의 모습을 나타냄

음 けん　犬歯 견치, 송곳니　愛犬 애견

훈 いぬ 개

毎日、愛犬と散歩しています。 매일 애견과 산책하고 있습니다.

犬は三日飼えば恩を忘れないそうです。

개는 사흘 기르면 은혜를 잊지 않는다고 합니다.

집 가

N4 초2

> 집(宀) 안에 돼지(豕 : 돼지 시)가 있는 모습
> *돼지(豕)는 가축 중에서 최초로 집(宀) 안에서 길러서 생긴 글자

음 か　家事 가사, 집안일　家族 가족　国家 국가

음 け　本家 본가　両家 양가

훈 いえ 집(house)　훈 うち 집(home)

훈 や　家賃 집세　大家 셋집 주인, 집주인

うちは4人家族です。 우리는 네 가족입니다.

毎月10万円の家賃を払っている。 매달 10만 엔의 집세를 내고 있다.

무리 대, 군대 대

N1 초4

> [정자 隊] 살이 많은 묵직한 돼지(豕)와 묵직하게 쌓아 올린 흙(阝)

음 たい　隊員 대원　軍隊 군대　入隊 입대

軍隊を持っていない国もある。 군대를 갖고 있지 않은 나라도 있다.

韓国人の男性は、ほとんどが軍隊に入隊します。

한국인 남성은 대부분이 군대에 입대합니다.

심할 극, 연극 극

N2 초6

> 호랑이(虎 : 호랑이 호 → 虍) 가면을 쓴 사람과 돼지(豕 : 돼지 시) 가면을
> 쓴 사람이 칼(刂)을 들고 심하게 싸우는 연극을 하는 모습

음 げき　劇場 극장　劇的 극적　演劇 연극　悲劇 비극

我がチームは劇的な勝利をしました。

우리 팀은 극적인 승리를 했습니다.

その映画は悲劇に終わってしまった。

그 영화는 비극으로 끝나버렸다.

刻

새길 각

N2 초6

▶울퉁불퉁하고 딱딱한 돼지의 골격(亥)처럼 칼(刂)로 딱딱한 것에 울퉁불퉁 새기는 것

음 こく　時刻 시각　深刻 심각　遅刻 지각

훈 きざ(む) 새기다, 조각하다, 잘게 썰다

これは深刻な問題です。 이것은 심각한 문제입니다.

木に名前を刻んでおきました。 나무에 이름을 새겨두었습니다.

소 우

N4 초2

▶소의 머리를 나타냄

음 ぎゅう　牛肉 쇠고기　牛乳 우유　乳牛 젖소

훈 うし 소

牛乳にはカルシウムが多く含まれています。

우유에는 칼슘이 많이 함유되어 있습니다.

牛は4つの胃を持っているそうです。

소는 네 개의 위를 가지고 있다고 합니다.

件

물건 건, 사건 건

N3 초5

▶사람(イ)이나 소(牛)처럼 하나씩 셀 수 있는 것

음 けん　件数 건수　事件 사건　条件 조건

また同じような事件が発生した。 또 똑같은 사건이 발생했다.

条件が合わず、契約には至らなかった。

조건이 맞지 않아서 계약에는 이르지 못했다.

牧

칠 목, 기를 목

N1 초4

▶소(牛)를 기르고 번식시키는 행위(攵)

음 ぼく 牧師 목사　牧場 목장　放牧 방목

훈 まき 목장　牧場 목장

彼の夢は牧師になることだそうです。

그의 꿈은 목사가 되는 것이라고 합니다.

今日、牧場見学に行ってきました。

오늘 목장 견학하러 다녀왔습니다.

반 반

N5 초2

▶[정자 半] 옛자는 八와 牛를 합친 모양으로 소(牛)와 같은 소중한 물건을 반으로 나누는(八) 것

- 음 はん 　半額 반액 　半径 반경 　半分 반, 절반 　大半 대부분
- 훈 なか(ば) 절반, 중반, 중순

スーパーに寄ったらマグロを半額で売っていた。
슈퍼에 들렀더니 참치를 반액으로 팔고 있었다.

彼女は３０代半ばには見えないですね。
그녀는 30대 중반으로는 보이지 않네요.

판가름할 판

N2 초5

▶[정자 判] 갈(刂)로 반으로 나누듯이(半) 좋고 나쁨을 판가름하는 것

- 음 はん 　判子 도장 　判断 판단 　批判 비판
- 음 ばん 　裁判 재판 　評判 평판

ここに判子を押してください。 여기에 도장을 찍어주세요.
あの店は評判が良いです。 저 가게는 평판이 좋습니다.

알릴 고

N2 초5

▶소뿔에 가로세로(十)의 막대기를 묶어 사람에게 위험을 알리는 것

- 음 こく 　告白 고백 　警告 경고 　広告 광고 　報告 보고
- 훈 つ(げる) 고하다, 알리다

勇気を出して彼女に告白した。 용기를 내서 그녀에게 고백했다.
彼氏に別れを告げました。 남자친구에게 이별을 고했습니다.

지을 조, 만들 조

N2 초5

▶재료를 가져다(辶) 붙여 맞추는(告) 것

- 음 ぞう 　造花 조화 　構造 구조 　製造 제조 　創造 창조
- 훈 つく(る) 만들다, 건조하다

このビルの構造はちょっと変わっていますね。
이 빌딩의 구조는 좀 색다르네요.

造船とは船を造ることです。 조선이란 배를 만드는 것입니다.

뿔 각

N2 초2

> **뿔의 모습을 나타냄**

- 음 かく　　角度 각도　　三角 삼각　　四角 사각　　＊方角 방향
- 훈 かど　모서리, 모퉁이
- 훈 つの　뿔, 더듬이

正三角形の三つの角度は同じです。정삼각형의 세 각도는 같습니다.

街角のベンチに座って缶コーヒーを飲んだ。

길모퉁이의 벤치에 앉아서 캔커피를 마셨다.

풀 해, 분해할 해

N2 초5

> **소(牛)의 뿔(角)을 칼(刀)로 잘라서 분해하는 것**

- 음 かい　　解決 해결　　読解 독해　　理解 이해
- 음 げ　　解毒 해독　　解熱 해열
- 훈 と(く)　(매듭을) 풀다, (문제를) 풀다, (감정을) 풀다
- 훈 と(ける)　(매듭이) 풀리다, (문제가) 풀리다, (감정이) 풀리다
- 훈 と(かす)　(머리를) 빗다

この事件はまだ解決されていません。

이 사건은 아직 해결되지 않았습니다.

彼は難しい数学の問題を解きました。

그는 어려운 수학 문제를 풀었습니다.

말 마

N3 초2

> **말의 머리, 갈기와 꼬리, 네 다리(灬)를 본뜬 글자**

- 음 ば　　馬鹿 바보, 어리석음　　競馬 경마　　乗馬 승마
- 훈 うま　말
- 훈 ま　　馬子 마부

彼は競馬にはまっています。그는 경마에 빠져 있습니다.

馬に乗って写真を撮りました。말을 타고 사진을 찍었습니다.

사슴 록

N1 초4

> **사슴의 모습을 그린 상형문자**

- 훈 しか　사슴
- 음 か　　鹿児島県 가고시마 현　　馬鹿 어리석음, 바보

鹿児島県は火山が多いです。가고시마 현은 화산이 많습니다.

馬鹿なことをしてしまいました。어리석은 짓을 하고 말았습니다.

양 양

N1 초3

> ▶ 양의 머리 모양을 나타냄

- 음 よう　羊毛 양모, 양털
- 훈 ひつじ 양

この国は、羊毛を多く生産しています。

이 나라는 양털을 많이 생산하고 있습니다.

「美」という漢字は、大きい羊が美しいという意味です。

〈美〉라는 한자는 큰 양이 아름답다는 의미입니다.

美

아름다울 미

N3 초3

> ▶ 양(羊)이 토실토실하게 살쪄(大) 아름답게 보임

- 음 び　美術 미술　美女 미녀　美人 미인　美容 미용
- 훈 うつく(しい) 아름답다, 훌륭하다

納豆は美容に効果があるそうです。

낫토는 미용에 효과가 있다고 합니다.

彼女は美しい心を持っています。

그녀는 아름다운 마음을 가지고 있습니다.

洋

바다 양, 큰 바다 양

N4 초3

> ▶ 물결(氵)이 양(羊) 떼의 움직임처럼 크게 일렁이는 큰 바다

- 음 よう　洋食 양식　洋服 양복　西洋 서양　東洋 동양

今日は洋食にしましょう。 오늘은 양식으로 합시다.

青山さんは洋服が似合いますね。 아오야마 씨는 양복이 어울리네요.

養

기를 양

N1 초4

> ▶ 양(羊)에게 먹이(食)를 주어 키움

- 음 よう　養成 양성　栄養 영양　休養 휴양　教養 교양
- 훈 やしな(う) 기르다, 양육하다, 부양하다

教養を身につけましょう。 교양을 익힙시다.

私は3人家族を養っています。

저는 세 가족을 부양하고 있습니다.

착할 선

N1 초6

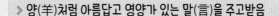

▶ 양(羊)처럼 아름답고 영양가 있는 말(言)을 주고받음

- 음 ぜん　改善 개선　最善 최선　親善 친선
- 훈 よ(い) 착하다

最後まで最善を尽くしましょう。 마지막까지 최선을 다합시다.
彼ほど心の善い人はいないと思います。
그만큼 마음이 착한 사람은 없다고 생각합니다.

통(달)할 달, 이를 달

N3 초4

▶ 幸의 옛자는 夲로, 큰(大) 양(羊)이 새끼를 수월하게 낳듯 모든 일이 순조롭게(夲) 나아가는(辶) 것

- 음 たつ　達人 달인　上達 (실력 등이) 향상됨　配達 배달
　　　発達 발달
- 음 たち 복수를 나타냄, 들　私達 우리(들)　*友達 친구

君はずいぶん英語が上達したね。 자네는 꽤 영어가 향상되었네.
友達との約束を忘れていました。 친구와의 약속을 잊고 있었습니다.

모양 양

N3 초3

▶ [정자 樣] 兼은 길게(永) 흐르는 물처럼 모양이 좋은 양(羊)과 상수리나무(木)를 뜻함

- 음 よう　様式 양식　様子 상황　模様 모양, 무늬
- 훈 さま 님, 씨

もう少し様子を見ましょう。 좀 더 상황을 지켜봅시다.
皆様のご協力をお願いします。 여러분의 협력을 부탁드립니다.

집승

코끼리 상

N2 초5

▶ 코끼리의 모습을 나타냄

- 음 しょう　象形 상형　印象 인상　現象 현상　対象 대상
- 음 ぞう 코끼리

面接では第一印象が重要です。 면접에서는 첫인상이 중요합니다.
アンケート調査の対象を変えましょう。
앙케트 조사의 대상을 바꿉시다.

像

형상 상, 모양 상

N2 초5

▶사람(イ)이 그려놓은 코끼리(象)의 모양을 나타냄

음 ぞう　　映像 영상　　想像 상상　　銅像 동상

最近のスマホの映像はきれいですね。

요즘 스마트폰의 영상은 깨끗하네요.

この子は想像力が豊かです。이 아이는 상상력이 풍부합니다.

能

능할 능

N2 초5

▶곰이 발을 들고 서 있는 모습으로, 곰처럼 끈기 있게 일할 수 있는 능력을
갖추고 있는 것을 의미함

음 のう　　能力 능력　　可能 가능　　機能 기능　　才能 재능
性能 성능

あの子には音楽の才能があります。

저 아이에게는 음악의 재능이 있습니다.

このパソコンは性能が良いです。이 컴퓨터는 성능이 좋습니다.

熊

곰 웅

N1 초4

▶불(灬)같은 힘을 지닌 곰이 앞발을 들고 서 있는 모습(能)

훈 くま 곰

最近、熊による被害が出ています。

최근 곰에 의한 피해가 발생하고 있습니다.

今度、出張で熊本に行きます。이번에 출장으로 구마모토에 갑니다.

態

모양 태

N1 초5

▶마음(心)먹기에 따라 나타나는 능력(能)

음 たい　　態度 태도　　状態 상태　　生態 생태　　事態 사태

山下君は授業態度が悪いです。

야마시타 군은 수업 태도가 나쁩니다.

彼の生命は危険な状態にある。그의 생명은 위험한 상태에 있다.

가게 점

N4 초2

> 정해진 곳(占)에 집(广)을 꾸려서 장사하는 가게
> * 卜(점 복) : 거북이 등딱지 균열의 일부분으로 이런 균열을 보고 점을 쳤음
> * 占(점칠 점) : 점을 쳐서(卜 : 점 복) 어느 장소나 물건(口)을 정함

음 てん　店員 점원　店長 점장　飲食店 음식점　開店 개점
훈 みせ 가게

そこの店員はとても親切です。 그곳 점원은 매우 친절합니다.

この店は9時にオープンします。 이 가게는 9시에 오픈합니다.

점 점

N3 초2

> [정자] 點 어느 장소를 차지하고(占 : 차지할 점) 있는 검은(黑) 점

음 てん　点数 점수　欠点 결점　終点 종점　要点 요점

人は誰でも欠点を持っています。
사람은 누구든 결점을 가지고 있습니다.

このバスの終点はどこですか。 이 버스의 종점은 어디입니까?

바깥 외

N5 초2

> 옛날에는 달이 초승달(夕) 모양으로 이지러져 남은 부분, 즉 달의 바깥쪽을 보고 점(卜)을 쳤음

음 がい　外見 외견　外出 외출　外食 외식　以外 이외
음 げ　外科 외과
훈 そと 바깥　훈 ほか 그 밖, 이외
훈 はず(れる) 빠지다, 벗겨지다, 빗나가다, 빗맞다
훈 はず(す) 떼다, 풀다, 벗다, (자리를) 뜨다, 비우다

母の日には、家族みんなで外食しよう。
어머니날에는 가족 다 같이 외식하자.

外は激しい雨が降っています。 바깥은 세찬 비가 내리고 있습니다.

조짐 조, 조 조

N2 초4

> 거북이 등딱지나 소 뼈가 갈라지는 모습으로 이런 균열을 보고 점을 쳤음

음 ちょう　前兆 전조, 징조　一兆円 1조 엔
훈 きざ(す) 움트다, 싹트다, 징조가 보이다
훈 きざ(し) 조짐, 전조, 징조

アリの大移動は地震の前兆だそうです。
개미의 대이동은 지진의 전조라고 합니다.

景気回復の兆しが見えはじめた。
경기회복의 조짐이 보이기 시작했다.

바꿀 역, 쉬울 이

N3 초5

▶ 환경에 따라 피부색을 바꾸며 낮고 평평하게 뻗어 있는 도마뱀의 모습

🔊 えき　易学 역학　交易 교역　貿易 무역
🔊 い　安易 안이　容易 용이, 손쉬움
🔊 やさ(しい) 쉽다

父は貿易会社で働いています。 아버지는 무역회사에서 일하고 계십니다.

もっと易しく説明してください。 좀 더 쉽게 설명해주세요.

줄 승

N1 초4

▶ [정자] 繩 糸와 黽(몸이 긴 도마뱀의 모습)이 합쳐져, 도마뱀처럼 긴(黽) 밧줄(糸)

🔊 じょう　縄文 승문, 새끼 줄무늬
🔊 なわ 새끼줄　沖縄県 오키나와 현

縄文時代の前は旧石器時代です。 조몬 시대 전은 구석기시대입니다.

沖縄の海はきれいです。 오키나와의 바다는 깨끗합니다.

벌레 충

N3 초1

▶ [정자] 蟲 많은 벌레(虫)가 모여 있는 모습

🔊 ちゅう　害虫 해충　昆虫 곤충
🔊 むし 벌레

害虫による被害が大きいです。 해충에 의한 피해가 큽니다.

私は、虫の鳴き声が好きです。 저는 벌레 울음소리를 좋아합니다.

굳셀 강, 억지 강

N4 초2

▶ [정자] 强 활(弓)처럼 단단하고 둥근(口) 껍질을 뒤집어쓴 투구벌레(虫)를 뜻하며 나중에 딱딱하고 튼튼하다는 의미로 사용됨

🔊 きょう　強調 강조　強力 강력　勉強 공부
🔊 ごう　強引 억지로 함　強盗 강도
🔊 つよ(い) 강하다, 세다　🔊 つよ(まる) 강해지다, 세지다
🔊 つよ(める) 강하게 하다, 세게 하다
🔊 し(いる) 강요하다

私は独学で日本語を勉強しました。
저는 독학으로 일본어를 공부했습니다.

彼は腕の力が強いです。 그는 팔 힘이 셉니다.

홀로 독

> ▶[정자]獨 뽕잎에 달라붙어 있는 한 마리의 벌레(蜀) 또는 혼자서 집을 지키는 개(犭)처럼, 혼자 있는 것
>
> *蜀((애)벌레 촉, 나라이름 촉) : 뽕잎에 달라붙어 있는 눈(罒)이 크고 몸이 굽은(勹) 벌레(虫)의 모습

- 음 どく　独身 독신　独特 독특　独立 독립　単独 단독
- 훈 ひと(り) 혼자, 독신, 홀로

チベットは独立を求めています。 티베트는 독립을 요구하고 있습니다.

たまに独りで映画を見ます。 간혹 혼자서 영화를 봅니다.

무리 속, 붙어살 속

> ▶[정자]屬 尾와 蜀이 합쳐진 자로, 꼬리(尾)가 딱 붙어서(蜀) 떨어지지 않는 곤충의 교미를 뜻함

- 음 ぞく　属性 속성　金属 금속　所属 소속

金はとてもやわらかい金属です。 금은 매우 부드러운 금속입니다.

私は営業部に所属しています。 저는 영업부에 소속되어 있습니다.

땅 지

> ▶길고 평평하게 펼쳐진(也) 토지(土)
>
> *也 : 지면에 전갈이나 뱀이 길고 평평하게 뻗은 모습

- 음 ち　地域 지역　地下 지하　地図 지도　土地 토지
- 음 じ　地震 지진　地面 지면

食品コーナーは地下1階にあります。

식품 코너는 지하 1층에 있습니다.

今朝、震度5の地震がありました。

오늘 아침 진도 5의 지진이 있었습니다.

못 지

> ▶길고 평평하게 펼쳐진(也) 못(氵)

- 음 ち　電池 전지　貯水池 저수지
- 훈 いけ 못, 연못

時計の電池が切れています。 시계의 전지가 다 되었습니다.

こいが池の中で泳いでいる。 잉어가 연못 안에서 헤엄치고 있다.

他

다를 타, 남 타

N3 초3

> 뱀(也)에 물리지는 않았는지 다른 데는 이상 없는지 남(イ)에게 안부를 묻는 것

음 た　他国 타국　他人 타인, 남　他動詞 타동사　自他 자타

훈 ほか 그 밖, 이외

彼と私とは赤の他人です。 그와 저는 생판 남입니다.

その他に方法はないと思います。 그 외에 방법은 없다고 생각합니다.

皮

가죽 피

N3 초3

> 짐승의 가죽(宀)으로 만든 옷을 손(又)으로 비스듬히 끌어당겨 몸에 걸치는 모습

음 ひ　皮膚 피부　皮肉 빈정거림　外皮 외피　表皮 표피

훈 かわ 가죽, 껍질

かおりさんは皮膚がきれいですね。 가오리 씨는 피부가 곱네요.

みかんの皮をお茶に使っています。
귤껍질을 차에 사용하고 있습니다.

波

물결 파

N3 초3

> 비스듬히(皮) 이는 물결(氵)로 파도를 뜻함

음 は　波止場 부두, 항구　余波 여파　電波 전파

훈 なみ 파도

エレベーターの中は電波が弱い。 엘리베이터 안은 전파가 약하다.

台風の余波で波が高いです。 태풍의 여파로 파도가 높습니다.

破

깨뜨릴 파

N2 초5

> 얇은 돌(石)의 판에 힘을 가해서 구부려서(皮) 깨는 것

음 は　破壊 파괴　破産 파산　破損 파손　破片 파편

훈 やぶ(れる) 찢어지다, 깨지다, 부서지다

훈 やぶ(る) 찢다, 깨다, 부수다

地震で橋が破壊されました。 지진으로 다리가 파괴되었습니다.

10年ぶりに記録が破れました。 10년 만에 기록이 깨졌습니다.

구할 구

N3 초4

> ▶ 자기 몸쪽으로 조여서 입는 동물 모피 옷

음 きゅう　求職 구직　求人 구인　追求 추구　要求 요구
훈 もと(める) 구하다, 청하다, 바라다, 요구하다

それは無理な要求です。 그것은 무리한 요구입니다.

友達に助けを求めました。 친구에게 도움을 청했습니다.

건질 구, 구원할 구

N1 초5

> ▶ 위험에 처한 사람을 자기 몸쪽으로 끌어당겨서(求) 구조함(攵 : 동작)

음 きゅう　救急車 구급차　救出 구출　救助 구조
훈 すく(う) 구하다, 구조하다, 살리다

早く救急車を呼んでください。 빨리 구급차를 불러주세요.

救急隊員が子供を救いました。 구급대원이 아이를 구조했습니다.

공 구, 구슬 구

N1 초3

> ▶ 중심을 향해서 꽉 죄인(求) 구슬(王)이나 공

음 きゅう　球場 구장　地球 지구　電球 전구　野球 야구
훈 たま 공, 전구

日本では野球の人気が高いです。 일본에서는 야구 인기가 높습니다.

あのピッチャーの球は速いですね。 저 투수의 공은 빠르네요.

가죽 혁

N2 초6

> ▶ 머리와 꼬리가 붙은 동물의 가죽을 펼쳐놓은 모습

음 かく　革新 혁신　革命 혁명　改革 개혁
훈 かわ (가공하여 부드럽게 한) 가죽

7月14日はフランス革命記念日です。

7월 14일은 프랑스혁명 기념일입니다.

この革の財布は高いです。 이 가죽 지갑은 비쌉니다.

부지런할 근

N2 초6

> **[정자] 勤** 체력(力)이 소진될(堇) 정도로 부지런히 일하는 것

* 堇 : 땅(土) 위에서 동물의 가죽(革)을 불(火)로 태워서 없애는 것

- **음** きん　勤務 근무　欠勤 결근　出勤 출근　通勤 통근
- **훈** つと(まる) 감당해내다, 잘 수행할 수 있다
- **훈** つと(める) 근무하다

私は9時に出勤します。 저는 9시에 출근합니다.

この会社に10年間勤めています。 이 회사에 10년간 근무하고 있습니다.

어려울 난

N2 초6

> **[정자] 難** 동물의 가죽(革)을 불(火)로 태우듯이, 새(隹)가 불에 타고 있어 괴로워한다는 데에서 괴롭거나 힘든 일을 뜻함

- **음** なん　困難 곤란　災難 재난　盗難 도난　非難 비난
- **훈** むずか(しい) 어렵다
- **훈** かた(い) 어렵다, 힘들다

首相は国民から非難を受けています。

수상은 국민으로부터 비난을 받고 있습니다.

今回の試験は難しかったです。 이번 시험은 어려웠습니다.

한수 한, 한나라 한

N4 초3

> **[정자] 漢** 원래는 동물의 가죽을 태워서(𦰩) 건조하듯, 물(氵)이 없는 강인 은하수를 뜻했지만, 후에는 나라 이름으로도 불리게 됨

- **음** かん　漢語 한자어　漢字 한자　漢和 중국(어)과 일본(어)

日本語には漢語と和語があります。

일본어에는 한자어와 순수 일본어가 있습니다.

漢字の勉強は面白いです。 한자 공부는 재미있습니다.

찰 만

N3 초4

> **[정자] 滿** 㒼(평평할 만)은 동물의 가죽(革)을 평평하게(入入) 펼쳐놓은 모습으로 물(氵)을 평평하게(㒼) 가득 채움

- **음** まん　満員 만원　満席 만석　満足 만족　不満 불만
- **훈** み(ちる) 차다, 가득하다
- **훈** み(たす) 채우다, 충족시키다

結果に満足しています。 결과에 만족하고 있습니다.

全ての条件を満たしています。 모든 조건을 충족시키고 있습니다.

새

鳥

새 조

N4 초2

> ▶ 새의 모습을 나타냄

- 🔴 ちょう　鳥類 조류　一石二鳥 일석이조　白鳥 백조
- 🔵 とり 새

自転車で通勤すれば一石二鳥です。
자전거로 통근하면 일석이조입니다.

鳥が木の上で鳴いています。 새가 나무 위에서 울고 있습니다.

鳴

울 명

N3 초2

> ▶ 새(鳥)가 입(口)으로 우는 것

- 🔴 めい 悲鳴 비명
- 🔵 な(く) (새·벌레·짐승 등이) 울다
- 🔵 な(る) 소리가 나다, 울리다
- 🔵 な(らす) 소리를 내다, 울리다

どこからか悲鳴が聞こえます。 어디에서인지 비명이 들립니다.

家の近くでセミが鳴いている。 집 근처에서 매미가 울고 있다.

島

섬 도

N3 초3

> ▶ 철새(鳥)가 날아가다가 쉬는 바다 한가운데의 작은 산(山)

- 🔴 とう　半島 반도　無人島 무인도　列島 열도
- 🔵 しま 섬

日本列島は南北に長いです。 일본열도는 남북으로 깁니다.

夏休みに島に行きたいです。 여름휴가 때 섬에 가고 싶습니다.

写

베낄 사

N4 초3

> ▶ [정자] 寫 까치(舄)가 둥지(宀) 주위를 옮겨 앉듯이 글이나 그림을 베껴 옮기는 것
>
> ＊舄 (까치 석, 까치 작) : 까치의 모습

- 🔴 しゃ　写真 사진　試写会 시사회
- 🔵 うつ(る) (사진이) 찍히다
- 🔵 うつ(す) (사진을) 찍다, 베끼다

東京タワーの写真がきれいですね。 도쿄타워의 사진이 예쁘네요.

友達のノートを書き写しました。 친구의 노트를 베껴 썼습니다.

개펄 석

N1 초4

▶ 물(氵)이 드나들고 새(鳥)들이 앉아 먹이를 찾는 얕은 개펄을 뜻함

음 かた 개펄, 간석지

新潟県は、米「コシヒカリ」の産地です。

니가타 현은 쌀 '고시히카리'의 산지입니다.

干潟でカニをとりました。개펄에서 게를 잡았습니다.

날 비

N3 초4

▶ 새가 두 날개를 펴고 날아가는 모습

음 ひ　　飛行機 비행기

훈 と(ぶ) 날다

훈 と(ばす) 날리다

ライト兄弟が飛行機を発明しました。

라이트 형제가 비행기를 발명했습니다.

トンボがたくさん飛んでいます。잠자리가 많이 날고 있습니다.

集

모일 집

N4 초3

▶ 나무(木) 위에 새(隹 : 새 추)가 많이 모여 있는 모습

＊隹 (새 추) : 작고 통통한(묵직한) 새를 그린 자

음 しゅう　集合 집합　集団 집단　集中 집중　収集 수집

훈 あつ(まる) 모이다

훈 あつ(める) 모으다

훈 つど(う) (특정한 목적을 가지고) 모이다

うるさくてなかなか集中できません。

시끄러워서 좀처럼 집중할 수 없습니다.

世界のコインを集めるのが趣味です。

세계의 동전을 모으는 것이 취미입니다.

나아갈 진

N3 초3

▶ 새(隹)가 날듯이 빨리 나아가는(辶) 것

음 しん　進学 진학　進路 진로　先進 선진　前進 전진

훈 すす(む) 나아가다, 전진하다, 진학하다

훈 すす(める) 앞으로 가게 하다, 전진시키다, 진학시키다

進路のことで先輩に相談しました。

진로에 관한 일로 선배에게 상담했습니다.

もう一歩前へ進んでください。한 발 더 앞으로 나아가세요.

밀 추

N1 초6

> ▶묵직하게(隹) 무게나 힘을 가해서 손(扌)으로 미는 것

- 음 すい　推移 추이　推進 추진　推定 추정
- 훈 お(す) (사람·물건을) 추천하다, 추대하다

リーダーには推進力が必要です。리더에게는 추진력이 필요합니다.
青山さんを会長に推します。아오야마 씨를 회장으로 추천합니다.

평평할 준, 기준 준

N2 초5

> ▶용기에 물(氵)을 묵직하게(隹) 채워서 수면을 평평히 맞춰보며(十) 물건의 기울기를 바로잡는 것

- 음 じゅん　準備 준비　基準 기준　水準 수준　標準 표준

しっかり面接の準備をしましょう。확실히 면접 준비를 합시다.
この国の生活水準は高いです。이 나라의 생활 수준은 높습니다.

보호할 호

N1 초5

> ▶남에게 당하지 않도록 말(言)로 조언을 하며 보호해주는(蒦) 것
>
> *蒦 : 초목(艹)이나 새(隹)를 손(又)으로 잡아서 거두어들이는 것

- 음 ご　看護 간호　弁護 변호　保護 보호

姉は看護師として働いています。누나는 간호사로서 일하고 있습니다.
大切な自然を保護しましょう。소중한 자연을 보호합시다.

떨칠 분

N1 초6

> ▶새(隹)가 크게(大) 날아오르려고 지상(田)에서 힘껏 날갯짓하는 것

- 음 ふん　興奮 흥분　奮発 분발, 큰 마음 먹고 돈을 냄
- 훈 ふる(う) (용기를) 내다, 분발하다

そんなに興奮しないでください。그렇게 흥분하지 마세요.
皆さん、奮ってご応募ください。
여러분 용기를 내어 응모해주십시오.

굳을 확, 확실할 확

N2 초5

▶ 원래 높이 나는 하얀 새(寉 : 두루미 학)처럼 하얗고(寉) 단단한 석영(石英)이라는 데서 굳다, 확실하다는 의미를 뜻함

* 석영 : 유리, 도기 따위를 만드는 데 쓰이는 광물

음 かく　確実 확실　確認 확인　正確 정확　明確 명확

훈 たし(か) 확실함, 틀림없음

훈 たし(かめる) 확인하다, 분명히 하다

結果はホームページで確認できます。

결과는 홈페이지에서 확인할 수 있습니다.

それは確かですか。그것은 확실합니까?

観

볼 관

N2 초4

▶ [정자] 觀 여러(雚) 곳을 두루두루 보는(見) 것

* 雚 (황새 관) : 여러 마리가 입을 모아서 함께 우는 황새

음 かん　観光 관광　観客 관객　観察 관찰　楽観 낙관

훈 み(る) (연극·공연·스포츠 등을) 보다, 관람하다

立教大学の観光学部を目指しています。

릿쿄대학교 관광학부를 목표로 하고 있습니다.

多くの観客が集まりました。많은 관객이 모였습니다.

権

저울추 권, 권세 권

N2 초6

▶ [정자] 權 원래는 나무 저울을 만드는 데 사용하는 나무의 이름이었으나, 일반적으로 균형을 맞추는 저울추의 의미로 사용됨

음 けん　権利 권리　権力 권력　人権 인권　政権 정권

음 ごん　権化 권화, 화신(불교)

基本的人権は守られるべきです。기본적인 인권은 지켜져야 합니다.

8年ぶりに政権が替わりました。8년 만에 정권이 바뀌었습니다.

빛날 요, 요일 요

N4 초2

▶ [정자] 曜 해(日)가 눈에 띄게 높이(翟) 떠서 빛남

* 翟 (꿩 적 / 꿩깃 적) : 꿩(隹)이 꽁지(羽)를 높이 치켜올리는 모습

음 よう　曜日 요일　月曜日 월요일　日曜日 일요일

この店は月曜日が休みです。이 가게는 월요일이 쉬는 날입니다.

今日は何曜日ですか。오늘은 무슨 요일입니까?

応

응할 응

N1 초5

> ▶[전자 應] 사람(イ)이 새(隹)를 감싸듯이(广), 마음(心)으로 받아들임

- 음 おう　応援 응원　応募 응모　応用 응용　*反応 반응
- 훈 こた(える) 부응하다, 보답하다

頑張る皆さんを応援します。 열심히 하는 여러분을 응원합니다.
親の期待に応えたいです。 부모님의 기대에 부응하고 싶습니다.

操

잡을 조, 다룰 조

N1 초6

> ▶손(扌)을 부산하게(喿) 움직이며 능숙하게 다루는 것
> *喿 (새 떼로울 조) : 나무(木) 위에 여러 마리의 새들이 모여 입으로(品) 시끄럽고
> 　부산하게 지저귀는 모습으로 '부산하다', '들떠있다'라는 의미를 나타냄

- 음 そう　操作 조작　操縦 조종　節操 절조　体操 체조
- 훈 みさお 절조, 지조, (여자의) 정조
- 훈 あやつ(る) 조종하다, 다루다, (인형을) 놀리다

誰でも簡単に操作できます。 누구든 간단히 조작할 수 있습니다.
今日、操り人形劇を見ました。 오늘 꼭두각시극을 봤습니다.

巣

(새)집 소

N1 초4

> ▶[정자 巢] 나무(木) 위 새 둥지(田) 안에 새가 깃들어 있는(巛) 모양

- 음 そう　帰巣 귀소　卵巣 난소
- 훈 す (새·짐승·벌레 등의) 집, 둥지, (사람이 사는) 집, 보금자리

動物には、帰巣本能があります。 동물에게는 귀소본능이 있습니다.
木の上にカササギの巣がありますね。 나무 위에 까치둥지가 있네요.

날개

非

어긋날 비, 아닐 비

N3 초5

> ▶좌우 양쪽으로 펼쳐진 새의 날개를 본뜬 자로 반대 방향으로 어긋나 있는
> 　모습

- 음 ひ　非常 비상　非難 비난　是非 시비, 옳고 그름, 꼭, 반드시

非常口はこちらです。 비상구는 이쪽입니다.
入学式にぜひ参加してください。 입학식에 꼭 참가해주세요.

슬플 비

N3 초3

> ▶마음(心)이 좌우로 찢어지듯이(非) 슬픔

- 음 ひ 悲運 비운 悲劇 비극 悲報 비보 悲鳴 비명
- 훈 かな(しい) 슬프다
- 훈 かな(しむ) 슬퍼하다

映画の結末は悲劇でした。 영화의 결말은 비극이었습니다.
先生とのお別れは悲しいです。 선생님과의 이별은 슬픕니다.

광대 배, 배우 배

N1 초6

> ▶양쪽으로 나누어져(非) 재미있는 대화를 주고받으며 예능을 하는 사람(亻)

- 음 はい 俳句 5·7·5의 3구 17자로 된 일본 고유의 단시
  俳優 배우

俳句を作るのは難しいです。 하이쿠를 짓는 것은 어렵습니다.
韓国の俳優が来日しました。 한국 배우가 일본에 왔습니다.

허물 죄

N2 초5

> ▶법망(罒 : 그물 망)에 걸려든 어긋난(非) 짓

- 음 ざい 謝罪 사죄 犯罪 범죄 無罪 무죄 有罪 유죄
- 훈 つみ 죄

それは犯罪に当たる行為です。 그것은 범죄에 해당하는 행위입니다.
つい罪を犯してしまいました。 그만 죄를 저지르고 말았습니다.

깃 우

N3 초2

> ▶[전자 羽] 새의 두 날개를 나타냄

- 음 う 羽毛 깃털
- 훈 は 깃털, 날개
- 훈 はね 깃털, 날개

木の下に羽毛が落ちています。 나무 아래에 깃털이 떨어져 있습니다.
白い羽の鳥が空を飛んでいます。
하얀 깃털의 새가 하늘을 날고 있습니다.

익힐 습

N4 초3

▶ [정자 習] 새끼가 날갯짓(羽)을 반복하며 스스로(自 → 白) 나는 법을 익힘

- 음 しゅう　習慣 습관　復習 복습　予習 예습　練習 연습
- 훈 なら(う) 배우다

今日は運動会の練習があります。 오늘은 운동회 연습이 있습니다.
最近、ピアノを習っています。 최근에 피아노를 배우고 있습니다.

다음날 익

N2 초6

▶ [정자 翌] 원자는 日과 立을 합친 자로, 앞으로 해(日)가 떠오를(立) 다음 날을 뜻함. 후에 翌자로 바뀌어 대신 사용됨

- 음 よく 다음의　翌朝 다음날 아침　翌日 다음날

お酒を飲み過ぎると、翌朝が辛い。 과음하면 다음날 아침이 괴롭다.
翌日には商品が届きます。 다음날에는 상품이 도착합니다.

물고기

물고기 어

N4 초2

▶ 맨 위는 머리, 중간(田)은 몸통, 아래 네 개 점은 지느러미인 물고기

- 음 ぎょ　魚介 어패류　金魚 금붕어
- 훈 うお (생물 용어로서의) 물고기, 생선　魚市場 어시장
- 훈 さかな (일반적인) 물고기, 생선

金魚を10匹飼っています。 금붕어를 열 마리 기르고 있습니다.
私は魚料理が好きです。 저는 생선요리를 좋아합니다.

고기 잡을 어

N2 초4

▶ 물(氵)에 있는 고기(魚)를 잡는다는 의미

- 음 ぎょ　漁業 어업　漁船 어선　漁村 어촌
- 음 りょう　漁師 어부

遠くから漁船が見えます。 멀리서 어선이 보입니다.
私の祖父は漁師でした。 저희 할아버지는 어부였습니다.

생물

조개

▶ 두 개로 쪼개지는 조개를 그린 상형문자

🔈 かい 조개

昔は貝をお金として使っていた。 옛날에는 조개를 돈으로 사용했다.
海岸で貝がらを拾いました。 해안에서 조개껍데기를 주웠습니다.

조개 패

N3 초1

(짐)질 부, 빚질 부

▶ 사람(人 → 𠂉)이 남의 돈(貝)을 짊어짐

🔈 ふ　負担 부담　負傷 부상　抱負 포부　*勝負 승부
🔈 ま(ける) 지다, 패하다
🔈 ま(かす) 지게 하다, 이기다
🔈 お(う) (짐을) 지다, 업다, (책임·상처 등을) 지다, 입다

実力で勝負していきます。 실력으로 승부를 겨루겠습니다.
うちの大学は決勝戦で負けた。 우리 대학은 결승전에서 졌다.

N3 초3

살 매

▶ 돈(貝)을 주고 산 물건을 망태기(𦉪 : 그물 망)에 담는 것

🔈 ばい　買価 매가　売買 매매　不買 불매
🔈 か(う) 사다

不買運動が広がっています。 불매운동이 확산되고 있습니다.
新しいパソコンを買いました。 새 컴퓨터를 샀습니다.

N4 초2

팔 매

▶ 【정자 賣】 물건을 내놓아(出 → 士) 팔아서 이익을 보는(買 : 거래해서 벌다) 것

🔈 ばい　売店 매점　商売 장사　発売 발매　販売 판매
🔈 う(る) 팔다, (이름·얼굴을) 세상에 알리다
🔈 う(れる) 팔리다, 널리 알려지다, 인기가 있다

自動販売機でタバコを買いました。
자동판매기에서 담배를 샀습니다.
あの芸能人、最近売れていますね。 저 연예인 요즘 인기 있네요.

N4 초2

読

읽을 독

N5 초2

▶ [정자] 讀 팔아서(賣) 벌어들인 돈을 중얼거리며(言) 셈하듯, 중얼거리며 읽음

- 음 どく 　読解 독해　読者 독자　読書 독서
- 음 とく 　読本 입문서, 해설서
- 음 とう 　読点 쉼표
- 훈 よ(む) 읽다

秋は読書の季節です。 가을은 독서의 계절입니다.
私は本を読むのが好きです。 저는 책 읽는 것을 좋아합니다.

続

이을 속

N3 초4

▶ [정자] 續 끊임없이 돈과 물건이 오가듯(賣), 단절되지 않도록(賣) 실(糸)을 잇는 것

- 음 ぞく 　持続 지속　相続 상속　連続 연속
- 훈 つづ(く) 계속되다, 이어지다
- 훈 つづ(ける) 계속하다, 잇다

近所で連続放火事件が起きました。
근처에서 연속방화 사건이 발생했습니다.
雨が降り続いています。 비가 계속 내리고 있습니다.

価

값 가, 가치 가

N1 초5

▶ [정자] 價 상인(イ)이 재물(貝)을 사들여 값을 매겨 덮어(襾 → 覀) 놓고 손님을 기다림

- 음 か 　価格 가격　価値 가치　評価 평가　物価 물가
- 훈 あたい 가치, ~할 만함, (수학) 값

物価は毎年上がっています。 물가는 매년 오르고 있습니다.
次の式のxの価を求めよ。 다음 식의 x값을 구하라.

敗

깨뜨릴 패, 패할 패

N3 초4

▶ 두 개로 쪼개지는 조개(貝)처럼, 두 개로 깨지는(貝) 것(攵 : 동작)

- 음 はい 　敗因 패인　敗戦 패전　勝敗 승패　失敗 실패
- 훈 やぶ(れる) 패하다, 지다

計画は失敗に終わってしまった。 계획은 실패로 끝나버렸다.
我がチームは1対0で敗れました。
우리 팀은 1대0으로 졌습니다.

버릇 관, 익숙할 관

N2 초5

> ▶마음(忄)으로 꿰뚫어(貫) 볼 만큼 능통함
>
> *貫(꿸 관): 옛날에 화폐였던 조개(貝)에 구멍을 뚫어서 끈으로 줄줄이 꿰어놓은 (毌) 모습

음 かん　慣習 관습　慣用 관용　習慣 습관

훈 な(れる) 익숙해지다, 숙련되다

훈 な(らす) 익숙하게 하다

習慣は国によって違います。 습관은 나라에 따라서 다릅니다.

新しい仕事に慣れてきました。 새로운 일에 익숙해졌습니다.

열매 실

N3 초3

> ▶[정자]實] 집(宀) 안에 재물(貫)을 가득 채우듯 내용물이 가득 차는 것

음 じつ　実験 실험　実力 실력　現実 현실　事実 사실

훈 み 열매, 씨앗

훈 みの(る) 열매를 맺다, 결실하다

運も実力の一部です。 운도 실력의 일부입니다.

今年はブドウがよく実りましたね。 올해는 포도가 잘 열렸네요.

귀할 귀

N1 초6

> ▶돈 가치가 있는(貝) 귀중품(口)을 흙(土) 속에서 두 손으로 꺼내는 모습

음 き　貴重 귀중　貴族 귀족　貴社 귀사

훈 たっと(い) 소중하다, 고귀하다

훈 とうと(い) 소중하다, 고귀하다

훈 たっと(ぶ) 소중히 여기다, 고귀하게 여기다

훈 とうと(ぶ) 소중히 여기다, 고귀하게 여기다

経験は貴重な財産です。 경험은 소중한 재산입니다.

今日、貴い体験をしました。 오늘 소중한 체험을 했습니다.

남길 유, 잃을 유

N1 초6

> ▶귀한(貴) 물건을 남기고 떠나가는(辶) 것

음 い　遺産 유산　遺書 유서　遺族 유족

음 ゆい　遺言 유언

彼は多くの遺産を残しました。 그는 많은 유산을 남겼습니다.

遺書は見付かりませんでした。 유서는 발견되지 않았습니다.

앵두나무 앵, 벗나무 앵

N1 초5

▶[천자] 櫻 나무(木)줄기를 둘러싸듯이(嬰) 꽃이 피는 나무

＊嬰(어린아이 영) : 여자(女)아이들이 목에 두르는, 조개를 줄줄이 꿰어서(貝貝) 만든 목걸이

🔵 おう 　桜花 벗꽃

🔴 さくら 　벗나무, 벗꽃

いよいよ桜が咲きはじめたね。 드디어 벗꽃이 피기 시작했네.

今が桜の見頃です。 지금이 벗꽃 구경에 알맞은 시기입니다.

얻을 득

N3 초5

▶나가서(彳) 재물(貝)을 손(寸)에 넣는 것

🔵 とく 　得意 자신 있음, 잘함 　得点 득점

　　　　説得 설득 　納得 납득

🔴 え(る) 얻다, 획득하다

🔴 う(る) 얻다, 획득하다

納得いかない部分があります。 납득이 안 가는 부분이 있습니다.

彼は弁護士の資格を得ました。 그는 변호사의 자격을 얻었습니다.

농사 농

N2 초3

▶원자는 曲자 대신에 林으로 숲(林)을 태우고 큰 조개 껍질(辰)로 흙을 파거나 갈아엎어서 끈기 있게 밭을 부드럽게 농사짓는 것

🔵 のう 　農業 농업 　農産物 농산물 　農村 농촌 　農薬 농약

今、農村は忙しい時期です。 지금 농촌은 바쁜 시기입니다.

農薬は一切使っていません。 농약은 일절 사용하지 않습니다.

의식주

집

舍 집 사

N1 초5

> [정자] 舍 몸을 뻗고 여유 있게(余) 쉬는 장소(口)로 집을 뜻함

음 しゃ　駅舍 역사(역의 건물)　校舍 교사(학교 건물)

예외 田舍 시골

昔ここには校舍がありました。옛날에 여기에는 교사가 있었습니다.
老後は田舍で暮らしたいです。노후에는 시골에서 지내고 싶습니다.

捨 버릴 사

N2 초6

> [정자] 捨 손(扌)을 느슨하게(舍) 풀어서 가지고 있는 물건을 버림

음 しゃ　四捨五入 사사오입, 반올림

훈 す(てる) 버리다

四捨五入して記入してください。반올림해서 기입해주세요.
ゴミを捨てないでください。쓰레기를 버리지 말아주세요.

宣 베풀 선

N1 초6

> 울타리로 넓게 둘러 감싼(亘) 궁전(宀)처럼 나중에 넓게 두르듯 널리 베푼다는 뜻
>
> *亘 : 둥글게 둘러싸서 구획짓는 것

음 せん　宣教 선교　宣言 선언　宣告 선고　宣伝 선전

アメリカは、1776年に独立を宣言しました。
미국은 1776년에 독립을 선언했습니다.
ネットによる宣伝効果は高いです。
인터넷에 의한 선전효과는 높습니다.

門 문 문

N4 초2

> 문의 모양을 나타냄

음 もん　門限 폐문 시각　正門 정문　専門 전문　名門 명문

훈 かど 문간, 문

彼は日本の名門大学を目指しています。
그는 일본의 명문대학을 목표로 하고 있습니다.
門の前でお客さんを見送りました。문 앞에서 손님을 배웅했습니다.

問

물을 문

N4 초3

> ▶닫혀 있어서(門) 모르는 것을 입(口)으로 묻는 것

- 음 もん　問題 문제　学問 학문　質問 질문　訪問 방문
- 훈 と(う) 묻다, 질문하다
- 훈 と(い) 물음, 문제
- 훈 とん　問屋 도매상

この数学の問題は難しいですね。 이 수학 문제는 어렵네요.

男女を問わず、誰でも参加できます。

남녀를 불문하고 누구든 참가할 수 있습니다.

間

사이 간

N5 초2

> ▶문(門)틈 사이로 햇빛(日)이 들어옴

- 음 かん　間接 간접　空間 공간　時間 시간　夜間 야간
- 음 けん　世間 세간, 세상　*人間 인간
- 훈 あいだ (공간·시간) 간격, 사이, (사람) 사이, 관계
- 훈 ま (공간·시간) 간격, 사이, 겨를

幸子はあまりにも世間を知らない。 사치코는 너무도 세상을 모른다.

机と机の間が狭いですね。 책상 간의 간격이 좁네요.

簡

대쪽 간, 간략할 간

N2 초6

> ▶글씨를 쓴 뒤 구멍을 뚫어(間) 철하는 얇은 대쪽(竹)

- 음 かん　簡単 간단　簡略 간략　書簡 서간, 편지

この問題は簡単ではないですね。 이 문제는 간단하지는 않네요.

内容をもう少し簡略化しましょう。 내용을 좀 더 간략화합시다.

開

열 개

N4 초3

> ▶양손(廾)으로 문의 빗장(一)을 빼서 문(門)을 여는 모습

- 음 かい　開始 개시　開発 개발　開放 개방　公開 공개
- 훈 ひら(く) 열리다, 개최하다
- 훈 ひら(ける) 열리다, 트이다, 펼쳐지다
- 훈 あ(く) 열리다
- 훈 あ(ける) 열다

新商品の開発に力を入れましょう。 신상품 개발에 주력합시다.

ちょっと窓を開けましょうか。 창문을 좀 열까요?

닫을 폐

N3 초6

> 문(門)에 빗장을 꽂아(才) 닫은 모습

- 음 へい　閉店 폐점　開閉 개폐　*密閉 밀폐
- 훈 し(まる) 닫히다　훈 し(める) 닫다
- 훈 と(じる) 닫히다　훈 と(ざす) 닫다

このドームは開閉式です。 이 돔은 개폐식입니다.

ふたをしっかり閉めてください。 뚜껑을 꽉 닫아주세요.

들을 문

N5 초2

> 문(門)틈 사이로 소리를 듣는(耳) 것

- 음 ぶん　新聞 신문　見聞 견문
- 음 もん　前代未聞 전대미문
- 훈 き(く) 듣다, 묻다, 질문하다
- 훈 き(こえる) 들리다

旅をして見聞を広めたい。 여행을 가서 견문을 넓히고 싶다.

私はジャズを聞くのが好きです。 저는 재즈 듣는 것을 좋아합니다.

빗장 관, 관계할 관

N3 초4

> [정자] 關 옆으로 구멍을 낸 두 개의 세로 막대(丱)에 꼰 실(幺幺)을 통과시켜 두 개를 잇는 것과 門이 합쳐진 자로 좌우의 문(門)에 구멍을 뚫어 빗장을 통과시켜(丱) 닫는 것

- 음 かん　関係 관계　関西 관서　関心 관심　玄関 현관
- 훈 せき　関取 (일본 씨름에서) 우리나라 장사급에 속하는 十両 이상의 씨름꾼의 높임말
- 훈 かか(わる) 관계되다

私は政治に関心があります。 저는 정치에 관심이 있습니다.

それは命に関わることです。 그것은 목숨에 관련된 일입니다.

지게 호

N2 초2

> [정자] 戸 門의 문짝 한쪽을 나타냄

- 음 こ　戸別 호별, 집집마다　一戸建て 단독주택
- 훈 と 문, 문짝　戸締まり 문단속　*井戸 우물

庭付きの一戸建てに住みたい。 정원이 딸린 단독주택에 살고 싶다.

留守の時は、しっかり戸締まりしましょう。

집을 비울 때는 단단히 문단속합시다.

> ▶입구를 그린 상형문자로 안으로 들어가는 것을 뜻함

- 음 にゅう　入院 입원　入学 입학　入社 입사　新入 신입
- 훈 い(る) 들어가다, 들다
- 훈 い(れる) 넣다, (차를) 달이다, 타다
- 훈 はい(る) 들어가다, 들어오다

彼は入社したばかりです。 그는 입사한 지 얼마 안 됩니다.

私はこの色が気に入ります。 저는 이 색이 마음에 듭니다.

들 입

N5　초1

> ▶[정자 內] 덮개(冂) 안에 넣는(入) 것

- 음 ない　内科 내과　内容 내용　案内 안내　国内 국내
- 음 だい　境内 경내 (신사나 사찰의 부지 안)
- 훈 うち　자기가 소속해 있는 곳, (가정·직장) 우리

日本に来たら私が案内します。 일본에 오면 제가 안내하겠습니다.

内の会社の社員数は10人です。 우리 회사의 사원 수는 열 명입니다.

안 내

N3　초2

> ▶[정자 納] 직물(糸)을 관청에 납부하여, 창고 안에 넣는(内) 것

- 음 のう　納入 납입　収納 수납
- 음 なつ　納豆 낫또　納得 납득
- 음 な　納屋 헛간
- 훈 おさ(まる) 납입되다, 납품되다　おさ(める) 납입하다, 납품하다

納得の行かないところがあります。

납득이 가지 않는 부분이 있습니다.

税金を納めるのは国民の義務です。

세금을 내는 것은 국민의 의무입니다.

바칠 납, 들일 납

N1　초6

> ▶윗부분(卯)은 창문 틈 사이에 손을 넣어서 무리하게 여는 모습으로 억지로
> 개방하게 하여 이익(貝)을 얻으려고 하는 것을 뜻함

- 음 ぼう　貿易 무역　貿易会社 무역회사

私は貿易を勉強中です。 저는 무역을 공부 중입니다.

彼は貿易会社に通っています。 그는 무역회사에 다니고 있습니다.

바꿀 무, 무역할 무

N2　초5

머무를 류

N2 초5

▶옛 자는 畱으로 윗부분(㐫)은 양손으로 문을 닫는 모습. 즉 어느 영역(田) 안에 가두어(㐫) 머물게 함

- 음 りゅう　留意 유의　留学 유학　保留 보류
- 음 る　留守 집을 비움, 부재중
- 훈 と(まる) (새·벌레 등이) 앉다, 고정되다
- 훈 と(める) 고정시키다, (단추 등을) 끼우다, 채우다

彼はあいにく留守でした。그는 공교롭게도 부재중이었습니다.
鳥が木の上に留まっています。새가 나무 위에 앉아 있습니다.

향할 향

N3 초3

▶지붕(宀) 아래 벽에 난 공기 구멍(口)으로 공기가 빠져 나가듯이(ʼ) 어느 방향으로 향해 가는 것

- 음 こう　向上 향상　傾向 경향　方向 방향
- 훈 む(く) 향하다, 돌리다
- 훈 む(ける) 향하게 하다, 돌리다
- 훈 む(かう) 향하다, 돌리다, 향해 가다
- 훈 む(こう) 맞은편, 건너편, 상대방

反対方向へ進んでください。반대 방향으로 전진하세요.
川の向こうが東京です。강의 건너편이 도쿄입니다.

항상 상

N2 초5

▶긴(尙) 천(巾)이라는 데서, '긴 시간', '항상'이라는 의미
  *尙(높을 상): 창으로부터 공기가 빠져나가서(向) 높고 길게 퍼지는(八) 모습

- 음 じょう　常識 상식　常用 상용　異常 이상　非常口 비상구
- 훈 つね　常に 늘, 항상
- 훈 とこ 항상　常夏 상하

彼女は常識がないですね。그녀는 상식이 없네요.
私達は常に努力しております。저희는 항상 노력하고 있습니다.

집 당

N4 초5

▶넓고 높은(尙) 토대(土) 위에 세운 큰 집

- 음 どう　講堂 강당　食堂 식당　堂々と 당당히

卒業式は講堂で行われます。졸업식은 강당에서 거행됩니다.
堂々と自分らしく生きたい。당당하게 나답게 살고 싶다.

무리 당

N2 초6

숫자 / 사람 / 신체 / 생물 / 의식주 / 자연 / 인프라 / 수·양 / 도구 / 신앙 / 기타

▶[정자]黨] 자기들만의 높고(尚) 속내가 검은(黑) 뜻을 품은 사람들의 모임

🔊 とう　政党 정당　野党 야당　与党 여당

今回の選挙は野党が勝利しました。

이번 선거는 야당이 승리했습니다.

野党と与党が激しく対立しています。

야당과 여당이 심하게 대립하고 있습니다.

마땅할 당

N3 초2

▶[정자]當] 옛날에 밭을 바꿀 때 두 밭(田)의 넓이(尚)가 딱 맞는 것을 當 이라고 나타냄

🔊 とう　当日 당일　当然 당연　適当 적당　相当 상당히, 꽤

훈 あ(たる) 맞다, 부딪치다, 당첨되다

훈 あ(てる) 맞히다, 부딪치다, 적중시키다

それは当然の事です。 그것은 당연한 일 입니다.

今朝の天気予報は当たらなかった。

오늘 아침 일기예보는 맞지 않았다.

상줄 상

N2 초5

▶공로가 있는 사람을 높이(尚) 기리며 상으로 금품(貝)을 줌

🔊 しょう　賞金 상금　賞品 상품　入賞 입상　受賞 수상

この試合には賞金がかかっています。

이 시합에는 상금이 걸려 있습니다.

彼はノーベル賞を受賞しました。 그는 노벨상을 수상했습니다.

창 창

N2 초6

▶원래는 囪(공기가 빠져나가는 창문의 모습)로 썼지만, 나중에 窓로 써서 구멍(穴)이 난 창문(囪)을 뜻하게 되었으며 현재는 心이 붙고 囪가 변화하여 窓로 완성됨

🔊 そう　車窓 차창　同窓会 동창회

훈 まど 창, 창문

明日は高校の同窓会があります。 내일은 고교 동창회가 있습니다.

窓ガラスを割ってしまった。 유리창을 깨고 말았다.

거느릴 총, 다 총

N2 초5

▶[정자 總] 많은 실(糸)을 하나로 모아서(悤) 만든 술을 뜻함. 하나로 모으는 데서 거느린다는 의미가 됨

* 悤(바쁠 총) : 방의 공기가 한 줄로 모여 빠져나가는 창문(囪)처럼, 많은 일을 하나로 모아서(囪) 정리하느라 마음(心)이 바쁨

- 음 そう 　総計 총계　　総合 종합　　総理大臣 총리대신, 수상
- 総計いくつですか。총계 몇 개입니까?
- 総理大臣はドイツに到着しました。수상은 독일에 도착했습니다.

검을 흑

N4 초2

▶[정자 黑] 밑에서 불(灬)이 활활 타올라 굴뚝에 그을음(丶 丶)이 붙어 있는 모습으로 그을음의 색으로부터 검다는 의미를 나타냄

- 음 こく 　黒人 흑인　　黒板 흑판, 칠판　　暗黒 암흑
- 훈 くろ 검정색
- 훈 くろ(い) 검다, 까맣다
- 黒板の字がよく見えないです。칠판 글씨가 잘 안 보입니다.
- 黒い服を着るとスリムに見えます。
검은 옷을 입으면 날씬해 보입니다.

고기 육

N4 초2

▶주름진 부드러운 고기를 그린 모양

- 음 にく 　肉 고기　　肉体 육체　　牛肉 쇠고기　　豚肉 돼지고기
- 私は肉より魚の方が好きです。저는 고기보다 생선을 좋아합니다.
- 神戸は牛肉で有名です。고베는 쇠고기로 유명합니다.

밥 식, 먹을 식

N5 초2

▶뚜껑(人)을 덮어 놓은 밥그릇의 모양

- 음 しょく 　食事 식사　　食堂 식당　　食品 식품　　昼食 점심
- 음 じき 　断食 단식
- 훈 た(べる) 먹다　　훈 く(う) 먹다
- 훈 く(らう) (안 좋은 일을) 얻어맞다, 당하다
- 私は食品会社で働いています。저는 식품회사에서 일하고 있습니다.
- 今日は寿司を食べに行きましょう。오늘은 스시를 먹으러 갑시다.

倉

곳집 창, 창고 창

N1 초4

> ▶식량(食)을 넣어두는 창고(口)를 뜻함

- 음 そう　倉庫 창고
- 훈 くら (곡물의) 창고

倉庫にも在庫がないです。 창고에도 재고가 없습니다.
米を倉に運んでください。 쌀을 창고로 운반해주세요.

創

비롯할 창, 시작할 창

N1 초6

> ▶창고(倉)를 지을 때 우선 재목에 갈자국(刂)을 내는 것부터 시작함

- 음 そう　創作 창작　創立 창립　独創 독창

この作品には独創性がありますね。 이 작품에는 독창성이 있네요.
今日は創立記念日で学校はお休みです。

오늘은 창립기념일이라서 학교는 쉽니다.

節

마디 절, 절개 절

N1 초4

> ▶무릎(即)의 관절과 대나무(竹)의 마디가 합쳐져 마디의 뜻을 나타냄
> *卽→即(곧 즉): 음식(皀) 앞에 무릎 꿇고 (卩) 앉아 곧 먹으려고 하는 모습

- 음 せつ　節約 절약　関節 관절　調節 조절
- 음 せち　お節料理 명절 때 먹는 조림 요리
- 훈 ふし 마디, 관절

常に節約を心掛けています。 항상 절약을 명심하고 있습니다.
今日は何だか体の節々が痛いです。

오늘은 왠지 몸 마디마디가 아픕니다.

郷

시골 향, 고향 향

N1 초6

> ▶[정자 郷] 옛 자는 가운데에 음식(皀)을 두고 양쪽의 사람이 무릎 꿇고 서
> 로 마주 보고 있는 모습. 나중에, 오른쪽의 사람 대신에 마을(阝)을 추가하여
> 띄엄띄엄 떨어져 서로 마주 보는 시골 마을(阝)을 뜻하게 됨

- 음 きょう　郷土 향토　郷里 향리, 고향　故郷 고향
- 음 ごう 시골, 촌

故郷に来たのは5年ぶりです。 고향에 온 것은 5년만입니다.
郷に入っては郷に従え。 로마에 가면 로마의 법에 따라라.

술

술 주

N4 초3

▶ 발효시킨 술이 담겨 있는 술 항아리의 모습(酉)과 물(氵)이 합쳐진 것

- 음 しゅ　飲酒 음주　禁酒 금주　洋酒 양주　日本酒 일본 술
- 훈 さけ 술
- 훈 さか 술　酒屋 주류 판매업　*居酒屋 선술집

飲酒運転は絶対にしてはいけません。

음주운전은 절대로 해서는 안 됩니다.

最近、日本の居酒屋が流行っています。

최근 일본 선술집이 유행하고 있습니다.

높을 존

N4 초6

▶ [정자 尊] 제상 또는 윗사람에게 손(寸)으로 술(酋)을 높이 받치는 것

- 음 そん　尊敬 존경　尊重 존중
- 훈 たっと(い)　とうと(い) 귀중하다, 소중하다
- 훈 たっと(ぶ)　とうと(ぶ) 소중히 여기다, 존중하다

あなたの尊敬する人は誰ですか。

당신이 존경하는 사람은 누구입니까?

生命ほど尊いものはないです。 생명만큼 소중한 것은 없습니다.

부자 부, 넉넉할 부

N4 초4

▶ 집(宀) 안에 재물이 가득 차 있음(畐)

*畐(찰 복) : 술을 가득 채운 아가리가 좁고 배가 불룩한 술병의 모습

- 음 ふ　富国 부국　豊富 풍부　貧富 빈부
- 음 ふう　富貴 부귀
- 훈 と(む) 풍부하다
- 훈 とみ 부, 재산

彼女は知識が豊富です。 그녀는 지식이 풍부합니다.

彼女は富と名声を得ました。 그녀는 부와 명성을 얻었습니다.

복 복

N4 초3

▶ [정자 福] 신(示)으로부터 복을 가득(畐) 받음

- 음 ふく　福祉 복지　幸福 행복　祝福 축복

あなたの幸福を祈ります。 당신의 행복을 빌겠습니다.

ご結婚、心より祝福いたします。 결혼 진심으로 축하드립니다.

> 富은 음을 나타내며 칼(刂)로 자른 두 개의 사물의 크기가 거의 같아 버금간다는 의미

음 ふく　副業 부업　副詞 부사　副作用 부작용　副社長 부사장

私は副業で小説を書いています。
저는 부업으로 소설을 쓰고 있습니다.

この薬による副作用はありません。 이 약에 의한 부작용은 없습니다.

버금 부, 쪼갤 부

N4　초4

직물

> 가는 털의 모습

음 もう　毛布 모포, 담요　脱毛 탈모　不毛 불모
훈 け 털

赤ちゃんに毛布をかけてあげました。
아기에게 담요를 덮어 주었습니다.

あの人は体に毛が多いですね。 저 사람은 몸에 털이 많네요.

털 모

N2　초2

> [전자 絲] 누에로부터 뽑은 실 두 가닥을 꼬아놓은 모습

음 し　製糸 제사, 실을 만듦
훈 いと 실

近くに製糸工場があります。 근처에 제사 공장이 있습니다.

針に糸を通すのが大変です。 바늘에 실을 꿰는 것이 힘듭니다.

실 사

N2　초1

> 몸(月)이 둥근(口) 누에로부터 뽑아낸 실(糸)을 뜻함

음 けん　絹糸 견사, 명주실
훈 きぬ 비단, 실크　絹糸 견사, 명주실　絹の道 비단길

絹糸を買ってきました。 명주실을 사왔습니다.

絹の道を歩いてみたいです。 비단길을 걸어보고 싶습니다.

명주 견, 비단 견

N1　초6

系 이을 계

N1 초6

▶ 어떤 물건에 실(糸)을 이어서(ノ) 아래로 드리운 모습

음 けい　系統 계통　系列 계열　体系 체계　直系 직계

この会社はトヨタ系列会社です。이 회사는 도요타계열 회사입니다.

マーケティングを体系的に学びます。

마케팅을 체계적으로 배웁니다.

係 관계할 계, 걸릴 계

N3 초3

▶ 사람(イ) 간의 사이를 이어서(系) 관계를 맺는 것

음 けい　関係 관계　連係 연계

훈 かか(る) 관계되다, 관련되다

훈 かか(り) 계, 담당　係員 계원, 담당자　*会計係 회계 담당

そんな事は私には関係ない。그런 것은 나에게는 관계없다.

係員の指示に従ってください。담당자의 지시에 따라주세요.

孫 손자 손

N2 초4

▶ 혈통이 대대로 이어진(系) 아이(子)로 손자나 자손을 뜻함

음 そん　子孫 자손

훈 まご 손자

人間には子孫を残す本能があります。

인간에게는 자손을 남기는 본능이 있습니다.

孫は大きくなっても可愛いです。손자는 크게 자라도 귀엽습니다.

県 매달 현, 고을 현

N3 초3

▶ [정자]縣 県은 首(머리 수)를 거꾸로 한 자. 나무(ノ)에 줄(糸)을 매어 죄수의 자른 머리를 거꾸로(県) 매달아 놓은 모습으로 후에 중앙정부에 매달린 듯이 있는 현(県)을 뜻하게 됨

음 けん　県庁 현청(한국의 도청에 해당)　県立 현립

県庁前でデモが行われています。

현청 앞에서 시위가 진행되고 있습니다.

私は千葉県に住んでいます。저는 치바 현에 살고 있습니다.

흴 소, 바탕 소

N1 초5

> 아직 꼬거나 인공을 가하지 않은, 한 가닥씩 늘어놓은(垂 → 㸚) 원래 그대로의 실(糸)

- 음 そ　素材 소재　酸素 산소
- 음 す　素敵 근사함, 아주 멋짐　素晴らしい 매우 훌륭하다, 멋있다
- 예외 素人 아마추어

素材は何で出来ていますか。 소재는 무엇으로 되어 있습니까?
私はこの分野では素人です。 저는 이 분야에서는 아마추어입니다.

변할 변

N3 초4

> [정자 變] 불안정하게 얽히고설켜(䜌) 변하기 쉬운 상태로 되는(攵) 것
> *䜌 : 말(言)이 실(糸糸)처럼 얽히고설킴

- 음 へん　変化 변화　変更 변경　大変 힘듦　不変 불변
- 훈 か(わる) (변경·변화) 바뀌다
- 훈 か(える) (변경·변화) 바꾸다

時代の変化に付いていけない。 시대의 변화에 따라갈 수 없다.
私の気持ちは変わりません。 제 마음은 변하지 않습니다.

뒤 후

N5 초2

> 발(攵)을 끌며 조금(幺 : 작을 요)밖에 못 가고(彳) 뒤쳐지는 것

- 음 ご　午後 오후　最後 최후　前後 전후
- 음 こう　後悔 후회　後輩 후배
- 훈 あと、のち (시간적) 뒤, 후, 다음
- 훈 うし(ろ) (공간적) 뒤
- 훈 おく(れる) (시대·유행) 뒤지다, 뒤떨어지다

後悔しないように頑張りましょう。 후회하지 않도록 분발합시다.
食事の後は散歩しました。 식사 후에는 산책했습니다.

어릴 유

N2 초6

> 가늘고 미미한 실(幺 : 작을 요)처럼, 힘(力)이 약한(幺) 어린아이

- 음 よう　幼児 유아　幼稚 유치　幼虫 유충
- 훈 おさな(い) 어리다, 미숙하다, 유치하다

娘は幼稚園に通っています。 딸은 유치원에 다니고 있습니다.
幼い子供の世話は大変です。 어린아이를 돌보는 것은 힘듭니다.

자석 자, 사기그릇 자

N1 초6

▶茲는 작은 실(糸)보푸라기(艹)가 붙어 있는 모습으로 작은 쇳가루를 달라 붙게(茲) 하는 광물(石)

🔴 じ　磁気 자기　磁石 자석　磁力 자력

磁石は鉄を引き付けます。 자석은 철을 끌어당깁니다.
地球も磁力を持っています。 지구도 자력을 가지고 있습니다.

불을 자

N1 초4

▶농작물을 키우는(茲) 비나 물(氵)을 뜻함

　*茲 : 糸과 풀의 싹(艹)을 합친 자로, '작은 것이 자꾸자꾸 불어나다'라는 뜻

🔴 じ　滋雨 자우, 단비　滋養 자양　*滋賀県 시가 현

この雨は、農村には滋雨です。 이 비는 농촌에는 단비입니다.
私の実家は滋賀県にあります。 저의 친정은 시가 현에 있습니다.

거느릴 솔, 비율 률

N1 초5

▶필요 없는 보푸라기(玄)를 제거하고(八八) 삐쳐나오지 않도록 정리함(十)

🔴 りつ　確率 확률　効率 효율　比率 비율
🔴 そつ　率先 솔선　軽率 경솔
🟢 ひき(いる) 데리고 가다, 인솔하다, 지휘하다, 통솔하다

宝くじの当たる確率は低いです。 복권이 당첨될 확률은 낮습니다.
子供たちを率いて動物園に行きました。
아이들을 인솔하여 동물원에 갔습니다.

맡길 임

N3 초5

▶사람(イ)이 배나 등에 불룩하게(壬) 물건을 짊어지는 것

　*壬(짐어질 임) : 정중앙이 불룩한 실패의 모양

🔴 にん　任期 임기　就任 취임　責任 책임　担任 담임
🟢 まか(す)、まか(せる) (능력을 보고) 맡기다

事故の責任は私にあります。 사고의 책임은 저에게 있습니다.
この件は私に任せてください。 이 건은 저에게 맡겨주세요.

144

품팔이 임, 품삯 임

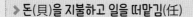

▶돈(貝)을 지불하고 일을 떠맡김(任)

- 음 ちん　賃金 (= 賃銀) 임금, 품삯　運賃 운임　家賃 집세

来月から運賃が上がるそうです。

다음 달부터 운임이 오른다고 합니다.

東京は家賃が高いです。 도쿄는 집세가 비쌉니다.

오로지 전, 전문가 전

▶[정자 專] 실을 감아서 하나로 모아놓은 둥근 실패(叀)를 손(寸)에 들고 있는 모습. 오로지 하나의 일을 뜻함

- 음 せん　専攻 전공　専門 전문　専用 전용
- 훈 もっぱ(ら) 한결같이, 오로지, 전적으로

林さんは医学を専攻しています。

하야시 씨는 의학을 전공하고 있습니다.

彼は専ら勉強ばかりしています。 그는 오로지 공부만 하고 있습니다.

둥글 단

▶[정자 團] 둥글게(專 : 손에 둥근 실패를 들고 있음) 둘러싸는(口) 것

- 음 だん　団体 단체　団地 단지　集団 집단
- 음 とん　布団 이불

団体旅行でヨーロッパに行きました。

단체여행으로 유럽에 갔습니다.

布団かけないと風邪引くわよ。 이불 안 덮으면 감기에 걸려요.

전할 전

▶[정자 傳] 둥근 실패(專)를 굴리듯이 사람들(イ)에게 잇달아 전하는 것

- 음 でん　伝記 전기　伝染 전염　伝統 전통　宣伝 선전
- 훈 つた(わる) 전해지다, 전해 내려오다
- 훈 つた(える) 전하다, 알리다, 전달하다
- 훈 つた(う) (벽이나 산 등을) 타고 가다

ネット上での宣伝効果は大きいです。

인터넷상에서의 선전효과는 큽니다.

お父さんによろしく伝えてください。 아버님에게 잘 전해주세요.

구를 전

N4 초3

▶[성자 轉] 수레(車)바퀴가 둥글게(專) 굴려감

- 음 てん　転校 전학　転送 전송　運転 운전　回転 회전
- 훈 ころ(がる), ころ(げる) 구르다, 넘어지다, 자빠지다
- 훈 ころ(がす) 굴리다, 넘어뜨리다, 쓰러뜨리다
- 훈 ころ(ぶ) 구르다, 넘어지다, 자빠지다

いつも安全運転を心がけています。
항상 안전운전을 하려 노력하고 있습니다.

石につまずいて転びました。 돌에 걸려서 넘어졌습니다.

베 포, 펼 포

N2 초5

▶손(ナ)으로 베(巾)를 만드는 모습

- 음 ふ　布団 이불　毛布 모포, 담요　*分布 분포
- 훈 ぬの 직물의 총칭, 천

自宅で布団を洗いました。 자택에서 이불을 빨았습니다。

はさみで布をまっすぐ切るのは難しいです。
가위로 천을 똑바로 자르는 것은 어렵습니다。

바랄 희, 드물 희

N2 초4

▶베(巾)의 올이 드문드문(爻) 나 있는 모양으로 드문 것은 희소가치가 있음으로 누구나가 갖기를 희망한다는 의미를 뜻함

- 음 き　希少 희소　希望 희망　古希 고희(70세)

希望の大学に合格しました。 희망하는 대학에 합격했습니다。

うちの祖母は今年古希です。 우리 할머니는 올해 고희(70세)입니다。

이어질 면, 솜 면

N2 초5

▶흰 천(帛)을 짜내는 가늘고 길게 이어진 실(糸)

- 음 めん　綿密 면밀　木綿 목면, 솜
- 훈 わた 목화, 솜　綿あめ 솜사탕　綿雪 함박눈

綿密に計画を立てましょう。 면밀히 계획을 세웁시다。

今、綿雪が降っています。 지금 함박눈이 내리고 있습니다。

띠 대

N2　초4

> **[정자]帶** 장식한 허리띠의 모습

🔊 たい　　地帯 지대　　熱帯 열대　　包帯 붕대

🔊 おび 허리띠, 또는 띠 모양의 것

🔊 お(びる) (어떤 성질·경향을) 띠다

韓国も地震の安全地帯ではないです。
한국도 지진의 안전지대는 아닙니다.

このメディアは保守的な傾向を帯びています。
이 미디어는 보수적인 경향을 띠고 있습니다.

지름길 경

N1　초4

> **[정자]徑** 세로로(巠) 똑바로 가는(彳) 지름길
> *巠 : 위에서 아래로 세로 실(날실)을 통과시킨 베틀의 모습

🔊 けい　　直径 직경　　半径 반경

地球の直径はどれぐらいですか。지구의 직경은 어느 정도입니까?

この円の半径を求めなさい。이 원의 반경을 구하시오.

날(실) 경, 지날 경

N2　초5

> **[정자]經** 베틀에 날실처럼 세로로(巠) 실(糸)을 메운 모습

🔊 けい　　経営 경영　　経験 경험　　経済 경제　　経由 경유

🔊 きょう　　仏経 불경

🔊 へ(る) (과정·장소를) 거치다, 경유하다

🔊 た(つ) (시간이) 지나다, 경과하다

経験がないと、この仕事は無理だ。경험이 없으면 이 일은 무리다.

京都を経て大阪へ行きます。교토를 거쳐 오사카에 갑니다.

가벼울 경

N3　초3

> **[정자]軽** 소형차(車)가 똑바로(巠) 가볍게 달리는 것

🔊 けい　　軽快 경쾌함　　軽傷 경상　　軽食 경식　　軽率 경솔함

🔊 かる(い) 가볍다

🔊 かろ(やか) 가뿐함, 경쾌함

軽食をご用意しております。간단한 식사를 준비했습니다.

このノートパソコンは軽いです。이 노트북은 가볍습니다.

옷 의
N2 초4

> 옷의 목 부분을 그린 모양

- 음 い　衣服 의복　衣食住 의식주　衣類 의류
- 훈 ころも 옷　衣替え (철에 따라) 옷을 갈아입음, 새 단장
- 예외 浴衣 유카타

衣食住は生活の基本です。 의식주는 생활의 기본입니다.
6月になると夏服に衣替えします。
6월이 되면 하복으로 갈아입습니다.

겉(옷) 표
N3 초3

> 毛와 衣를 합친 자로, 털(毛)이 달린 모피 옷(衣)을 겉에 입는 것

- 음 ひょう　表情 표정　表面 표면　代表 대표　発表 발표
- 훈 おもて 앞면, 겉, 표면
- 훈 あらわ(れる) (추상적) 나타나다
- 훈 あらわ(す) (추상적) 나타내다, 표현하다

青木さんが代表に選ばれました。 아오키 씨가 대표로 뽑혔습니다.
感情は顔に表れます。 감정은 얼굴에 나타납니다.

흩을 표
N1 초6

> 사람(イ)이 쌀 등의 곡식을 바깥으로(表) 내서 넓게 흩뜨려 햇볕에 쪼이는 것을 나타냄. 바깥쪽으로 쌀을 포장한 가마니의 뜻으로도 사용됨

- 음 ひょう　土俵 흙가마니, 씨름판
- 훈 たわら (쌀·흙 등을 담는) 섬, 가마니

なぜ土俵に塩をまくんですか。 왜 씨름판에 소금을 뿌리는 거죠?
彼は米俵を軽く持ち上げました。
그는 쌀가마를 가볍게 들어올렸습니다.

속 리
N2 초6

> 가로세로의 줄무늬(里 : 가로세로의 줄무늬가 있는 논밭)가 있는 천(衣)은 의복의 안감으로 사용

- 음 り　裏面 이면, 물체의 뒷면
- 훈 うら 뒷면, 뒤쪽, 안쪽

カードの裏面にサインをしてください。
카드 뒷면에 사인을 해주세요.
できるだけ裏紙を利用しましょう。 가능한 한 이면지를 이용합시다.

> ▶ 넉넉하게 원을 그리며(袁) 멀리 돌아감(辶)
> *袁 : 몸을 둥글게 둘러싸는(○→口) 넉넉한 옷(衣)

- 음 えん 　遠足 소풍　遠慮 사양함, 삼감　永遠 영원
- 음 おん 　久遠 영원
- 훈 とお(い) 멀다

この恩、永遠に忘れません。 이 은혜 영원히 잊지 않겠습니다.
歩いたらけっこう遠いです。 걸으면 꽤 멉니다.

멀 원

N3　초2

> ▶ 둥글게(袁) 둘러싸인(口) 정원

- 음 えん 　公園 공원　動物園 동물원　楽園 낙원
- 훈 その 동산, 정원　*花園 화원, 꽃밭, 꽃동산

この公園にはカラスが多いです。 이 공원에는 까마귀가 많습니다.
私は小さな花園を運営しています。
저는 작은 화원을 운영하고 있습니다.

동산 원

N3　초2

> ▶ 옛자는 衣(옷 의)와 十을 합친 모양. 열(十) 명씩 한 조를 이루어 같은 복장(衣)을 한 군사로 병졸(兵卒)을 뜻함

- 음 そつ 　卒業 졸업　脳卒中 뇌졸중

卒業したら大学院に進学します。 졸업하면 대학원에 진학합니다.
彼は脳卒中で倒れたそうです。 그는 뇌졸중으로 쓰러졌다고 합니다.

군사 졸, 마칠 졸

N2　초4

> ▶ [정자 雜] 여러 색의 천을 모아서(集) 섞어 만든 옷(衣)

- 음 ざつ 　雑誌 잡지　雑草 잡초　複雑 복잡
- 음 ぞう 　雑巾 걸레

この雑誌は若い女性に人気です。
이 잡지는 젊은 여성에게 인기입니다.
この問題は複雑です。 이 문제는 복잡합니다.

섞일 잡

N2　초5

자연

✅ 다 외운 항목을 체크해보아요!

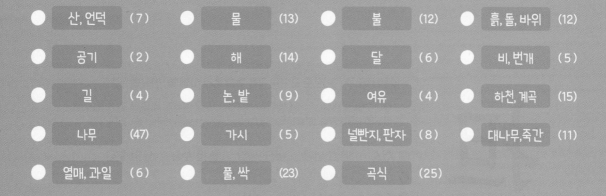

산, 언덕

뫼 산

N5 초1

▶ 봉우리가 세 개인 산의 모습

- 음 さん　山村 산촌　山林 산림　*登山 등산　*火山 화산
- 훈 やま 산, 절정, 고비

私は登山が大好きです。 저는 등산을 너무 좋아합니다.

春は山火事が多く発生する季節です。

봄은 산불이 많이 발생하는 계절입니다.

언덕 안

N2 초3

▶ 산(山) 기슭(厂)이 방패(干)처럼 깎아지른 듯한 물가

- 음 がん　海岸 해안
- 훈 きし 물가, 강변, 해변

海岸で貝がらを拾いました。 해안에서 조개껍데기를 주웠습니다.

波が岸を洗っている。 파도가 해변을 씻고 있다.

석탄 탄, 숯 탄

N2 초3

▶ 산기슭(屵)에 묻혀 있는 불(火)에 타고 남은 석탄

- 음 たん　炭鉱 탄광　炭素 탄소　石炭 석탄
- 훈 すみ 숯

地球温暖化の主な原因は二酸化炭素です。

지구온난화의 주된 원인은 이산화탄소입니다.

炭火焼のステーキが一番美味しい。

숯불구이 스테이크가 제일 맛있다.

멜 담

N2 초6

▶ [정자] 擔 손(扌)으로 무거운 짐을 들어 올려 어깨에 얹는(詹) 것

  *詹 : 厃(높은 벼랑 → 위에서 내리누르다)와 八(퍼지다)와 言(말)로 된 자로, 입을
  막고(厃) 중얼중얼 말(言)하는 것(八) 또는 위에서 내리누르다라는 뜻이 있음

- 음 たん　担当 담당　担任 담임　負担 부담　分担 분담
- 훈 かつ(ぐ) (구체적) 메다, 짊어지다
- 훈 にな(う) (추상적) 떠맡다, 짊어지다

担当者にお伝えいたします。 담당자에게 전해 드리겠습니다.

荷物を肩に担いで運びました。 짐을 어깨에 메서 날랐습니다.

언덕 강

N1 초4

> 튼튼한 밧줄로 짠 그물(网)처럼 단단한 산(山)

- 훈 おか 岡山県 오카야마 현　静岡県 시즈오카 현

岡山県は果物が有名です。 오카야마 현은 과일이 유명합니다.
静岡県はお茶の産地です。 시즈오카 현은 차의 산지입니다.

강철 강

N1 초6

> 단단한(岡) 금속(金)으로 강철을 뜻함

- 음 こう 鋼鉄 강철　鉄鋼 철강
- 훈 はがね 강철

この辺に鋼鉄工場ができるらしい。
이 근처에 강철 공장이 생기는 모양이다.

언덕 부

N1 초4

> 흙이 쌓여 있는 언덕을 그린 상형문자

- 음 ふ 岐阜県 기후 현

岐阜県は日本の中心に位置しています。
기후 현은 일본의 중심에 위치하고 있습니다.

물

물 수

N5 초1

> 흐르는 물을 나타냄

- 음 すい 水泳 수영　水道 수도　水分 수분　*洪水 홍수
- 훈 みず 물

洪水で多くの家が流された。 홍수로 많은 집이 떠내려갔다.
新しい水着を早く着たいですね。 새 수영복을 빨리 입고 싶네요.

얼음 빙

N3 초3

▶ ン과 水이 합쳐진 자로, 물(水)이 얼어서 균열(ン)이 생기는 것

🔘 ひょう　氷河 빙하　氷山 빙산　氷点 빙점
🔘 こおり 얼음
🔘 ひ　氷室 빙실

このような事件は氷山の一角に過ぎない。

이러한 사건은 빙산의 일각에 불과하다.

南極の氷が溶けているそうです。남극의 얼음이 녹고 있다고 합니다.

길 영, 영원할 영

N2 초5

▶ 여러 갈래의 물줄기가 가늘고 길게 뻗어가는 모습

🔘 えい　永遠 영원　永久 영구　永住 영주
🔘 なが(い) (시간·세월이) 길다, 오래다

私は永遠にあなたを愛します。저는 영원히 당신을 사랑합니다.

この大学は永い歴史を持っています。

이 대학은 오랜 역사를 가지고 있습니다.

헤엄칠 영

N3 초3

▶ 오래(永) 물(氵)에 떠 있는 것으로 헤엄침을 뜻함

🔘 えい　水泳 수영　背泳 배영
　　　遊泳 유영, 수영　遊泳禁止 수영 금지
🔘 およ(ぐ) 헤엄치다

日本の小中学校では、水泳を習います。

일본의 초중학교에서는 수영을 배웁니다.

子供の頃よくこの川で泳いだものだ。

어린 시절 자주 이 냇가에서 헤엄치곤 했다.

물갈래 파, 파벌 파

N1 초6

▶ 【성자 派】 물(氵)이 갈라져 흐르는(厎 : 강으로부터 물이 갈라져 흐르는 모습) 것

🔘 は　派遣 파견　派生 파생　派手 화려함　*立派 훌륭함

こんな派手な服は着れないです。

이런 화려한 옷은 입을 수 없습니다.

この建物のデザインは立派ですね。이 건물의 디자인은 훌륭하네요.

> ▶[정자 脈] 몸(月) 속에서 여러 갈래로 가늘게 나뉘어져(瓜 : 갈래 파) 흐르는 혈관

🔵 みゃく　脈拍 맥박　山脈 산맥　動脈 동맥　文脈 문맥

ヒマラヤ山脈は「世界の屋根」と言われている。
히말라야 산맥은 '세계의 지붕'이라고 일컬어지고 있다.

この文章は文脈がちょっとおかしいですね。
이 문장은 문맥이 좀 이상하네요.

맥 맥

N1　초5

> ▶둥근 구멍(白)에서 물(水)이 솟아나오는 샘

🔵 せん　温泉 온천
🟠 いずみ 샘, 샘물

日帰りで温泉にでも行こう。 당일치기로 온천에라도 가자.
森の中に泉がありました。 숲 속에 샘이 있었습니다.

샘 천

N2　초6

> ▶샘(泉)에서 가는 물줄기가 실(糸)처럼 계속 흐르는 모습

🔵 せん　線路 선로　曲線 곡선　直線 직선　脱線 탈선

この二つの直線は平行である。 이 두 개의 직선은 평행하다.
今朝、列車の脱線事故がありました。
오늘 아침 열차 탈선사고가 있었습니다.

줄 선

N3　초2

> ▶절벽(厂) 사이의 구멍에서 솟아나는 샘물(泉)이 물줄기의 근원

🔵 げん　原因 원인　原産地 원산지　原料 원료　草原 초원
🟠 はら 들, 벌판

火事の原因はまだ分かっていません。
화재의 원인은 아직 밝혀지지 않았습니다.

モンゴルには広い草原が広がっている。
몽골에는 넓은 초원이 펼쳐져 있다.

근원 원, 벌판 원

N3　초2

근원 원

▶ 原은 물줄기의 근원. 氵를 추가하여 그 의미를 한층 확실히 함

- 음 げん　起源 기원　資源 자원　電源 전원
- 훈 みなもと 물줄기의 근원, 수원, 근원

ロシアは天然資源が豊富です。 러시아는 천연자원이 풍부합니다.

あなたの元気の源を教えてください。
당신의 건강의 근원을 가르쳐주세요.

원할 원

▶ 둥근 샘(原)과 같이 둥근 머리(頁)를 뜻하며 융통성이 없는 둥근 머리로
바라기만 하는 것

- 음 がん　願書 원서　志願 지원　出願 출원　念願 염원
- 훈 ねが(う) 원하다, 바라다, 부탁하다

願書の締め切りは今週の金曜日までです。

원서 마감은 이번 주 금요일까지입니다.

どうぞよろしくお願いします。 아무쪼록 잘 부탁합니다.

찔 증

▶ 냄비(一) 안에 물(水)을 넣고 끓일(灬) 때, 피어오르는 김(フ) 위에 풀(艹)
을 찌는 것

- 음 じょう　蒸発 증발　水蒸気 수증기
- 훈 む(す) (날씨가) 찌다, (음식을) 찌다
- 훈 む(れる) 뜸들다
- 훈 む(らす) 뜸들이다

水蒸気とは、気体の状態に変わった水のことです。

수증기란 기체 상태로 변한 물을 말합니다.

今日は蒸し暑いですね。 오늘은 무덥네요.

더할 익, 유익할 익

▶ 그릇(皿)에 물(水)이 넘치는 모습

- 음 えき　収益 수익　有益 유익　利益 이익

収益はそれほど大きくはないです。 수익은 그다지 크지는 않습니다.

会社の目的は、利益を追求することです。

회사의 목적은 이익을 추구하는 것입니다.

불 화

▶ 불의 모습을 나타냄

- 음 か 火山 화산　火事 화재　火星 화성　火曜日 화요일
- 훈 ひ 불　*花火 불꽃놀이
- 훈 ほ 火影 불빛, 등불

日本は地震と火山が多い国です。

일본은 지진과 화산이 많은 나라입니다.

今日、世界花火大会に行ってきました。

오늘 세계 불꽃놀이 대회에 다녀왔습니다.

N5 **초1**

말씀 담

▶ 불이 활활 타오르듯(炎 : 불꽃 염) 화기애애하게 말하는(言) 것

- 음 だん 相談 상담　冗談 농담　面談 면담

進学のことで、先生に相談を受けました。

진학에 관한 일로 선생님에게 상담을 받았습니다.

それは単なる冗談ですよ。 그것은 단순한 농담이에요.

N3 **초3**

붉을 적

▶ 大와 火가 합쳐진 자로, 크게(大) 타오르는 불(火)의 붉은색을 뜻함

- 음 せき 赤外線 적외선　赤十字 적십자　赤道 적도　赤飯 팥밥
- 훈 あか 빨강, 적색
- 훈 あか(い) 붉다, 빨갛다
- 훈 あか(らむ) 불그레해지다, 붉어지다
- 훈 あか(らめる) 붉히다

エクアドルはスペイン語で赤道を意味します。

에콰도르는 스페인어로 적도를 의미합니다.

私は赤いバラが好きです。 저는 빨간 장미를 좋아합니다.

N4 **초1**

그러할 연

▶ 개(犬)고기(月)를 불(灬)로 태우는 것으로, 개고기는 당연히 불에 그슬려 먹었다는 데서 당연하다는 뜻을 나타냄

- 음 ぜん 自然 자연　当然 당연　必然 필연
- 음 ねん 天然 천연

私は当然のことをやっただけです。 저는 당연한 일을 했을 뿐입니다.

私は天然パーマです。 저는 곱슬머리입니다.

N3 **초4**

사를 연, 불탈 연

`N2` `초5`

▶ 불(火)로 태우는(然) 것

- 음 ねん　燃焼 연소　燃料 연료　可燃 가연
- 훈 も(える) (불)타다, (정열 등이) 불타다
- 훈 も(やす)　も(す) (불)태우다, (정열 등을) 불태우다

近年、バイオ燃料が注目されています。

근년에 바이오연료가 주목받고 있습니다.

燃えるゴミと燃えないゴミに分けてください。

타는 쓰레기와 타지 않는 쓰레기로 분리해주세요.

일할 로, 수고로울 로

`N3` `초4`

▶ [정자 勞] 熒(등불 형)과 力이 합쳐진 자로, 불이 세차게 타오르듯이(熒) 열정적으로 힘써(力) 일함

- 음 ろう　労働 노동　過労 과로　苦労 고생　疲労 피로

日本の労働人口は減っています。 일본의 노동인구는 줄고 있습니다.

家具が多くて引っ越しに苦労しました。

가구가 많아서 이사하는 데에 고생했습니다.

꽃 영, 영화로울 영

`N2` `초4`

▶ [정자 榮] 나무(木) 주위를 불이 에워싼 듯이(熒) 핀 꽃

- 음 えい　栄養 영양　栄光 (단체) 영광　光栄 (개인) 영광
- 훈 さか(える) 번영하다, 번창하다
- 훈 は(える) 돋보이다, 두드러지다
- 훈 は(え) 영광, 영예

このような賞をいただき光栄です。 이러한 상을 받게 되어 영광입니다.

昔、この街は栄えていたそうです。

옛날 이 거리는 번창했었다고 합니다.

경영할 영

`N2` `초5`

▶ [정자 營] 이어진 건물(呂) 주위가 횃불로 둘러쳐진(熒) 병사들이 거주하는 집

- 음 えい　営業 영업　運営 운영　経営 경영　国営 국영
- 훈 いとな(む) (일)하다, 경영하다

当店は年中無休で営業しております。

이 가게는 연중무휴로 영업하고 있습니다.

父はホテル業を営んでいます。 아버지는 호텔업을 경영하고 있습니다.

> 촛대 위에서 한군데에 가만히 타고 있는 촛불을 나타냄

- 음 しゅ　主張 주장　主婦 주부　主人 주인, 남편
- 음 す　*坊主 짧게 깎은 머리, 까까머리
- 훈 ぬし 주인
- 훈 おも 주됨

ダイエットはいつも三日坊主で終わってしまう。

다이어트는 항상 작심삼일로 끝나버린다.

この本の読者は主に主婦です。 이 책의 독자는 주로 주부들입니다.

주인 주

N4　초3

> 사람(イ)이 한군데에 머물러 정착하여(主) 사는 것

- 음 じゅう　住所 주소　住宅 주택　住民 주민　居住 거주
- 훈 す(む) 살다, 거주하다
- 훈 す(まう) 살다, 거주하다

住所の上にふりがなを記入してください。

주소 위에 한자 읽는 법을 기입해주세요.

この町に住んで10年目です。 이 동네에 산 지 10년째입니다.

살 주

N4　초3

> 기둥처럼 물(氵)을 위에서 가만히(主) 세워 따르는 것

- 음 ちゅう　注意 주의　注射 주사　注目 주목　注文 주문
- 훈 つ(ぐ) 붓다, 따르다, 쏟다
- 훈 そそ(ぐ) 붓다, 따르다, 정신을 쏟다, 집중하다

ご注文はお決まりですか。 주문은 정하셨습니까?

お湯を注いで3分間待ってください。

뜨거운 물을 붓고 3분간 기다리세요.

물 댈 주, 부을 주

N4　초3

> 자라지도 움직이지도 않는 한군데에 가만히(主) 서 있는 나무(木)

- 음 ちゅう　電柱 전주, 전신주, 전봇대
- 훈 はしら 기둥, 중심 인물

電柱にぶつかってケガをしました。 전신주에 부딪쳐서 다쳤습니다.

ホールの中央に柱があります。 홀 중앙에 기둥이 있습니다.

기둥 주

N2　초3

흙, 돌, 바위

흙 토

N5 초1

> ▶흙을 수북이 쌓아 올린 모양

- 음 ど　土器 토기　土曜日 토요일　国土 국토
- 음 と　土地 땅, 토지, 그 지방, 고장
- 훈 つち 흙, 땅
- 예외 お土産 (여행지 등에서 사오는) 선물

今週の土曜日に娘が帰国します。 이번 주 토요일에 딸이 귀국합니다.

かおりさんからお土産をもらいました。

가오리씨로부터 선물을 받았습니다.

토지 신 사, 모일 사

N4 초2

> ▶【정자 社】 토지(土)의 신에게 제사(示) 지내기 위해 많은 사람들이 모임

- 음 しゃ　社員 사원　社会 사회　社長 사장　会社 회사
　　　*神社 신사
- 훈 やしろ 신사(= 神社)

うちの会社は雰囲気が良いです。 우리 회사는 분위기가 좋습니다.

森の中に小さい社があった。 숲 속에 작은 신사가 있었다.

누를 압

N2 초5

> ▶【정자 壓】 흙(土) 등을 잔뜩 채워서(厭) 위에서 꽉 누름
> 　*猒(물릴 염) : 동물의 지방
> 　*厭(싫어할 염) : 기름진 것(猒)을 싫다고 할 정도로 채워서 덮음(厂)

- 음 あつ　圧力 압력　気圧 기압　血圧 혈압　高圧 고압

低気圧の影響で大雨が降っています。

저기압의 영향으로 많은 비가 내리고 있습니다.

医者から血圧が高いと言われました。

의사로부터 혈압이 높다고 들었습니다.

자리 좌

N3 초6

> ▶집(广) 안에 앉는(坐) 자리를 뜻함
> 　*坐(앉을 좌) : 땅(土) 위에 두 사람(人人)이 마주 앉은 모양

- 음 ざ　座席 좌석　座布団 방석　星座 별자리
- 훈 すわ(る) 앉다

窓側の座席に座りたいんですが。 창가 좌석에 앉고 싶은데요.

あなたの星座は何ですか。 당신의 별자리는 뭡니까?

> 흙이 높게 쌓인(坴) 언덕(阝)이 넓게 펼쳐진(八) 대륙

- 음 りく　陸地 육지　上陸 상륙　大陸 대륙　着陸 착륙

陸地は、六つの大陸からなっています。
육지는 여섯 개의 대륙으로 되어 있습니다.

飛行機はまもなく着陸します。 비행기는 머지않아 착륙합니다.

뭍 륙

N2　초4

> 벼랑(厂) 아래에 있는 돌(口)을 뜻함

- 음 せき　石油 석유　化石 화석　宝石 보석
- 음 しゃく　磁石 자석
- 훈 いし 돌

5万年前の化石が発見されました。 5만 년 전의 화석이 발견되었습니다.
石には色んな種類があります。 돌에는 여러 종류가 있습니다.

돌 석

N3　초1

> 산(山)에 있는 돌(石). 바위를 뜻함

- 음 がん　岩石 암석　溶岩 용암
- 훈 いわ 바위

この山には岩石が多いです。 이 산에는 암석이 많습니다.
牛は岩のように動きませんでした。
소는 바위처럼 움직이지 않았습니다.

바위 암

N2　초2

> 대리석으로 만든 王자 모양의 단단한 보석

- 음 ぎょく　玉石 옥석, 질이 좋은 것과 나쁜 것
- 훈 たま 구슬, (면의 둥근) 사리

まずは玉石を見分ける必要がある。 우선은 옥석을 가릴 필요가 있다.
うどんの玉を追加注文しました。 우동 사리를 추가 주문했습니다.

구슬 옥

N2　초1

나눌 반

N1 초6

▶ 옥(王)을 2개로 잘라서(刂) 나누는 것

음 はん　班長 반장　班別 반별

高橋君が班長に選ばれた。 다카하시 군이 반장으로 뽑혔다.

班別にバスに乗って移動します。 반별로 버스를 타고 이동합니다.

보배 보

N2 초6

▶ [정자 寶] 옥(王)과 토기 그릇(缶)과 돈(貝) 등을 집(宀) 안에 소중히 간직해두는 것

음 ほう　宝石 보석　宝物 보물　国宝 국보

훈 たから 보물, 보배

宝石がきらきらしています。 보석이 반짝반짝 빛나고 있습니다.

ほぼ毎週宝くじを買っています。 거의 매주 복권을 사고 있습니다.

찰 한

N3 초3

▶ 양손(廾 → 廾)으로 지붕(宀) 아래에 벽돌(工)을 쌓아서 찬 한기(冫 : 얼음 빙)를 막는 것

음 かん　寒気 한기　寒帯 한대　寒波 한파　悪寒 오한

훈 さむ(い) 춥다

熱はないですが、悪寒がします。

열은 없습니다만 몸이 떨리고 춥습니다.

春といっても朝はまだ寒いです。

봄이라고 해도 아침은 아직 춥습니다.

펼 전, 나아갈 전

N1 초6

▶ 엉덩이(尸)나 누름돌(工)을 얹어서 옷(衣)이나 물건을 평평하게 펴는 것

음 てん　展開 전개　展示会 전시회　展望 전망　発展 발전

来月、自動車の展示会が開かれます。

다음 달에 자동차 전시회가 열립니다.

なぜスイスで時計産業が発展したのかな。

왜 스위스에서 시계 산업이 발전한 걸까?

공기

気

기운 기

N5 | 초1

▶ **[전자 氣]** 쌀(米)로 밥을 지을 때 위로 피어오르는 김(气)을 뜻함

- 음 **き** 気温 기온　気持ち 기분　天気 날씨　人気 인기
- 음 **け** 気配 기척, 낌새　人気 인기척

韓国ドラマは人気が高いです。 한국 드라마는 인기가 높습니다.

誰かがいるような気配がします。

누군가가 있는 듯한 낌새가 있습니다.

汽

(물 끓는) 김 기

N1 | 초2

▶ 물(氵)이 끓을 때 위로 피어오르는 김(气)을 뜻함

- 음 **き** 汽車 기차　汽船 기선

汽車に乗って大阪へ行きます。 기차를 타고 오사카에 갑니다.

汽船とは、蒸気の力を使って動く船のことです。

기선이란 수증기의 힘을 이용하여 움직이는 배입니다.

해

日

해 일, 날 일

N5 | 초1

▶ 태양의 모습을 그린 것으로, 태양이나 일수에 관계가 있음

- 음 **にち** 日曜日 일요일　日記 일기　毎日 매일
- 음 **じつ** 休日 휴일　平日 평일　本日 오늘
- 훈 **ひ** 해, 날
- 훈 **か** 二十日 20일, 스무날

毎日、日記をつけるようにしています。

매일 일기를 쓰도록 하고 있습니다.

日帰りで温泉にでも行こう。 당일치기로 온천에라도 가자.

朝

아침 조

N4 | 초2

▶ 달(月)이 지고 풀(十)과 풀(十) 사이로 해(日)가 올라오는 아침

- 음 **ちょう** 朝刊 조간　朝食 조식, 아침밥　早朝 조조
- 훈 **あさ** 아침

朝食を食べない若者が多いそうです。

아침밥을 먹지 않는 젊은이가 많다고 합니다.

毎朝、新聞に目を通しています。 매일 아침 신문을 훑어보고 있습니다.

潮

조수 조

N1 초6

▶ 아침(朝)에 태양이 뜸에 따라서 바닷물(氵)이 차오르는 것

- 음 ちょう　風潮 풍조, 시대의 추세　満潮 만조
- 훈 しお 바닷물, 조수

それは時代の風潮に合わないです。
그것은 시대의 풍조에 맞지 않습니다.

今は潮が引く時間帯です。 지금은 조수가 빠지는 시간대입니다.

場

마당 장

N4 초2

▶ 햇볕이 잘 드는(昜) 넓은 땅(土)으로 마당을 뜻함

*昜 : 해가 높고 길게 떠서 지면을 비추고 있는 모습

- 음 じょう　運動場 운동장　工場 공장　入場 입장
- 훈 ば　場所 장소　場合 경우

上映10分前から入場できます。 상영 10분 전부터 입장 가능합니다.

飲み会の場所はどこですか。 술자리 장소는 어디입니까?

陽

볕 양

N3 초3

▶ 햇볕이 잘 드는(昜) 언덕(阝) 등의 양지를 뜻함

- 음 よう　陽地 양지　太陽 태양
- 훈 ひ 해, 태양　夕陽 석양

太陽がまぶしい季節ですね。 태양이 눈부신 계절이네요.

この時期の夕陽は美しいですね。 이 시기의 석양은 아름답네요.

湯

끓일 탕

N2 초3

▶ 끓인 물(氵) 위로 김이 오르는(昜) 것

- 음 とう　銭湯 대중 목욕탕　熱湯 열탕
- 훈 ゆ 뜨거운 물

週末はたまに銭湯に行っています。
주말에는 간혹 목욕탕에 가고 있습니다.

お湯が沸いたら火を止めてください。 물이 끓으면 불을 꺼주세요.

창자 장

N1 초6

> 긴(昜) 창자(月)를 뜻함

음 ちょう　腸炎 장염　胃腸 위장　大腸 대장　盲腸 맹장

胃の調子が悪くて胃腸薬を飲んだ。
위의 상태가 안 좋아서 위장약을 먹었다.

盲腸手術を受けました。 맹장 수술을 받았습니다.

傷

상처 상, 상할 상

N1 초6

> 사람(宀)이 햇볕(昜)에 화상을 입듯이, 사람(イ)이 상처를 입는(昜) 것

음 しょう　軽傷 경상　重傷 중상　負傷 부상

훈 きず 상처

훈 いた(む) (물건이) 망가지다, (음식이) 상하다

훈 いた(める) (물건을) 망가뜨리다, (음식을) 상하게 하다

軽傷で済んで良かったですね。 경상으로 끝나서 다행이네요.

スマホのフィルムが傷だらけになった。
스마트폰 필름이 상처투성이가 되었다.

저물 모

N2 초6

> 해(日)가 저무는(莫) 것

*莫(없을 막) : 초원 너머로 해(日)가 져서 풀(艹)과 풀(艹 → 大)에 가려져 보이지 않는 모습. '가려져 보이지 않는다', '없다'라는 의미를 포함.

음 ぼ　(お)歳暮 연말, 연말 선물

훈 く(れる) (날·한 해가) 지다, 저물다

훈 く(らす) 살다, 생활하다, 지내다

お歳暮は11月から12月に贈ります。
연말 선물은 11월에서 12월에 보냅니다.

日が暮れて寒くなりました。 해가 져서 추워졌습니다.

무덤 묘

N1 초5

> 죽은 사람이 보이지 않도록(莫) 흙(土)을 수북하게 쌓아서 만든 무덤

음 ぼ　墓地 묘지　墓前 무덤 앞

훈 はか 무덤, 묘

祖父の墓前で手を合わせました。
할아버지 묘 앞에서 두 손 모아 빌었습니다.

今週末はお墓参りに行きます。 이번 주말에는 성묘하러 갑니다.

장막 막

N1 초6

▶물건이 보이지 않도록(莫) 덮어서 가리는 천(巾)

- 음 まく　開幕 개막　閉幕 폐막　天幕 천막
- 음 ばく　幕府 막부

オリンピックが開幕しました。올림픽이 개막되었습니다.

運動会のため天幕を張りました。운동회를 위해서 천막을 쳤습니다.

본뜰 모

N1 초6

▶나무(木)틀이 보이지 않도록(莫) 겉에 점토를 입혀서 토기를 본떠냄

- 음 も　模型 모형　模写 모사　模様 모양
- 음 ぼ　規模 규모

雨が降りそうな空模様ですね。비가 내릴 듯한 날씨네요.

港には大規模な工場が並んでいます。

항구에는 대규모 공장이 늘어서 있습니다.

노래 창, 부를 창

N1 초4

▶밝고(昌) 우렁찬 목소리(口)로 노래 부르는 것

＊昌(창성할 창) : 해(日)처럼 밝게(명백하게) 말함(曰). 밝다라는 의미로도 사용됨

- 음 しょう　歌唱 가창　合唱 합창　独唱 독창
- 훈 とな(える)　큰소리로 외치다, 주창하다, 주장하다

あの歌手は歌唱力がありますね。저 가수는 가창력이 있네요.

科学者たちは新学説を唱えました。

과학자들은 신학설을 주장했습니다.

별 성

N2 초2

▶원자는 晶(밝을 정: 밝게 빛나는 3개의 별)과 生(깨끗한 풀의 싹)을 합친
자로, 깨끗하고(生) 밝게 빛나는(晶) 별을 뜻함

- 음 せい　星座 별자리　火星 화성　土星 토성　木星 목성
- 훈 ほし　별

火星に生命は存在するのかな。화성에 생명은 존재하는 걸까?

夜空に星がキラキラと輝いている。

밤하늘에 별이 반짝반짝 빛나고 있다.

夕

저녁 석

▶ 초승달을 그린 모양

- 🔵음 せき　朝夕 조석, 아침저녁
- 🔵음 ゆう　夕方 해 질 녘, 저녁때　夕食 저녁 식사
- 예외 七夕 칠석, 칠석제

夕食はさっぱりした和食にしましょう。
저녁 식사는 담백한 일식으로 합시다.

七月七日は七夕です。 7월 7일은 칠석입니다.

名

이름 명

▶ 어둑한(夕) 곳에서 이름을 말해(口) 자신이 거기에 있다는 것을 알림

- 🔵음 めい　名刺 명함　名所 명소　有名 유명
- 🔵음 みょう　名字(= 苗字) 성　本名 본명
- 🟢훈 な 이름, 명칭, 호칭

おしゃれなデザインの名刺ですね。 멋진 디자인의 명함이네요.

お名前は何と読むんですか。 이름은 뭐라고 읽습니까?

月

달 월, 육달 월

▶ 초승달의 모양을 그린 것

- 🔵음 がつ　四月 4월　九月 9월　正月 정월, 설
- 🔵음 げつ　月末 월말　月曜日 월요일　今月 이번달
- 🟢훈 つき 달, (달력상의) 달, 한 달

お正月には初日の出を見に行きます。 설날에는 첫 일출을 보러 갑니다.

今夜は月がきれいですね。 오늘 밤은 달이 예쁘네요.

明

밝을 명

▶ 해(日)와 달(月)이 밝게 비침줌

- 🔵음 めい　明暗 명암　明白 명백　説明 설명　発明 발명
- 🔵음 みょう　明日 내일
- 🟢훈 あか(り) (인공적인) 빛, 등불　🟢훈 あか(るい) 밝다, 환하다
- 🟢훈 あか(るむ) 밝아지다, 동트다　🟢훈 あか(らむ) 밝아지다, 동트다
- 🟢훈 あき(らか) 분명함, 명백함　🟢훈 あ(ける) (날·새해가) 밝다
- 🟢훈 あ(かす) 밝히다, 털어놓다　🟢훈 あ(くる) (날·달·해) 다음의
- 예외 明日 내일

李先生の説明は面白くて分かりやすいです。
이 선생님의 설명은 재미있고 알기 쉽습니다.

彼女は性格が明るいです。 그녀는 성격이 밝습니다.

맹세할 맹

N1 초6

▶여럿이 접시(皿)에 피를 담아 마시며 분명히(明) 맹세하는 것

- 음 めい　加盟 가맹　同盟 동맹　連盟 연맹

日本は重要な同盟国です。 일본은 중요한 동맹국입니다.

日本は国際野球連盟に加入しています。

일본은 국제야구연맹에 가입되어 있습니다.

바랄 망, 바라볼 망

N3 초4

▶똑바로 서서(壬 : 곧을 정 → 王) 아직 안 보이는(亡) 달(月)이 떠오르기를 바라는 것

- 음 ぼう　希望 희망　志望 지망　失望 실망
- 음 もう　所望 소망
- 훈 のぞ(む) 바라다, 원하다

希望を失わないでください。 희망을 잃지 말아주세요.

私達はみんな平和を望んでいます。

우리들은 모두 평화를 바라고 있습니다.

비, 번개

비 우

N5 초1

▶하늘에서 내리는 빗방울을 본떠 만든 글자

- 음 う　雨天 우천　雨量 우량
- 훈 あめ 비
- 훈 あま　雨足 빗발　雨水 빗물　雨雲 비구름
- 예외 梅雨 장마

雨天の場合は運動会を延期します。

우천시에는 운동회를 연기하겠습니다.

6月になると梅雨に入ります。 6월이 되면 장마철에 접어듭니다.

구름 운

N2 초2

▶비(雨)를 내리게 하는 자욱한(云 : 수증기가 자욱이 들어찬 모습) 구름

- 음 うん　雲海 운해　雲集 운집, 사람이 많이 모임
- 훈 くも 구름

会場にファンが雲集しています。 회장에 팬이 운집해 있습니다.

雨雲が東から西へ流れています。

비구름이 동에서 서로 흐르고 있습니다.

납 신, 펼 신

N3 초3

▶ 쫙 펴지는 번개의 모양. 또는 양손(ㅌㅋ)으로 곧게 펴는(│) 모양

- 음 しん　申告 신고　申請 신청
- 훈 もう(す)　言う(말하다)의 공손한 말씨

インターネットによる申請はできません。
인터넷에 의한 신청은 불가능합니다.

はじめまして、木村と申します。 처음 뵙겠습니다. 기무라라고 합니다.

귀신 신

N3 초3

▶ [전자 神] 번개(申)와 같은 천재지변을 두려워해서 신에게 제사(示) 지냄

- 음 しん　神経 신경　神話 신화　精神 정신
- 음 じん　神社 신사
- 훈 かみ 신
- 훈 かん　神主 신사(神社)의 우두머리

毎年お正月には神社に行っています。
매년 설날에는 신사에 가고 있습니다.

あなたは神の存在を信じていますか。 당신은 신의 존재를 믿습니까?

번개 전

N5 초2

▶ 비(雨)가 내릴 때 일어나는 번개(申) 또는 하늘에서 내려오는(雨) 번개(申)

- 음 でん　電気 전기　電車 전차　電話 전화　充電 충전

電車はすごく混んでいました。 전철은 무척 혼잡했습니다.

スマホの充電ができないです。 스마트폰 충전이 안 됩니다.

길

갈 행

N5 초2

▶ 사거리 모습을 그린 상형문자

- 음 こう　行動 행동　銀行 은행　流行 유행　旅行 여행
- 음 ぎょう　行事 행사　行列 행렬
- 훈 い(く) 가다
- 훈 ゆ(く) 가다
- 훈 おこな(う) 하다, 행하다

インフルエンザが流行しています。 인플루엔자가 유행하고 있습니다.

この電車は東京行きです。 이 전철은 도쿄행입니다.

그림 도, 지도 도

▶[정자 圖] 종이(口)에 집과 길(啚)을 그린 지도의 모습

- 음 ず　図形 도형　合図 신호, 사인　地図 지도, 약도
- 음 と　意図 의도　図書館 도서관
- 훈 はか(る) 꾀하다, 도모하다

図書館での飲食は禁止です。 도서관에서의 음식은 금지입니다.

学力向上を図るためのプログラムです。

학력향상을 꾀하기 위한 프로그램입니다.

거리 가, 큰길 가, 네거리 가

▶사람들이 다니도록(行) 길고 평평하게 닦아놓은(圭) 거리

- 음 がい　街頭 가두　街灯 가로등　商店街 상점가
- 음 かい　街道 가도, 간선 도로
- 훈 まち (번화한) 거리

その田舎には街灯もなかったです。 그 시골에는 가로등도 없었습니다.

街のネオンが美しいですね。 거리의 네온이 아름답네요.

항구 항

▶[정자 港] 배가 드나드는 물(氵)의 길(巷)이 있는 항구

＊巷(거리항) : 사람(巳 : 사람이 무릎꿇은 모습)이 다니는 마을의 공공(共) 통로.

- 음 こう　～港 ~항　開港 개항　空港 공항
- 훈 みなと 항구

バカンスシーズンなので、空港は混んでいます。

바캉스 시즌이라서 공항은 혼잡합니다.

船が港を出ました。 배가 항구를 나갔습니다.

밭 전

▶네모나게 구획된 밭이나 논을 그린 모양

- 음 でん　田園 전원　塩田 염전
- 훈 た 논 (= 田んぼ)　田植え 모내기　田畑 논밭
- 예외 田舎 시골

田園生活を楽しみたいですね。 전원생활을 즐기고 싶네요.

今、田舎は田植えシーズンです。 지금 시골은 모내기철입니다.

➤ 잡초와 농작물의 줄기를 불(火)로 태워서 비료로 하는 밭(田)

- 훈 はたけ 밭, (전문) 분야, 영역　畑仕事 밭일
- 훈 はた (예스러운 말) 밭　田畑 논밭

畑を耕して種をまきました。 밭을 갈고 씨를 뿌렸습니다.

昔、この辺りは田畑だったそうです。

옛날에 이 주변은 논밭이었다고 합니다.

화전 전

N3　초3

➤ 밭일(田)이나 사냥에 힘(力)을 쓰는 남자

- 음 だん　男子 남자　男女 남녀　男性 남성
- 음 なん　長男 장남　美男 미남
- 훈 おとこ 남자, 남성, 사나이

料理をする男性が増えてきました。 요리를 하는 남성이 늘었습니다.

つよし君は男の中の男です。 쓰요시 군은 남자 중에 남자입니다.

사내 남

N5　초1

➤ 땅(土) 위에 밭(田)을 일궈 놓은 시골 마을

- 음 り　郷里 향리, 고향
- 훈 さと 마을, 시골, 고향　里帰り 귀성, 친정 나들이

私は3年前に郷里を出ました。 저는 3년 전에 고향을 나왔습니다.

5年ぶりに里帰りしました。 5년 만에 친정에 갔습니다.

마을 리

N1　초2

➤ 밭에 이랑(줄)(里)이 있듯이 옥(玉 → 王)에 있는 결(里) 또는 왕(王)이
마을(里)을 다스리는 것을 나타냄

- 음 り　理解 이해　理由 이유　管理 관리　料理 요리

管理人さんに聞いてみましょう。 관리인에게 물어봅시다.

母の手料理が食べたい。 어머니의 수제 요리가 먹고 싶다.

다스릴 리

N4　초2

밭두둑 정

N4 초1

▶ 원래 T 모양(丁)의 논, 밭(田)두렁 길이라는 뜻으로 더 나아가 동네, 동네 길을 뜻함

音 ちょう 지방 자치 단체의 하나로, 읍에 해당함　市町村 시읍면

訓 まち 동네

町長に中村氏が当選しました。
읍장으로 나카무라 씨가 당선되었습니다.

私は隣の町に住んでいます。 저는 옆 동네에 살고 있습니다.

두루 주, 골고루 주

N2 초4

▶ 用은 밭 안 가득히 벼가 심어져 있는 모습. 영역(口) 안에 빠짐없이 골고루 (用) 미치게 함

音 しゅう　周囲 주위　周年 주년　一周 일주

訓 まわ(り) 주위, 주변

クルーズに乗って世界一周をしたいですね。
크루즈를 타고 세계일주를 하고 싶네요.

周りの人たちに反対されました。 주위 사람들의 반대를 받았습니다.

돌 주, 주일 주

N4 초2

▶ 영역을 빙 두르듯이(周) 빙 돌아가는(辶 : 갈 착) 것

音 しゅう　週末 주말　今週 이번 주
　一週間 일주일, 1주일간　毎週 매주

週末、空いていますか。 주말에 시간 되세요?

彼は毎週釣りに行くそうです。 그는 매주 낚시하러 간다고 합니다.

고를 조

N3 초3

▶ 말(言)과 행동을 전체에 고루(周) 미치게 함

音 ちょう　調査 조사　調子 상태, 컨디션
　調節 조절　強調 강조

訓 しら(べる) 조사하다

訓 ととの(う) 갖추어지다, 성사되다

訓 ととの(える) 갖추다, 성사시키다

体の調子が良くないです。 몸 상태가 좋지 않습니다.

知らない単語は辞書で調べてください。
모르는 단어는 사전으로 찾으세요.

미리 예

N3 초3

▶ [정자 豫] 코끼리처럼 느긋함(象)과 여유(予)를 갖는 것

🔵음 よ　予約 예약　予報 예보　予習 예습　予定 예정
🔴훈 あらかじ(め) 미리, 사전에

今日の天気予報は当たらなかった。오늘의 일기예보는 맞지 않았다.
予め書類を準備しておきましょう。미리 서류를 준비해둡시다.

미리 예

N2 초6

▶ 충분한 여유(予)를 가지고 미리 생각하여(頁 : 머리 혈) 행동함

🔵음 よ　預金 예금
🔴훈 あず(ける) 맡기다, 보관시키다
🔴훈 あず(かる) 맡다, 보관하다

毎月、10万円ずつ預金しています。매달 10만 엔씩 예금하고 있습니다.
ちょっと駅のロッカーに荷物を預けよう。
잠시 역 로커에 짐을 맡기자.

들 야

N4 초2

▶ 여유있게 펼쳐진(予) 넓은 논밭(里)

🔵음 や　野球 야구　野菜 야채　分野 분야
🔴훈 の 들, 들판　野花 야생화　野良猫 길고양이

日本では野球の人気が高いです。일본에서는 야구의 인기가 높습니다.
最近、野良猫が増えています。최근에 길고양이가 늘고 있습니다.

차례 서

N1 초5

▶ 안채를 중심으로 차례차례 양쪽으로 뻗어 나온(予) 건물(广)

🔵음 じょ　序列 서열　序論 서론　順序 순서

レポートは序論·本論·結論で書くこと。
리포트는 서론·본론·결론으로 쓸 것.
順序を守ってください。순서를 지켜주세요.

173

하천, 계곡

내 천
N5　초1

▶ 강물이나 냇물이 흐르는 모습

음 せん　　河川 하천
훈 かわ　　강, 내, 하천

大雨で河川があふれました。 많은 비로 하천이 넘쳤습니다.

川には色んな生物がすんでいます。

강에는 여러 생물이 살고 있습니다.

가르칠 훈
N2　초4

▶ 물 흐르듯이(川) 조리 있게 말하여(言) 가르치는 것

음 くん　　訓練 훈련　　訓読み 훈독　　家訓 가훈　　教訓 교훈

漢字には音読みと訓読みがあります。

한자에는 음독과 훈독이 있습니다.

昔話には教訓的な話が多いです。

옛날이야기에는 교훈적인 이야기가 많습니다.

고을 주
N2　초3

▶ 강(川)이 흘러가는 사이에 모래가 쌓여서 만들어진 섬(ㆍ)

음 しゅう　　州立 주립　　九州 규슈　　ネバダ州 네바다 주
훈 す　모래섬

九州地方は自然が美しいです。 규슈 지방은 자연이 아름답습니다.
三角州は川の下流にできます。 삼각주는 강의 하류에 생깁니다.

재앙 재
N1　초5

▶ 물(川 → 巛)이나 불(火)에 의한 재앙

음 さい　　災害 재해　　災難 재난　　火災 화재　　震災 진재
훈 わざわ(い) 재앙, 재난, 화

地震にともなって火災が発生しました。

지진에 따라서 화재가 발생했습니다.

「口は災いのもと」です。 '입은 화의 근원'입니다.

따를 연, 물 따라 내려갈 연

N1 초6

▶ 물(氵)이 낮게 파인 곳을 따라서 흐르는(㕣) 것

* 㕣(산속 늪 연) : 패인 구멍(口)을 따라서 물이 흐르는(八) 모습

- 음 えん　沿岸 연안　沿線 연선, 선로에 따라서 있는 땅
- 훈 そ(う) 따르다

家が鉄道沿線にあってうるさいです。

집이 철도 선로 변에 있어서 시끄럽습니다.

川に沿って歩きながらデートした。 강을 따라 걸으면서 데이트했다.

船

배 선

N3 초2

▶ 물의 흐름(㕣)을 따라서 나아가는 배(舟)를 뜻함

- 음 せん　船員 선원　船長 선장　漁船 어선
- 훈 ふね 배
- 음 ふな 배의　船旅 뱃길 여행　船便 배편

遠くにイカ釣り漁船が見えます。 멀리 오징어잡이 어선이 보입니다.

船に乗って海の景色を楽しみたいです。

배를 타고 바다의 경치를 즐기고 싶습니다.

골 곡

N2 초2

▶ 파인 구멍(口)에서 물줄기가 2개로 나뉘어져 흘러나오는 계곡의 정면의 모습

- 음 こく　渓谷 계곡
- 훈 たに 골짜기　谷川 계류(골짜기를 흐르는 시냇물)　谷間 골짜기

小川が渓谷を流れています。 실개천이 계곡을 흐르고 있습니다.

谷間にブドウ畑が広がっています。

골짜기에 포도밭이 펼쳐져 있습니다.

容

얼굴 용, 용서할 용

N3 초5

▶ 물건을 담고 있는 집(宀)과 물이 담겨 있는 계곡(谷)이 합쳐져, 담다라는 의미. 더 나아가 온갖 표정이 담긴 얼굴을 나타냄

- 음 よう　容易 용이　容器 용기　内容 내용　美容 미용

その問題は容易ではないです。 그 문제는 용이하지 않습니다.

納豆には美容効果もあるそうです。

낫또에는 미용효과도 있다고 합니다.

목욕할 욕

N2 초4

▶깊은 웅덩이나 욕조(谷) 속에 몸을 담그고 물(氵)을 뒤집어쓰는 것

- 음 よく　浴室 욕실　海水浴 해수욕　入浴 입욕
- 훈 あ(びる) 끼얹다, 들쓰다
- 훈 あ(びせる) 끼얹다, 들씌우다

いよいよ海水浴シーズンですね。 드디어 해수욕 시즌이군요.
毎朝、シャワーを浴びています。 매일 아침 샤워를 하고 있습니다.

바랄 욕, 하고자 할 욕

N2 초6

▶마음속에 구멍(谷)이 난 것처럼 공허하거나 결여되어(欠) 있기 때문에 그것을 채우고 싶어 하는 기분

- 음 よく　欲望 욕망　欲求 욕구　意欲 의욕　食欲 식욕
- 훈 ほ(しい) 갖고 싶다, 원하다, 바라다
- 훈 ほっ(する) 갖고 싶다, 원하다, 바라다

この頃、あまり食欲がないです。 요즈음 별로 식욕이 없습니다.
車が欲しいけど、お金がない。 차를 갖고 싶지만, 돈이 없다.

재주 재, 바탕 재

N3 초2

▶강물의 흐름을 끊어 막는 보를 나타냄

- 음 さい　才能 재능　英才 영재　天才 천재

彼には音楽の才能があります。 그에게는 음악의 재능이 있습니다.
メッシは「サッカー天才」と呼ばれています。
메시는 '축구천재'로 불리고 있습니다.

재목 재

N3 초4

▶끊어(잘라) 놓은(才) 나무(木)

- 음 ざい　材料 재료　取材 취재　人材 인재　木材 목재

この店は新鮮な材料を使っています。
이 가게는 신선한 재료를 사용하고 있습니다.
発想力のある人材を待っています。
발상력이 있는 인재를 기다리고 있습니다.

재물 재

▶딱 쓰기 좋게 자른(才) 재목이나 천 따위의 재산(貝)

- 음 ざい　財産 재산　財政 재정　文化財 문화재
- 음 さい　財布 지갑

彼は全財産を失ってしまったそうです。

그는 전 재산을 잃었다고 합니다.

どこかに財布を落としてしまった。어딘가에서 지갑을 분실했다.

있을 재

▶흙(土)으로 둑을 쌓아서 물의 흐름을 끊어 막아(才) 거기에 멈춰 있게 함

- 음 ざい　在学 재학　現在 현재　存在 존재
- 훈 あ(る) (존재·소재) 있다, 존재하다

神様って本当に存在するのかな。신은 정말로 존재하는 걸까.

本社は東京に在ります。본사는 도쿄에 있습니다.

있을 존, 살필 존

▶남겨진 고아(子)를 한 곳에 가만히 안정시키며(才) 보살펴줌

- 음 そん　存在 존재　存続 존속
- 음 ぞん　生存 생존　保存 보존　存じる (知る의 겸사말) 알다

まだ生存者がいる可能性があります。

아직 생존자가 있을 가능성이 있습니다.

必ず冷蔵庫に保存してください。반드시 냉장고에 보존하세요.

나무

나무 목

▶나무의 모습을 그린 상형문자

- 음 もく　材木 재목　木星 목성　木造 목조
- 음 ぼく　巨木 거목　土木 토목
- 훈 き 나무
- 훈 こ 나무　木の葉 나뭇잎

日本には木造の建物が多いです。일본에는 목조 건물이 많습니다.

ここは桜の木が多いですね。여기는 벚꽃나무가 많네요.

수풀 림

N4 초1

▶나무(木)들이 많이 모여 수풀(林)을 이룸

음 りん　林業 임업　山林 산림　森林 삼림, 숲
훈 はやし 숲

山林を火災から守りましょう。 산림을 화재로부터 지킵시다.

林の中の小道を歩きました。 숲 속의 오솔길을 걸었습니다.

나무 빽빽할 삼

N4 초1

▶木을 세 개 합한 자로, 많은 나무들이 빽빽하게 들어찬 것

음 しん　森林 삼림, 숲
훈 もり 숲

森林の中に小さな家がありました。 삼림 속에 작은 집이 있었습니다.

この森には色んな動物がすんでいます。

이 숲에는 여러 동물이 살고 있습니다.

쉴 휴

N5 초1

▶사람(イ)이 나무(木) 아래 그늘에서 쉬는 모습

음 きゅう　休暇 휴가　休講 휴강
　　　　　休日 휴일　定休日 정기휴일
훈 やす(む) 쉬다
훈 やす(まる) 편안해지다
훈 やす(める) 쉬게 하다

休日は登山に行きます。 휴일에는 등산 갑니다.

皆さん、ちょっと休みましょう。 여러분 조금 쉽시다.

괴로울 곤, 곤할 곤

N2 초6

▶나무(木)가 갇혀서(口) 자라지 못하고 있는 괴로운 상태를 나타냄

음 こん　困難 곤란　貧困 빈곤
훈 こま(る) 곤란하다, 난처하다

この事業は困難が多いです。 이 사업은 어려움이 많습니다.

カギを失くして困っています。 열쇠를 분실해서 난처합니다.

未 아닐 미, 아직 미

N3 초4

> ▶나무(木)에 아직 자라지 않은 작은 가지(-)가 돋아난 모양

- 음 み　未〜 미〜　未婚 미혼　未満 미만　未来 미래
- 훈 ま(だ) 아직

君たちの未来は明るいです。 자네들의 미래는 밝습니다.

未だチャンスはあります。 아직 찬스는 있습니다.

味 맛 미

N4 초3

> ▶입(口)으로 미세하게(未) 맛보는 것

- 음 み　味覚 미각　意味 의미　気味 기미, 경향　趣味 취미
- 훈 あじ 맛
- 훈 あじ(わう) 맛보다, 체험하다

今日は風邪気味で学校を休んだ。

오늘은 감기 기운으로 학교를 쉬었다.

そのパンは甘い味がします。 그 빵은 단맛이 납니다.

妹 누이동생 매

N4 초2

> ▶자매(女) 중에서, 아직 자라지 않아 작은(未) 동생을 뜻함

- 음 まい　姉妹 자매
- 훈 いもうと 여동생

私達は姉妹です。 저희는 자매입니다.

妹とは三つ違いです。 여동생과는 3살 차이입니다.

末 끝 말

N3 초4

> ▶나무(木)의 가지 끝을 표시(一)로 강조한 것

- 음 まつ　末期 말기　月末 월말　週末 주말
- 음 ばつ　末子(=末っ子) 막내
- 훈 すえ 끝

週末は野球をしています。 주말에는 야구를 하고 있습니다.

悩んだ末に、会社を辞めることにしました。

고민한 끝에 회사를 그만두기로 했습니다.

本

뿌리 본, 근본 본, 책 본

N5 초1

▶나무(木)의 뿌리 부분을 표시한(一) 자로 사물의 근본이란 뜻으로 씀

㉢ ほん　本 책, (가늘고 긴 것) 세는 말, 병, 자루, 송이
本当 사실, 정말　本物 진짜　本屋 서점
基本 기본　日本 일본

㉨ もと 근본, 근원

最近の若者達は本を読まないね。 요즈음 젊은이들은 책을 읽지 않네.
本を正さないといけないです。 근본을 바로잡아야 합니다.

机

책상 궤

N2 초6

▶나무(木)로 만든 책상(几)

㉢ き　机上の空論 탁상공론
㉨ つくえ 책상　*勉強机 공부 책상

計画は机上の空論に終わってしまった。

계획은 탁상공론으로 끝나버렸다.

カギは机の上にあります。 열쇠는 책상 위에 있습니다.

処

곳 처, 살 처

N2 초6

▶[정자 處] 발(夂)을 멈추고 책상(几)같은 곳에 앉아 쉼

㉢ しょ　処分 처분　処理 처리　出処 출처

彼女は事務処理が速いです。 그녀는 사무처리가 빠릅니다.
この写真の出処はどこですか。 이 사진의 출처는 어디입니까?

枚

줄기 매, 낱(장) 매

N2 초6

▶나무(木) 막대기 따위를 한 개, 두 개 세는(夂 : 동작) 것

㉢ まい　枚 (얇고 평평한 것) 세는 단위, 장　枚数 매수, 장수

A4一枚に内容をまとめなさい。 A4 한 장에 내용을 정리하시오.
お皿を一枚ください。 접시 한 개 주세요.

> ▶나무(木)의 줄기를 자르고(朱) 남은 밑부분으로 그루터기를 뜻함
>
> *朱(붉을 주) : 나무(木)의 줄기를 자르고(一) 시간이 지나면 자른 단면이 붉은 색을 띰

훈 かぶ　　株 그루터기, 그루, 주식
　　　　　　株価 주가　　株式 주식　　株主 주주

会社の株を千株買いました。 회사 주식을 천 주 샀습니다.

彼は株式会社を設立しました。 그는 주식회사를 설립했습니다.

그루(터기) 주

N1　**초6**

> ▶[정자 乘] 사람(イ)이 양발(北)로 나무(木) 위에 올라선 모습

음 じょう　乗客 승객　　乗車 승차　　乗馬 승마　　乗用車 승용차

훈 の(る) 타다　**훈** の(せる) 태우다

何よりも大事なのは乗客の安全です。

무엇보다도 중요한 것은 승객의 안전입니다.

クルーズに乗って世界一周してみたい。

크루즈를 타고 세계 일주 해보고 싶다.

탈 승

N3　**초3**

> ▶땔 나무(木)를 모아서 중간을 끈으로 묶어놓은(O → 口) 모습

음 そく　　結束 결속　　約束 약속

훈 たば 다발, 묶음

훈 たば(ねる) 묶다, 묶음으로 하다

約束は必ず守ります。 약속은 반드시 지키겠습니다.

バラの花束をもらいました。 장미 꽃다발을 받았습니다.

묶을 속

N3　**초4**

> ▶묶어서(束) 죄듯이 간격을 좁혀(束) 빠른 속도로 가는(辶) 것

음 そく　　速達 속달　　速度 속도　　速力 속력　　高速 고속

훈 はや(い) (속도) 빠르다

훈 はや(まる) (속도) 빨라지다

훈 はや(める) 속도를 내다, 서두르다

훈 すみ(やか) 빠름, 신속함

速度を出しすぎると危険です。 속도를 너무 내면 위험합니다.

林君は頭の回転が速いね。 하야시 군은 머리 회전이 빠르네.

빠를 속

N3　**초3**

▶[정자練] 명주실(糸)을 잿물에 삶아서 부드럽게 하고 질 좋은 실을 추려내는(柬) 것

*柬(가릴 간) : 다발(束) 속에서 질 좋은 것을 가려내는(八) 것

음 れん　練習 연습　訓練 훈련　洗練 세련

훈 ね(る) 반죽하다, (계획 등을) 짜다

勝つためには、もっと練習が必要です。

이기기 위해서는 연습이 더 필요합니다.

友達と旅行の計画を練った。 친구와 여행계획을 짰다.

익힐 련, 누일 련

N2 초3

▶세 장의 잎이 나무 위에 있는 모습(枼)에 ++를 추가하여, 초목(++)의 잎(枼)을 뜻함

음 よう　紅葉 (= 紅葉) 단풍　落葉 낙엽

훈 は 잎　落ち葉 낙엽　言葉 말

예외 紅葉 (= 紅葉) 단풍

落ち葉を見ていると寂しくなります。

낙엽을 보고 있으면 쓸쓸해집니다.

いよいよ紅葉の季節ですね。 드디어 단풍의 계절이네요.

잎 엽

N3 초3

▶원자는 枥으로 十(십)과 千(천)을 곱하면 万(만)이 되는 데에서 とち로 읽혔음. 원리는 알려지지 않았으나 뜻은 木(나무 목)에 있음

훈 とち　栃木県 도치기 현

日光は栃木県にあります。 닛코는 도치기 현에 있습니다.

栃木県には温泉が多い。 도치기 현에는 온천이 많다.

상수리나무 회

N1 초4

▶쪼갠 통나무의 오른쪽 모양

음 へん　破片 파편

훈 かた 한쪽　片仮名 가타카나　片恋 짝사랑(= 片思い)　片道 편도

床にガラスの破片が落ちています。

바닥에 유리 파편이 떨어져 있습니다.

大阪まで片道いくらですか。 오사카까지 편도 얼마입니까?

조각 편

N2 초6

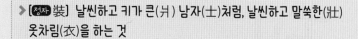

▶[정자]装] 날씬하고 키가 큰(爿) 남자(士)처럼, 날씬하고 말쑥한(壯) 옷차림(衣)을 하는 것

- 음 そう　装置 장치　服装 복장　包装 포장
- 음 しょう　衣装 의상, 복장
- 훈 よそお(う) 치장하다, 차려입다, 체하다

派手な服装はあまり好きじゃないです。
화려한 복장은 별로 좋아하지 않습니다.

彼は平気を装っています。 그는 태연한 체하고 있습니다.

꾸밀 장

N2　초6

▶[정자]狀] 가늘고 긴(爿) 개(犬)의 모양으로 나아가 모든 사물의 모양으로 확대됨

- 음 じょう　状況 상황　状態 상태　現状 현상　賞状 상장

今はどのような状況ですか。 지금은 어떠한 상황입니까?

祖母は今深刻な状態です。 할머니는 지금 심각한 상태입니다.

형상 상, 문서 장

N2　초5

▶[정자]將] 가장 긴(爿) 손가락(寸)이 장지(将指·長指)인 데서, 장(長)으로서 군사를 거느리는 장군

- 음 しょう　将棋 장기　将軍 장군　将来 장래

将来のことを考えると不安です。 장래를 생각하면 불안합니다.

私の趣味は将棋と水泳です。 제 취미는 장기와 수영입니다.

장수 장, 장차 장

N2　초6

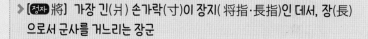

▶적을 찌르거나 막는 Y자 모양의 막대기

- 음 かん　干支 간지, 육십갑자　若干 약간, 다소
- 훈 ほ(す) (자연풍에) 말리다
- 훈 ひ(る) 마르다

あなたの干支は何ですか。 당신의 간지는 무엇입니까?

洗濯物は外で干した方が良い。 빨래는 밖에서 말리는 편이 좋다.

방패 간

N2　초6

책 펴낼 간, 새길 간

N2 초5

> 칼(刂)과 같은 날붙이로 나무(干)에 글씨를 새겨서 책을 펴냄

음 かん　<ruby>刊行<rt>かんこう</rt></ruby> 간행　<ruby>新刊<rt>しんかん</rt></ruby> 신간　<ruby>週刊<rt>しゅうかん</rt></ruby> 주간　<ruby>月刊<rt>げっかん</rt></ruby> 월간

この<ruby>本<rt>ほん</rt></ruby>は<ruby>先月刊行<rt>せんげつかんこう</rt></ruby>されました。이 책은 지난 달에 간행되었습니다.

いよいよ<ruby>新刊<rt>しんかん</rt></ruby>が<ruby>出<rt>で</rt></ruby>ました。드디어 신간이 나왔습니다.

줄기 간

N1 초5

> 倝(해 돋을 간)은 해와 깃발을 합친 자로 깃발처럼 해가 높게 뜨는 것. 즉 나무(Y)가 햇빛(倝)을 받고 자라 줄기가 튼튼함

음 かん　<ruby>幹部<rt>かんぶ</rt></ruby> 간부　<ruby>新幹線<rt>しんかんせん</rt></ruby> 신칸센
훈 みき　(나무의) 줄기

<ruby>今度<rt>こんど</rt></ruby>の<ruby>出張<rt>しゅっちょう</rt></ruby>は、<ruby>新幹線<rt>しんかんせん</rt></ruby>で<ruby>行<rt>い</rt></ruby>きます。이번 출장은 신칸센으로 갑니다.

この<ruby>木<rt>き</rt></ruby>の<ruby>幹<rt>みき</rt></ruby>は<ruby>本当<rt>ほんとう</rt></ruby>に<ruby>太<rt>ふと</rt></ruby>いですね。이 나무의 줄기는 정말로 굵네요.

研

갈 연, 연구할 연

N4 초3

> [정자 硏] 돌(石)과 두 물건의 표면을 갈아서 높이를 맞춤(幵)

음 けん　<ruby>研究<rt>けんきゅう</rt></ruby> 연구　<ruby>研修<rt>けんしゅう</rt></ruby> 연수
훈 と(ぐ)　(칼 따위를) 갈다. (곡식을) 씻다

<ruby>先生<rt>せんせい</rt></ruby>は<ruby>研究室<rt>けんきゅうしつ</rt></ruby>にいらっしゃいます。선생님은 연구실에 계십니다.

まずお<ruby>米<rt>こめ</rt></ruby>をよく<ruby>研<rt>と</rt></ruby>いでください。우선 쌀을 잘 씻어주세요.

나눌 구, 구역 구

N3 초3

> [정자 區] 굽은 나무상자(匸) 안을 작게 나누는(品) 것

음 く　<ruby>区域<rt>くいき</rt></ruby> 구역　<ruby>区分<rt>くぶん</rt></ruby> 구분　<ruby>区別<rt>くべつ</rt></ruby> 구별　<ruby>区役所<rt>くやくしょ</rt></ruby> 구청

この<ruby>区域内<rt>くいきない</rt></ruby>では<ruby>禁煙<rt>きんえん</rt></ruby>です。이 구역 내에서는 금연입니다.

<ruby>公私<rt>こうし</rt></ruby>を<ruby>区別<rt>くべつ</rt></ruby>しましょう。공과 사를 구별합시다.

성 씨, 뿌리 씨

N1 초4

> ▶ 나무뿌리가 땅으로 약간 나온 모양

음 し　氏族 씨족　氏名 씨명　彼氏 그, 남자 친구

훈 うじ 씨, 씨족　氏神 씨족 신, 그 고장의 수호신

ここにご氏名をご記入ください。 여기에 성과 이름을 기입해주세요.

氏神に豊作を祈りました。 수호신에게 풍작을 빌었습니다.

종이 지

N4 초2

> ▶ 실(糸) 같은 섬유질이 뿌리(氏) 모양으로 줄을 이룬 종이

음 し　紙面 지면　白紙 백지　表紙 표지　用紙 용지

훈 かみ 종이, (가위·바위·보)보　*手紙 편지

表紙に必ず名前を書いてください。 표지에 반드시 이름을 쓰세요.

私はメールより手紙が好きです。 저는 메일보다 편지를 좋아합니다.

법 식

N3 초3

> ▶ Y자 모양의 나무 도구(弋)를 가지고 일(工)하는 방식이나 도구의 사용법

음 しき　形式 형식　結婚式 결혼식　公式 공식　正式 정식

春になると結婚式が多くなります。 봄이 되면 결혼식이 많아집니다.

次の公式はしっかり覚えてください。 다음 공식은 확실히 외우세요.

시험할 시

N4 초4

> ▶ 사람에게 어떤 일의 방식(式)을 말(言)로 물어보며 시험함

음 し　試合 시합　試験 시험　試食 시식　入試 입시

훈 こころ(みる) 시도하다(try)

훈 ため(す) 시험하다(test)

東京大学の一次試験に合格しました。

도쿄대학 1차 시험에 합격했습니다.

この服、試してみても良いですか。 이 옷 입어봐도 됩니까?

대신할 대, 시대 대

N4　초3

▶나무 푯말(弋)을 세워서 사람(亻)을 대신함

- 음 だい　代表 대표　時代 시대　世代 세대
- 음 たい　交代 교체 ※ 교대(×)
- 훈 か(わる) 대신하다(대리, 대표)
- 훈 か(える) 대신하다(대리, 대표)
- 훈 よ 시대, 세대　훈 しろ 대금

8年ぶりに政権が交代しました。 8년 만에 정권이 교체되었습니다.
父に代わって私が出席します。 아버지를 대신해서 제가 출석합니다.

빌릴 대

N4　초5

▶돈(貝)을 대신(代) 내주어 빌려주는 것을 뜻함

- 음 たい　貸借 대차(빌려줌과 빌려 씀)　賃貸 임대
- 훈 か(す) 빌려주다

この地域は賃貸料が高いです。 이 지역은 임대료가 비쌉니다.
お金を貸してくださいませんか。 돈을 빌려주실 수 없을까요?

초록빛 록, 푸를 록

N2　초3

▶[정자 綠] 나무의 껍질을 벗기는 모습(彔)과 실(糸)이 합쳐진 자로, 벗겨진
(彔) 속 껍질의 섬유질(糸)이 초록빛을 나타냄

- 음 りょく　緑十字 녹십자　緑茶 녹차　新緑 신록
- 음 ろく　緑青 녹청
- 훈 みどり 녹색, 초록

緑茶にはビタミンCが多いです。 녹차에는 비타민C가 많습니다.
五月四日は緑の日です。 5월 4일은 녹색의 날입니다.

기록할 록

N2　초4

▶[정자 錄] 청동(金)의 표면을 깎아서 (彔) 문자를 기록함

- 음 ろく　録音 녹음　録画 녹화　記録 기록　登録 등록

まず会員登録をしてください。 우선 회원 등록을 해주세요.
彼は多くの記録を残しました。 그는 많은 기록을 남겼습니다.

> ▶ 마주 보는 쪽이 같도록 나무(木)를 쌓아올림(冓)
>
> * 冓(짤 구) : 마주 보는 쪽이 같도록 井자형으로 나무를 쌓아올린 모양

- 음 こう　構成 구성　構造 구조
- 훈 かま(える) 차리다, 꾸미다, 자세를 취하다
- 훈 かま(う) 상관하다, 마음 쓰다

この家の構造は少し変わっていますね。
이 집의 구조는 좀 색다르네요.

タバコを吸っても構いませんか。 담배를 피워도 괜찮습니까?

얽을 구

N2　초5

> ▶ 자신과 상대방이 서로 이해하도록 균형을 맞춰(冓) 이야기함(言)

- 음 こう　講義 강의　講座 강좌　講堂 강당　休講 휴강

李先生の講義は面白いです。 이 선생님의 강의는 재미있습니다.
今日の授業は休講です。 오늘 수업은 휴강입니다.

익힐 강, 강론할 강

N2　초5

> ▶ 같은 것(冉)이 하나(一) 더 있는 것

- 음 さい　再会 재회　再婚 재혼　再発 재발
- 음 さ　再来週 다다음 주　再来月 다다음 달　再来年 내후년
- 훈 ふたた(び) 재차, 다시, 거듭

友達と5年ぶりに再会しました。 친구와 5년 만에 재회했습니다.
安全の重要性を再び強調します。 안전의 중요성을 거듭 강조합니다.

두 재, 다시 재

N2　초5

> ▶ [정자 藝] 執은 사람이 웅크리고 앉아서(丸) 흙(土) 위에 나무(木)를 심는
> 모습으로 초목을 심는다 하여 ⁺⁺가 붙었으며 藝는 후에 잘못 쓰인 자

- 음 げい　芸術 예술　芸能 예능　園芸 원예　工芸 공예

これは芸術に近いですね。 이것은 예술에 가깝네요.
あの芸能人はよく売れていますね。 저 연예인은 인기가 있네요.

심을 예, 재주 예

N2　초4

기세 세, 형세 세

N2　초5

▶사람이 나무를 심고 가지를 정리(埶)하듯, 힘(力)으로 진압하여 정리함

- 음 せい　勢力 세력　気勢 기세　姿勢 자세　*大勢 많은 사람, 많이
- 훈 いきお(い) 기세, 기운, 여세

楽な姿勢で話を聞いてください。편안한 자세로 이야기를 들어주세요.

すごい勢いで走っていますね。굉장한 기세로 달리고 있네요.

더울 열, 뜨거울 열

N3　초4

▶불(灬)이 기세 있게(勢→熱) 타올라 덥거나 뜨거움

- 음 ねつ　熱する 가열하다　熱心 열심　熱中 열중　加熱 가열
- 훈 あつ(い) 뜨겁다, 열정적이다

子供たちがゲームに熱中しています。

아이들이 게임에 열중하고 있습니다.

あの人は誰よりも熱い歌手です。

저 사람은 누구보다도 열정적인 가수입니다.

반드시 필

N3　초4

▶휜 막대기를 펴기 위해 양쪽에 나무를 대서 끈으로 빙글빙글 꽉 감은 모습으로, 반드시 펴진다 하여 '반드시'라는 의미를 나타냄

- 음 ひつ　必死 필사　必修 필수　必勝 필승　必要 필요
- 훈 かなら(ず) 반드시, 꼭, 틀림없이
- 훈 かなら(ずしも) 반드시, 꼭 (~인 것은 아니다)

うちの学部では世界史が必修科目です。

우리 학부에서는 세계사가 필수과목입니다.

約束は必ず守ります。약속은 반드시 지킵니다.

숨길 비, 신비로울 비

N1　초6

▶[정자 祕] 신전(示)의 문을 꽉 닫아(必) 밖에서 보이지 않게 함

- 음 ひ　秘書 비서　秘密 비밀　*神秘 신비
- 훈 ひ(める) (추상적인 내용에 수동형으로 사용) 숨기다, 감추다

もちろん秘密は守ってあげます。물론 비밀은 지켜드리겠습니다.

この映画に秘められたエピソードがあります。

이 영화에 숨겨진 에피소드가 있습니다.

▶ 집(宀)의 문을 꽉 닫듯이(必), 나무가 빽빽하게 들어차 꽉 닫힌(宓) 깊은 산(山)

- 음 みつ 　密集 밀집 　密接 밀접 　精密 정밀 　秘密 비밀
- 훈 ひそ(か) 몰래 하는 모양, 은밀함, 남몰래 함

日本の人口は東京に密集しています。

일본의 인구는 도쿄에 밀집해 있습니다.

両国は密接な関係にあります。 양국은 밀접한 관계에 있습니다.

빽빽할 밀, 비밀 밀

N1 　초6

▶ 삼나무 줄기를 늘어놓고(青) 탁탁 두드려서(攵 : 동작) 섬유를 뜯어내는 모습

- 음 さん 　散歩 산책 　解散 해산 　発散 발산 　分散 분산
- 훈 ち(る) (꽃이나 잎이) 지다, 떨어지다
- 훈 ち(らす) 흩뜨리다, 분산시키다
- 훈 ち(らかす) 흩뜨리다, 어지르다
- 훈 ち(らかる) 흩어지다, 널브러지다

天気が良いから、散歩でもしましょう。

날씨가 좋으니까 산책이라도 합시다.

桜はすぐ散ってしまいます。 벚꽃은 금방 져버립니다.

흩을 산

N2 　초4

가시

▶ 가지나 가시가 가지런하지 않게 늘어서(次) 있는 나무(艹)

- 훈 いばら 　茨城県 이바라키 현

つくば大学は茨城県にあります。

쓰쿠바 대학은 이바라키 현에 있습니다.

茨城県は関東地方に位置している。

이바라키 현은 관동지방에 위치해 있다.

가시나무 자

N1 　초4

▶ 대나무(竹)로 만들어 따끔하게(朿 : 가시 자) 때리는 채찍

- 음 さく 　策定 책정 　政策 정책 　対策 대책

重さで価格を策定します。 무게로 가격을 책정합니다.

人手不足への対策が急務です。

일손 부족에 대한 대책이 급선무입니다.

채찍 책, 꾀 책

N1 　초6

꾸짖을 책, 책임 책

N2　초5

▶束(가시 자)와 돈(貝)이 합쳐져, 가시로 찌르듯이 따끔하게(束) 꾸짖으며 쌓인 빚(貝)을 갚으라고 독촉하는 것

🔵 음 せき　責任 책임　重責 중책(무거운 책임)

🔴 훈 せ(める) 꾸짖다, 나무라다

自分の行動には責任を持ちましょう。
자신의 행동에는 책임을 집시다.

ミスをして上司に責められました。
실수해서 상사에게 꾸지람을 들었습니다.

쌓을 적

N2　초4

▶빚이 쌓이듯(責) 농작물(禾)을 쌓는(責) 것

🔵 음 せき　積極 적극　積雪 적설　積分 적분　面積 면적

🔴 훈 つ(む) 쌓다

🔴 훈 つ(もる) 쌓이다

この三角形の面積を求めなさい。 이 삼각형의 면적을 구하시오.

経験を積まないと、成功はできません。
경험을 쌓지 않으면 성공은 할 수 없습니다.

실 낳을 적, 길쌈 적

N2　초5

▶실(糸)을 위로 거듭 쌓아가며(責) 천을 짜는 것

🔵 음 せき　業績 업적　実績 실적　成績 성적

彼は素晴らしい業績をあげました。 그는 훌륭한 업적을 올렸습니다.

なかなか成績が伸びないです。 좀처럼 성적이 늘지 않습니다.

널빤지, 판자

되돌릴 반, 돌이킬 반

N3　초3

▶얇은 판자 따위를 손(又)으로 눌러서 휘는(厂) 모양

🔵 음 はん　反映 반영　反抗 반항　反省 반성　反対 반대

🔴 훈 そ(る) (활 모양으로) 휘다

🔴 훈 そ(らす) (활 모양으로) 휘게 하다

この歌は時代を反映しています。
이 노래는 시대를 반영하고 있습니다.

板が反ってしまいました。 널빤지가 휘어버렸습니다.

板

널빤지 판, 널조각 판

`N2` `초3`

> 휘어지는(反) 얇은 나무(木)판자

🔵음 はん　*鉄板_{てっぱん} 철판

🔵음 ばん　看板_{かんばん} 간판　掲示板_{けいじばん} 게시판　黒板_{こくばん} 칠판

🔵훈 いた 판자, 널빤지

結果_{けっか}は掲示板_{けいじばん}でお知_しらせします。

결과는 게시판으로 알려드리겠습니다.

兄_{あに}はすし屋_やの板前_{いたまえ}です。 형은 초밥집의 조리사입니다.

版

판목 판

`N2` `초5`

> 글자를 새겨서 찍어내는 얇은(反) 나뭇조각(片)의 판자

🔵음 はん　版画_{はんが} 판화　木版_{もくはん} 목판　*出版_{しゅっぱん} 출판

友達_{ともだち}に版画_{はんが}をプレゼントしました。 친구에게 판화를 선물했습니다.

その漫画_{まんが}はシリーズで出版_{しゅっぱん}されています。

그 만화는 시리즈로 출판되고 있습니다.

返

돌이킬 반

`N3` `초3`

> 되돌아(反) 오는(辶) 것

🔵음 へん　返事_{へんじ} 답장　返信_{へんしん} 반신, 답장　返品_{へんぴん} 반품

🔵훈 かえ(る) (원위치로) 돌아가다, 돌아오다

🔵훈 かえ(す) (원위치로) 되돌리다, 돌려주다, 갚다

返事_{へんじ}を忘_{わす}れていました。 답장을 잊고 있었습니다.

来月_{らいげつ}には必_{かなら}ず返_{かえ}します。 다음 달에는 꼭 갚겠습니다.

坂

비탈 판

`N3` `초3`

> 경사진(反) 땅(土)으로 비탈길을 뜻함

🔵음 はん　急坂_{きゅうはん} 가파른 비탈

🔵훈 さか 비탈(길)　*上_{のぼ}り坂_{ざか} 오르막길　*下_{くだ}り坂_{ざか} 내리막길

この近_{ちか}くは急坂_{きゅうはん}が多_{おお}いです。 이 근처는 가파른 비탈이 많습니다.

この先_{さき}は下_{くだ}り坂_{ざか}です。 이 앞은 내리막길입니다.

비탈 판

N1 초4

>경사진(反) 언덕(阝)으로 비탈길을 뜻함

- 음 はん　京阪 교토(京都)와 오사카(大阪)
- 훈 さか 고개, 비탈(길)　大阪府 오사카 부

京阪電車に乗って旅をした。 게이한 전철을 타고 여행을 했다.

大阪と言えば、やっぱり「たこ焼き」ですね。

오사카라고 하면 역시 '다코야키'죠.

밥 반

N4 초4

>[전자] 飯] 하루에 세 끼를 반복해서(反) 먹는(食) 밥

- 음 はん　ご飯 밥, 식사　赤飯 팥밥
- 훈 めし 밥, 식사(남성 용어)

ご飯の量がちょっと多いです。 밥의 양이 조금 많습니다.

青木君、飯食った。 아오키 군 밥 먹었어?

패 찰, 편지 찰

N2 초4

>핀이나 못으로 눌러서(乚) 고정해 놓는 나무(木) 패

- 음 さつ　改札口 개찰구　新札 새 지폐　1000円札 천 엔짜리 지폐
- 훈 ふだ 표찰, 표　名札 명찰, 명패

改札口を出たら右に曲がってください。

개찰구를 나오면 오른쪽으로 돌아주세요.

新入社員は名札を付けてください。 신입사원은 명찰을 달아주세요.

대 죽

N2 초1

>대나무 가지 두 개를 그린 것

- 음 ちく　竹馬 죽마　竹馬の友 죽마고우　爆竹 폭죽
- 훈 たけ 대나무

彼とは、竹馬の友です。 그와는 죽마고우입니다.

子供のころ、竹スキーを作って遊んでいました。

어린 시절에 대나무 스키를 만들어서 놀았습니다.

支

지탱할 지, 가지 지

N2 초5

> ▶ 손(又)에 대나무 가지(十)를 들고 지탱하는 모습

음 し　支持 지지　支出 지출　支度 준비　支店 지점
훈 ささ(える) 받치다, 떠받치다, 지탱하다

東京にも支店があります。 도쿄에도 지점이 있습니다.
妻は私を支えてくれました。 아내는 저를 지탱해주었습니다.

枝

가지 지

N2 초5

> ▶ 나무(木)의 가지(支)를 뜻함

음 し　枝葉 지엽, 가지와 잎, 일의 중요하지 않은 부분
훈 えだ 가지

それは枝葉の問題に過ぎません。
그것은 지엽적인 문제에 불과합니다.
木の枝を折ってはいけません。 나뭇가지를 꺾으면 안 됩니다.

技

재주 기

N2 초5

> ▶ 가는 가지처럼 세세하게 나누는 정밀한(支) 손(扌)재주

음 ぎ　技術 기술　演技 연기　競技 경기　特技 특기
훈 わざ 기술

彼女が見せた涙は演技でした。 그녀가 보인 눈물은 연기였습니다.
あの技はまねできません。 저 기술은 흉내 낼 수 없습니다.

岐

갈림길 기

N1 초4

> ▶ 가지(支)처럼 갈라진 산길(山)을 뜻함

음 き　岐路 기로, 갈림길　分岐点 분기점　*岐阜県 기후 현
あなたは今、人生の岐路に立っています。
당신은 지금 인생의 기로에 서 있습니다.
あそこが勝負の分岐点だった。 거기가 승부의 분기점이었다.

셀 산, 셈할 산

N2 초2

▶ 대나무(竹)로 만든 가로세로(目)의 산가지를 양손(廾)에 들고 세는 것

* 산가지 : 옛날에 수를 셀 때 쓰인 젓가락처럼 생긴 물건

음 さん　算出 산출　算数 산수　計算 계산　予算 예산

ちょっと予算オーバーしました。 조금 예산초과 했습니다.

この子は算数が得意です。 이 아이는 산수를 잘합니다.

책 책

N2 초6

▶ 글씨를 쓴 얇은 대나무 조각을 끈으로 연결해 놓은 죽간의 모양

음 さつ　冊子 책자, 서적　一冊 한 권
음 さく　*短冊 글씨를 쓰는 조붓한 종이

この本、一冊しかないですか。 이 책 한 권밖에 없습니까?

短冊に願いを書いて木に掛けておきました。

종이에 소원을 적어서 나무에 걸어두었습니다.

법 전

N1 초4

▶ 법 등이 적힌 무거운 책(冊 → 曲)을 책상 위에 펼쳐놓은 모양

음 てん　典型 전형　古典 고전　辞典 사전　特典 특전

彼は典型的な日本人です。 그는 전형적인 일본인입니다.

古典文学は難しいですね。 고전문학은 어렵네요.

말할 론, 논할 론

N2 초6

▶ 잘 정리하고 생각해서(侖 : 생각할 륜) 조리 있게 말함(言)

* 侖(모일 륜, 생각할 륜) : 같은 것들을 모아서(亼) 가지런히 정리하는(冊) 것

음 ろん　論文 논문　結論 결론　言論 언론　理論 이론

最近、卒業論文で忙しいです。 요즘 졸업논문으로 바쁩니다.

早く結論を出しましょう。 빨리 결론을 냅시다.

바퀴 륜

N2 초4

▶ 크기가 같은 바큇살이 가지런히(侖) 배열된 수레(車)의 바퀴

음 りん 바퀴, 송이(꽃을 세는 말)　車輪 차륜　バラ一輪 장미 한 송이

훈 わ 원형, 고리, 차륜

事故の原因は車輪にありました。 사고의 원인은 차바퀴에 있었습니다.

彼女に指輪をプレゼントしました。
여자친구에게 반지를 선물했습니다.

엮을 편

N2 초5

▶ [전자 編] 문짝처럼 얇고 평평한(戸) 죽간을 여러 개 이어서(冊), 실(糸)로 엮어놓은 것

음 へん　編集 편집　編成 편성　編入 편입　*短編 단편

훈 あ(む) 엮다, 뜨다, (계획 등을) 짜다

最近、短編小説を書いています。 최근 단편소설을 쓰고 있습니다.

プレゼントする手袋を編んでいます。 선물할 장갑을 뜨고 있습니다.

열매, 과일

열매 과

N3 초4

▶ 나무(木) 위에 둥근 열매(田)가 열려 있는 모습

음 か　果実 과실　結果 결과　効果 효과　成果 성과

훈 は(たす) 완수하다, 다하다

훈 は(てる) 끝나다

훈 は(て) 끝

예외 果物 과일

この結果には満足できません。 이 결과에는 만족할 수 없습니다.

彼は責任を果たしました。 그는 책임을 완수했습니다.

매길 과, 시험할 과, 부과할 과

N2 초4

▶ 일의 결과(果)는 말(言)로 물어서 시험하고 등급을 매김

음 か　課税 과세　課題 과제　課程 (학업·교육) 과정　日課 일과

木村先生は課題が多いです。 기무라 교수님은 과제가 많습니다.

彼は博士課程を受けています。 그는 박사과정을 밟고 있습니다.

흰 백, 밝을 백

N5 초1

> 색이 하얀 도토리의 열매 모습

- 음 はく　白菜 배추　白紙 백지　告白 고백　自白 자백
- 음 びゃく　白夜 백야
- 훈 しろ 흰색　훈 しろ(い) 희다
- 훈 しら 흰, 하얀

今日、白菜キムチを作りました。 오늘 배추김치를 만들었습니다.
白い車が一番売れています。 흰색 차가 가장 많이 팔리고 있습니다.

새벽 조, 일찍 조

N4 초1

> 검은 염료로 쓰이는 나무 열매 모습으로 아침의 어두울 때를 가리킴

- 음 そう　早期 조기　早退 조퇴　早朝 이른 아침
- 훈 はや(い) (시간·시기) 빠르다, 이르다
- 훈 はや(まる) (시간·시기) 빨라지다, 앞당겨진다
- 훈 はや(める) (시간·시기) 앞당긴다
- 예외 早速 즉시, 당장

ガンも早期発見すれば治ります。 암도 조기 발견하면 낫습니다.
まだ時期が早いです。 아직 시기가 이릅니다.

풀 초

N3 초1

> 이른(早) 봄에 돋아나오는 풀(艹)

- 음 そう　草原 초원　草食 초식　雑草 잡초
- 훈 くさ 풀, 잡초

カバは草食動物です。 하마는 초식동물입니다.
昨日は庭の草を取りました。 어제는 정원의 풀을 뽑았습니다.

어찌 나

N1 초4

> 원자는 柰로, 제단(示)에 바쳐지는 능금나무(木) 열매라는 데에서 능금나무를 뜻했으나 훗날에 '어찌' 라는 뜻으로 빌려 쓰게 되었음

- 음 な　奈良県 나라 현

奈良の歴史は深いです。 나라의 역사는 깊습니다.
奈良にはお寺が多いです。 나라에는 절이 많습니다.

出

날 출

N5 초1

> ▶ 싹이 흙(一) 위로 나온 모습

- 음 しゅつ　出席 출석　出張 출장　出発 출발　外出 외출
- 음 すい　出納 출납
- 훈 で(る) 나가다, 나오다　　훈 だ(す) 내다, 꺼내다

来週、中国へ出張に行きます。 다음 주 중국으로 출장 갑니다.

宿題は金曜日までに出してください。 숙제는 금요일까지 내세요.

生

날 생

N5 초1

> ▶ 지상(土)에 초목의 싹(屮)이 나온 모습

- 음 せい　生物 생물　学生 학생　人生 인생　先生 선생님
- 음 しょう　一生 일생, 평생　*誕生日 생일
- 훈 い(きる) 살다　　훈 い(かす) 살리다
- 훈 い(ける) 꽃꽂이 하다
- 훈 う(まれる) 태어나다　　훈 う(む) 낳다
- 훈 お(う)　生い立つ 자라다, 성장하다
- 훈 は(える) 나다, 자라다　　훈 は(やす) 기르다
- 훈 き　生地 옷감, 천　　훈 なま 생, 날것

人生は長いと言うが、実は短い。 인생은 길다고 하지만 사실은 짧다.

彼は韓国が生んだ画家です。 그는 한국이 낳은 화가입니다.

性

성품 성

N3 초5

> ▶ 태어날(生) 때부터 지닌 있는 마음(忄)

- 음 せい　性格 성격　性能 성능　女性 여성　男性 남성
- 음 しょう　相性 궁합이 맞음, 성격이 맞음　*根性 근성

あの子は性格が明るいです。 저 아이는 성격이 밝습니다.

彼には才能と根性があります。 그에게는 재능과 근성이 있습니다.

青

푸를 청

N4 초1

> ▶ [전자] 青 파란 싹(生)이나 깨끗한 우물 물(丼 : 우물 정)처럼, 깨끗한 파란색

- 음 せい　青春 청춘　青少年 청소년　青年 청년
- 훈 あお 파랑　　훈 あお(い) 파랗다, 푸르다, 청색이다

彼は有望な青年です。 그는 유망한 청년입니다.

今日は雲一つない青い空ですね。

오늘은 구름 한 점 없는 푸른 하늘이네요.

清

맑을 청

N2 초4

▶ [정자] 淸] 깨끗하고(靑) 맑은 물(氵)

- 음 せい　清潔 청결　清掃 청소
- 훈 きよ(い) 깨끗하다, 맑다
- 훈 きよ(まる) (추상적) 맑아지다, 깨끗해지다
- 훈 きよ(める) (추상적) 맑게 하다, 깨끗이 하다

いつも手を清潔にしましょう。 항상 손을 청결히 합시다.

お寺にいると、心が清まる気がします。

절에 있으면 마음이 맑아지는 기분이 듭니다.

情

뜻 정, 사랑 정

N3 초5

▶ [정자] 情] 깨끗한(靑) 마음(忄) 속에서 우러나는 사랑과 정

- 음 じょう　愛情 애정　情報 정보　感情 감정　人情 인정
- 음 せい　*風情 풍치, 운치
- 훈 なさ(け) 인정

ペットは愛情と責任を持って飼いましょう。

애완동물은 애정과 책임감을 가지고 기릅시다.

彼は情けの深い人です。 그는 정이 깊은 사람입니다.

晴

갤 청

N3 초2

▶ [정자] 晴] 날씨가 개서 해(日)가 깨끗하게(靑) 보임

- 음 せい　晴天 청천, 맑은 하늘　快晴 쾌청
- 훈 は(れ) 갬, 맑음
- 훈 は(れる) 개다, 맑다, (마음·혐의) 풀리다
- 훈 は(らす) 개게 하다, (마음·혐의) 풀다
  　*素晴らしい 훌륭하다, 멋있다

今日は晴天になりそうです。 오늘은 맑을 것 같습니다.

明日は全国的に晴れるでしょう。 내일은 전국적으로 맑을 것입니다.

精

정할 정, 찧을 정

N2 초5

▶ [정자] 精] 정미해서 희고 깨끗하게(靑) 한 쌀(米)

- 음 せい　精算 정산　精神 정신　精密 정밀
- 음 しょう　精進 정진, 전념

この仕事は精神的に大変です。 이 일은 정신적으로 힘듭니다.

精密検査が必要です。 정밀검사가 필요합니다.

> [전자 靜] 싸움(爭)을 멈추어 맑고(靑) 고요한 상태가 되는 것

- 음 せい　静電気 정전기　安静 안정　冷静 냉정
- 음 じょう　静脈 정맥
- 훈 しず 조용한, 안정된　静岡 시즈오카(지명)
- 훈 しず(か) 고요함, 조용함
- 훈 しず(まる) 조용해지다, 잠잠해지다
- 훈 しず(める) 조용하게 하다, (감정 등을) 가라앉히다

もう一度、冷静に考えてみましょう。 한 번 더 냉정하게 생각해봅시다.

ちょっと静かにしてください。 좀 조용히 해주세요.

고요할 정

N3　초4

> [전자 毒] 산모(母)의 몸 회복에 도움을 주는 약초(丰)를 뜻하며, 과다 복용하면 몸에 해롭다는 데서 독을 나타냄

- 음 どく　毒薬 독약　解毒 해독　消毒 소독　中毒 중독

この野菜には解毒作用があります。

이 채소에는 해독작용이 있습니다.

夏は食中毒になりやすいです。 여름에는 식중독에 걸리기 쉽습니다.

독 독

N2　초5

> 따뜻한 햇살(日)을 받아 땅 위로 풀의 싹이 나오는(丰) 계절

- 음 しゅん　春分 춘분　初春 초봄　青春 청춘　立春 입춘
- 훈 はる 봄

立春を過ぎてもまだ寒いですね。 입춘이 지나도 아직 춥네요.

私は春が一番好きです。 저는 봄을 가장 좋아합니다.

봄 춘

N4　초2

> [전자 平] 부초가 수면에 평평하게 떠 있는 모양

- 음 へい　平日 평일　公平 공평　水平 수평　不平 불평
- 음 びょう　平等 평등
- 훈 たい(ら) 평평함, 납작함
- 훈 ひら 평평함, 보통, 평

人間はみんな平等であるべきです。 인간은 모두 평등해야 합니다.

彼はまだ平社員です。 그는 아직 평사원입니다.

평평할 평

N3　초3

평론할 평

N1 초5

▶ [정자] 評] 공평하게(平) 말(言)로 평가하는 것

음 ひょう　評価 평가　評判 평판　評論 평론　好評 호평

彼は有名な映画評論家です。 그는 유명한 영화 평론가입니다.

最近、このドラマ好評ですね。 최근에 이 드라마 평판이 좋네요.

순수할 순

N2 초6

▶ 갓 돋아난 새싹(屯)처럼 아직 가공하지 않은 순수한 생실(糸)을 뜻함

　＊屯(둔칠 둔) : 밑으로 묵직하게 뿌리를 내리고 위로는 새싹이 지각을 뚫고 나오는 모양

음 じゅん　純粋 순수　単純 단순　不純 불순

これは単純な問題ではないです。 이것은 단순한 문제는 아닙니다.

この水には不純物が含まれています。

이 물에는 불순물이 함유되어 있습니다.

집 택, 댁 택

N3 초6

▶ 풀이 땅속으로 뿌리내리듯(乇), 뿌리내리고(乇) 정착해 사는 집(宀)

음 たく　自宅 자택　住宅 주택　帰宅 귀택, 귀가

明日はご自宅にいらっしゃいますか。 내일은 자택에 계십니까?

あなたは何時に帰宅するんですか。 당신은 몇 시에 귀가합니까?

남녘 남

N5 초2

▶ 초목(¥)을 따뜻한 온실(冂)에 넣어서 식물의 싹(十)이 빨리 나오도록 하는 것으로 따뜻하다는 데서 남쪽을 뜻함

음 なん　南部 남부　南米 남미　南北 남북　東南 동남
훈 みなみ　남, 남쪽

南部を中心に雨が降るでしょう。

남부를 중심으로 비가 내릴 것입니다.

南向きの部屋を探しています。 남향의 방을 찾고 있습니다.

아닐 불, 아닐 부

N4 초4

▶ 꽃을 보호하는 불룩한 꽃받침의 모양으로 투정 부리듯이 볼을 불룩하게 하여 부정하는 것을 나타냄

- 음 ふ　不安 불안　不正 부정　不足 부족　不満 불만
- 음 ぶ　不器用 손재주가 없음, 서투름

私は面接がとても不安です。 저는 면접이 너무 불안합니다.

最近、暑さのため寝不足です。 요즈음 더위 때문에 수면 부족입니다.

아닐 부

N2 초6

▶ 입(口)으로 아니(不)라고 말함

- 음 ひ　否定 부정　安否 안부
- 훈 いな 아니

その歌手は噂を否定しました。 그 가수는 소문을 부정했습니다.

この問題は学校の、否、社会全体の問題です。

이 문제는 학교의, 아니 사회 전체의 문제입니다.

소비할 비

N3 초5

▶ 털어버리듯(弗) 돈(貝)을 소비하거나 낭비함

* 弗 : 필요 없는 덩굴(弓)을 좌우로 털어 버리는(八) 모습

- 음 ひ　費用 비용　消費 소비　学費 학비　会費 회비
- 훈 つい(える) 줄다, 적어지다, 낭비되다
- 훈 つい(やす) 쓰다, 소비하다, 낭비하다

修理費用はいくらぐらいかかりますか。

수리 비용은 얼마 정도 듭니까?

事故にあって時間を費やした。 사고를 당해서 시간을 낭비했다.

부처 불

N2 초5

▶ [전자] 佛 좋지 않은 일을 털어버려(弗) 주는 사람으로 부처님을 나타냄

- 음 ぶつ　仏教 불교　仏式 불교식　仏像 불상
- 훈 ほとけ 부처, 석가

仏教はインドから伝わりました。 불교는 인도로부터 전해졌습니다.

そのことは知らぬが仏です。 그것은 모르는 게 약입니다.

아우 제

N4 초2

▶ 말뚝(Y)에 끈이나 덩굴이 늘어진(弓) 가장 아래쪽(丿)을 표시한 한자로 형제 중 나이가 아래인 사람을 뜻함

- 음 てい　師弟 사제, 스승과 제자
- 음 だい　兄弟 형제
- 음 で　弟子 제자
- 훈 おとうと 남동생

私は3人兄弟の真ん中です。 저는 3형제 중 가운데입니다.
弟とは二つ違いです。 남동생과는 두 살 차이입니다.

차례 제

N1 초3

▶ 나무에 덩굴이 감겨 내려온 모습처럼(弟) 대나무(竹) 마디가 차례차례 나 있는 것

- 음 だい　第一 제일　落第 낙제　次第 ~여하, ~하는 즉시

何と言っても、健康が第一です。 뭐니 뭐니 해도 건강이 제일입니다.
東京駅に着き次第、お電話ください。
도쿄역에 도착하는 대로 전화 주세요.

윗 누이 자

N4 초2

▶ 옛 자는 姉로, 덩굴이 감아 올라간 윗부분(丿)처럼, 자매(女) 중에서 손윗사람(朿)을 나타냄

- 음 し　姉妹 자매
- 훈 あね 누나, 언니
- 예외 (お)姉さん 누님, 언니

あの姉妹はとても仲が良いですね。 저 자매는 매우 사이가 좋네요.
私には二人の姉がいます。 저에게는 두 명의 누나가 있습니다.

끝 계, 계절 계

N3 초4

▶ 곡식(禾)이 열매를 맺어(子) 수확하는 시기 또는 가장 마지막에 열매를 맺는다고 하여 끝이라는 의미로도 사용됨

＊禾(벼 화) : 벼 이삭이 고개를 숙이고 있는 모양

- 음 き　季節 계절　四季 사계절

あなたはどの季節が好きですか。 당신은 어느 계절을 좋아합니까?
日本は四季があって住みやすいです。
일본은 사계절이 있어서 살기 좋습니다.

맡길 위

N2 초3

▶ 부드럽게 고개를 숙인 벼 이삭(禾)이나 부드러운 여성(女)처럼 부드럽게 고개를 숙이며 남에게 어떤 일을 맡기는 것

- 음 い　委員 위원　委任 위임
- 훈 ゆだ(ねる) (모든 것을) 맡기다, 위임하다

明日、学生委員会が開かれます。 내일 학생 위원회가 열립니다.

判断を読者に委ねます。 판단을 독자에게 맡기겠습니다.

향기 향

N2 초4

▶ 곡식(禾)을 삶았을 때 공기를 타고 떠오는 달콤한(甘 → 曰) 향기

- 음 こう　香水 향수　香料 향료
- 훈 か　香川県 가가와 현
- 훈 かお(り) 향기　훈 かお(る) 향기가 나다

香水をつける女性は多いです。 향수를 뿌리는 여성은 많습니다.

どこからかバラの香りがしますね。

어디선가 장미 향기가 나네요.

화할 화

N3 초3

▶ 벼 이삭이 부드럽게 드리워진 것처럼 부드러운(禾) 말투(口)

- 음 わ　和語 순수 일본어　和室 (다다미를 깐) 일본식 방
　　　和食 일식　和風 일본풍, 일본식
- 음 お　和尚 스님
- 훈 やわ(らぐ) 누그러지다, 완화되다
- 훈 やわ(らげる) 누그러뜨리다, 완화시키다
- 훈 なご(む) 누그러지다, 완화해지다
- 훈 なご(やか) 부드러움, 화기애애함

晩ご飯は和食にしましょう。 저녁은 일식으로 합시다.

会議は和やかな雰囲気で終わりました。

회의는 부드러운 분위기로 끝났습니다.

(모를) 옮길 이

N2 초5

▶ 벼(禾)의 모가 모판에서 무성하게(多) 자라면 논으로 옮겨 심음

- 음 い　移住 이주　移送 이송　移転 이전　移動 이동
- 훈 うつ(る) 옮겨지다, 이동하다
- 훈 うつ(す) 옮기다, 이동하다

バスで市内まで移動します。 버스로 시내까지 이동합니다.

妻から風邪が移りました。 아내로부터 감기가 옮았습니다.

가을 추

▶농작물(禾)을 수확하여 불(火)이나 태양에 말리는 시기

음 しゅう　秋分 추분　晩秋 늦가을　立秋 입추

훈 あき 가을

秋分の日が過ぎて、涼しくなってきました。

추분이 지나고 시원해졌습니다.

秋といえば、やっぱり「読書の秋」ですよね。

가을이라고 하면 역시 '독서의 가을'이죠.

지낼 력, 겪을 력

▶[정자] 歷 발(足 → 止)로 쭉(厤) 걸어서 지나온 경력이나 이력을 뜻함

＊厤 : 곡식(禾)을 수확하여 지붕(厂) 아래에 쭉 매달아놓은 모습

음 れき　歴史 역사　学歴 학력　経歴 경력　履歴 이력

この映画は歴史に残る名作です。 이 영화는 역사에 남을 명작입니다.

まだ学歴社会だと思います。 아직 학력 사회라고 생각합니다.

해 년, 나이 년

▶원자는 禾 밑에 イ를 합친 자로 곡물(禾)이 익어서 사람(イ)에게 수확될 때까지의 기간

음 ねん　年末 연말　去年 작년　新年 신년　来年 내년

훈 とし 년, 해, 나이　年上 손위, 연상　お年玉 세뱃돈

新年明けましておめでとうございます。 새해 복 많이 받으세요.

お年はおいくつですか。 나이는 몇 살이신가요?

곡식 곡

▶[정자] 穀 禾와 殼(껍질 각)이 합쳐져, 딱딱한 껍질(殼)을 쓴 모든 곡식(禾)

음 こく　穀倉 곡창　穀物 곡물　雑穀 잡곡　脱穀 탈곡

この地域は日本の穀倉地帯です。 이 지역은 일본의 곡창지대입니다.

穀物は健康に良いです。 곡물은 건강에 좋습니다.

▶ 곡물을 매달아 저장해 놓은 모습(夂)과 얼음(冫:얼음 빙)이 합쳐져, 곡물을 매달아 저장하고 어는 계절인 겨울을 뜻함

음 とう　冬季 동계　冬至 동지　冬眠 동면　立冬 입동
훈 ふゆ 겨울

今年、冬季オリンピックが開かれます。
올해 동계 올림픽이 열립니다.

今年の冬は雪が多いですね。올겨울은 눈이 많이 오네요.

겨울 동

N4　초2

▶ 실패에 긴 실(糸)을 끝가지 다 감아 저장해(冬:사계절의 끝) 놓았다는 데서 '마치다'를 뜻함

음 しゅう　終日 종일　終了 종료　終電 마지막 전철
　　　*始終 시종, 처음과 끝, 항상
훈 お(わる) 끝나다　**훈** お(える) 끝내다

急いだら終電に間に合います。
서두르면 마지막 전철 시간에 맞출 수 있습니다.

イベントは無事に終わりました。이벤트는 무사히 끝났습니다.

마칠 종

N4　초3

▶ 사방으로 쌀알이 흩어져 있는 모습

음 べい　米国 미국
음 まい　玄米 현미　白米 백미, 흰쌀　新米 햅쌀, 신참
훈 こめ 쌀

彼は仕事にはまだ新米です。그는 일에는 아직 신참입니다.
お米の生産量が一番多い国は中国です。
쌀 생산량이 가장 많은 나라는 중국입니다.

쌀 미

N3　초2

▶ 갈림길(米)에 서서 어디로 가야 할지(辶) 몰라서 망설이거나 헤매는 것

음 めい　迷路 미로　迷惑 폐　低迷 저조, 침체
훈 まよ(う) 길을 잃다, 망설이다　*迷子 미아

周りに迷惑をかけてしまった。주위에 폐를 끼치고 말았다.
どれを選ぶか迷っています。어떤 것을 선택할지 망설이고 있습니다.

미혹할 미

N3　초5

차례 번, 번지수 번

N3 초2

▶밭(田)에 씨를 사방으로(米) 흩뿌리는(ノ) 것. 나중에, 손을 열었다 닫는 동작을 세는 말로 쓰임

音 ばん　番組 (방송) 프로그램　番号 번호　一番 1번, 가장
　　　　交番 파출소　順番 순번, 차례

私はスポーツ番組をよく見ます。 저는 스포츠 프로를 자주 봅니다.
交番で道を聞きました。 파출소에서 길을 물었습니다.

넓을 박

N1 초4

▶[정자] 博 넓은(尃 : 펼 부) 방면의 지식을 모아(十) 갖추고 있음

　*尃 : 손(寸)으로 넓게(甫) 펴는 것　*甫 : 평평하고 넓은 못자리의 모습

音 はく　博物館 박물관　博士 (= 博士) 박사　博覧会 박람회
音 ばく　博打 도박, 노름
예외 博士 박사

子供を連れて博物館に行ってきました。
아이를 데리고 박물관에 다녀왔습니다.

彼は「物知り博士」と呼ばれています。
그는 '만물박사'로 불리고 있습니다.

기울 보

N2 초6

▶해진 곳에 천(ネ : 옷 의)을 평평하게(甫 : 클 보) 대서 붙이는 것

音 ほ　補充 보충　補助 보조　候補 후보
訓 おぎな(う) 보충하다, 메우다

プリンターのインクを補充した。 프린터의 잉크를 보충했다.
学費を補うためにバイトをしています。
학비를 메우기 위해서 아르바이트를 하고 있습니다.

드리울 수

N1 초6

▶이삭이 드리워진 모양(垂)과 土를 합친 자

音 すい　垂直 수직
訓 た(れる) 드리워지다, 늘어지다
訓 た(らす) 드리우다, 늘어뜨리다

垂直に直線を引いてください。 수직으로 직선을 그으세요.
電線が垂れています。 전선이 늘어져 있습니다.

역참 우, 우편 우

N2　초6

> 지금의 관청과 같이 알리는 역할을 담당하던 먼 변경(垂) 고을(阝)에 있는 작은 건물을 뜻하는 자인데, 알린다는 데서 우편의 뜻으로 쓰이게 됨

🔈 ゆう　郵送 우송　郵便 우편　郵便局 우체국

カタログを郵送いたします。 카탈로그를 우편으로 보내드립니다.

郵便局から海外に荷物を送った。 우체국에서 해외로 짐을 보냈다.

건널 제, 구할 제

N2　초6

> [정자 濟] 강의 수량(氵)을 적당히(齊) 조정하는 것
>
> *齊(가지런할 제) : 벼나 보리의 이삭들이 가지런히 서 있는 모양

🔈 さい　救済 구제　返済 반제, (돈·물건) 갚음　*経済 경제

🔉 す(む) 끝나다, 해결되다

🔉 す(ます) 끝내다, (다른 것으로) 때우다

日本経済は回復しています。 일본경제는 회복되고 있습니다.

いよいよ期末試験が済んだ。 드디어 기말시험이 끝났다.

어긋날 차, 다를 차

N3　초4

> 좌(左)으로 드리워진 이삭(丰) 끝이 고르지 않고 어긋나 있는 것

🔈 さ　差別 차별　交差点 교차점　時差 시차

🔉 さ(す) (해·그림자) 비치다, (우산) 쓰다

韓国と日本に時差はありません。 한국과 일본에 시차는 없습니다.

うわさをすれば影が差す。 호랑이도 제 말 하면 온다.

올 래

N5　초2

> [정자 來] 보리의 이삭이 늘어진 모습으로 서아시아에서 중국으로 온 '보리'라는 의미였으나 나중에 '오다'라는 의미로 사용됨

🔈 らい　来月 다음 달　来年 내년　未来 미래　将来 장래

🔉 く(る) 오다

🔉 きた(る) (날짜 등이) 오는, 다가오는

🔉 きた(す) 초래하다, 가져오다

君たちには明るい未来が待っています。

자네들에게는 밝은 미래가 기다리고 있습니다.

日本から友達が遊びに来ました。 일본에서 친구가 놀러 왔습니다.

보리 맥

N2 초2

▶[정자 麥] 원래는 서아시아에서 중국으로 온(夂 : 발) 보리(來)라는 뜻에서 '오다'라는 의미였으나, 나중에 '보리'라는 의미로 사용됨

음 ばく　麦芽 맥아, 몰트
훈 むぎ 보리

麦芽はビールの原料です。 맥아는 맥주의 원료입니다.
やはり夏と言えば、冷たい麦茶ですよね。
역시 여름이라고 하면 차가운 보리차죠.

죽일 살

N2 초5

▶[정자 殺] 조의 이삭(朮 : 차조 출)을 베는(乂) 동작(殳 : 몽둥이 수)으로 '죽이다'를 뜻함

음 さつ　殺人 살인　自殺 자살　他殺 타살
음 せつ　殺生 살생, 죽임, 잔혹함
훈 ころ(す) 죽이다

殺人は絶対に許されないです。 살인은 절대로 용서받지 못합니다.
生き物を殺してはいけないです。 생물을 죽여서는 안 됩니다.

재주 술, 꾀 술

N2 초5

▶[정자 術] 조의 이삭에 조가 열을 이루며 달라붙어 있듯이(朮 : 차조 출) 정해진 방식에 따라 행하는(行) 것

음 じゅつ　技術 기술　芸術 예술　手術 수술　美術 미술
훈 すべ 수단, 방법

正しい運転技術を身に付けましょう。 올바른 운전기술을 익힙시다.
彼に連絡する術がないです。 그에게 연락할 방법이 없습니다.

지을 술, 펼 술

N2 초5

▶[정자 述] 조의 이삭에 조가 열을 이루며 달라붙어 있듯이(朮 : 차조 출) 정해진 방식에 따라가는(辶) 것

음 じゅつ　記述 기술　口述 구술　論述 논술
훈 の(べる) 말하다, 진술하다, 쓰다, 기술하다

500字以内で記述しなさい。 500자 이내로 기술하시오.
各自の意見を述べてください。 각자의 의견을 말해주세요.

인프라

교통

수레 차

N5 초1

> ▶이륜차를 옆에서 본 모양을 그린 상형문자

- 음 しゃ　汽車 기차　自動車 자동차　駐車 주차　電車 전철
- 훈 くるま　車 차　車いす 휠체어

駐車場はありますか。 주차장은 있습니까?

今日、車いす体験をしました。 오늘 휠체어 체험을 했습니다.

이을 련

N3 초4

> ▶여러 대의 수레(車)가 줄지어 가는(辶) 것

- 음 れん　連休 연휴　連続 연속　連絡 연락　関連 관련
- 훈 つら(なる)　나란히 늘어서 있다
- 훈 つら(ねる)　줄지어 세우다, 늘어놓다
- 훈 つ(れる)　데리고 가다, 동반하다

3連休だから、旅行でもしよう。 3일 연휴이니까 여행이라도 가자.

息子を連れて野球場に行きます。 아들을 데리고 야구장에 갑니다.

군사 군

N2 초4

> ▶전차(車)로 빙 둘러친(冖) 군대

- 음 ぐん　軍人 군인　軍隊 군대　将軍 장군

祖父は職業軍人だったそうです。

할아버지는 직업군인이었다고 합니다.

ほとんどの国が軍隊を持っています。

대부분의 나라가 군대를 가지고 있습니다.

운전할 운

N4 초3

> ▶빙글빙글(軍) 도는(辶 : 갈 착) 것

- 음 うん　運転 운전　運動 운동　運命 운명　幸運 행운
- 훈 はこ(ぶ)　나르다, 옮기다

毎日運動するようにしています。 매일 운동하도록 하고 있습니다.

この荷物を2階に運んでください。 이 짐을 2층으로 옮겨주세요.

▶ 손(扌)을 빙글빙글(軍) 휘두르는 것

음 き　揮発 휘발　指揮 지휘　発揮 발휘

オーケストラには指揮者がいます。
오케스트라에는 지휘자가 있습니다.

実力を十分発揮してください。 실력을 충분히 발휘해주세요.

휘두를 휘, 지휘할 휘

N1　초6

▶ 수레(車)를 넣어 두는 집(广)으로 차고나 창고를 뜻함

음 こ　車庫 차고　倉庫 창고　冷蔵庫 냉장고
음 く　庫裏 절의 부엌

うちは車庫が狭いです。 우리 집은 차고가 좁습니다.
使ったら冷蔵庫に入れてください。 사용하면 냉장고에 넣어주세요.

곳집 고, 창고 고

N2　초3

▶ [정자 輸] 물건을 고스란히 빼내서(兪) 수레(車)로 다른 장소로 나르는 것
* 兪(통나무배 유) : 배(舟 → 月)와 끌(↑)이 깎여 나오는 나무파편(巛)으로 된 자로 나무의 안을 고스란히 파내서 통나무 배를 만드는 것

음 ゆ　輸血 수혈　輸出 수출　輸入 수입　輸送 수송

ケガのために輸血を受けました。 부상 때문에 수혈을 받았습니다.
日本は水を輸入しています。 일본은 물을 수입하고 있습니다.

나를 수, 실어낼 수

N2　초5

▶ 돛(凡)은 바람의 영향을 받으며 따뜻한 바람이 불면 벌레(虫)들이 번식함
* 凡(무릇 범) : 넓은 천으로 된 배의 돛을 그린 모양

음 ふう　風景 풍경　風車 풍차　強風 강풍
음 ふ　(お)風呂 목욕, 목욕탕
훈 かぜ 바람
훈 かざ　風車 바람개비
예외 風邪 감기

お風呂に入ると、疲れが取れます。 목욕하면 피로가 풀립니다.
風邪を引いてしまいました。 감기에 걸려버렸습니다.

바람 풍

N4　초2

건물

높을 고

N5 · 초2

▶ 높은 전망대를 그린 모양

- 음 こう　高価 고가　高校 고교　高速 고속　最高 최고
- 훈 たか(い) 높다, (키가) 크다, 비싸다
- 훈 たか　*売上高 매상고　*残高 잔고
- 훈 たか(まる) 높아지다, 고조되다
- 훈 たか(める) 높이다, 향상시키다

そこの景色は最高でした。 그곳의 경치는 최고였습니다.

弟は背が高いです。 동생은 키가 큽니다.

다리 교

N2 · 초3

▶ (宀)모양으로 높게 굽은(喬) 나무(木)다리

＊喬 : 높은 집(高)의 지붕 끝이 굽은(丿) 모양으로 높게 굽어 있는 것

- 음 きょう　鉄橋 철교　歩道橋 보도교, 육교
- 훈 はし 다리

いよいよ鉄橋が完工しました。 드디어 철교가 완공되었습니다.

この橋の夜景はきれいです。 이 다리의 야경은 아름답습니다.

별 태, 돈대 대, 대 대

N4 · 초2

▶ [정자] 臺　高의 변형(高)과 至(이를 지)가 합쳐진 자로, 사람이 이르러서 (至) 멀리 바라볼 수 있도록 높게(高) 만든 전망대

- 음 だい　～台 ～대　台詞 대사　台所 부엌
- 음 たい　台風 태풍　舞台 무대　屋台 포장마차

私の家には車が３台あります。 우리 집에는 차가 세 대 있습니다.

台風が近付いています。 태풍이 접근하고 있습니다.

머무를 정

N2 · 초5

▶ 사람(イ)이 가만히 서 있는(亭) 것

＊亭(정자 정) : 못(丁)처럼 직각으로 높게(高) 서 있는 정자

- 음 てい　停止 정지　停車 정차　停電 정전　停留所 정류소

授業中に停電が起きました。 수업 중에 정전이 발생했습니다.

この電車は各駅に停車します。 이 전철은 각 역에 정차합니다.

> ▶ 높은 언덕(小)에 높고 큰(高) 집을 세운 모습

- 음 きょう　京都 교토　上京 상경　東京 도쿄
- 음 けい　京浜 도쿄와 요코하마　*北京 북경

東京から京都へ引っ越しました。 도쿄에서 교토로 이사했습니다.

19歳の時に上京しました。 19살 때 상경했습니다.

서울 경

N4　초2

> ▶ 높은 건물(京)에 태양(日)이 비쳐서 선이나 색이 뚜렷하게 보임

- 음 けい　景気 경기　風景 풍경　夜景 야경　*景色 경치

最近、どの企業も不景気です。 최근에 어느 기업도 불경기입니다.

ホテルから見える景色は素晴らしいです。
호텔에서 보이는 경치는 멋집니다.

볕 경, 경치 경

N3　초4

> ▶ 손을 구부려(尤) 손짓하여 사람들을 높은 지대(京)로 불러모아 살게 함

- 음 しゅう　就業 취업　就職 취직　就任 취임
- 음 じゅ　成就 성취
- 훈 つ(く) 잠자리에 들다, 취임하다, 취업하다
- 훈 つ(ける) (지위에) 앉히다

娘は旅行会社に就職しました。 딸은 여행사에 취직했습니다.

彼を重役に就けました。 그를 중역에 앉혔습니다.

이룰 취, 나아갈 취

N1　초6

> ▶ 사람이 손을 내밀고 쭈그리고 앉아서(丸) 불(灬)이 음식 속까지 통하도록
> (享) 부드럽게 삶는 것
>
> *享(누릴 향) : 남북으로 통과할 수 있도록 문이 나 있는 높은 성곽의 모양

- 음 じゅく　成熟 성숙　半熟 반숙　未熟 미숙
- 훈 う(れる) (과일·곡식 등이) 익다, 여물다

彼女の運転は未熟です。 그녀의 운전은 미숙합니다.

バナナがよく熟れました。 바나나가 잘 익었습니다.

익을 숙

N1　초6

두터울 후

N2 초5

> 高를 거꾸로 한 모양과 벼랑(厂)이 합쳐져서, 흙이 두툼하게 쌓인 벼랑을 뜻함

- 음 こう　温厚 온후함
- 훈 あつ(い) 두껍다

彼の性格は温厚です。 그의 성격은 온후합니다.

このコートはけっこう厚いですね。 이 코트는 꽤 두껍네요.

벼슬 관, 집 관

N3 초4

> 담으로 둘러쳐 사람이나 물건이 많이 모이는 큰 집(宀)인 관청을 뜻함

- 음 かん　官庁 관청　警官 경관

今日、官庁を見学しました。 오늘 관청을 견학했습니다.

彼は警官を見ると逃げた。 그는 경관을 보자 도망쳤다.

피리 관, 대롱 관

N2 초4

> 담을 둥글게 둘러친 큰 집(官)과 같이, 단면이 둥근(官) 대나무(竹) 피리

- 음 かん　管理 관리　保管 보관　血管 혈관
- 훈 くだ 관, 대롱

会計は誰が管理していますか。 회계는 누가 관리하고 있습니까?

忘れ物は受付で保管しています。

분실물은 접수처에서 보관하고 있습니다.

객사 관, 집 관

N4 초3

> 식사(食)를 만들어서 많은 손님을 대접하는 큰 집(官)

- 음 かん　会館 회관　図書館 도서관　本館 본관　旅館 여관

図書館は隣の建物にあります。 도서관은 옆 건물에 있습니다.

この旅館は長い歴史を持っています。

이 여관은 긴 역사를 가지고 있습니다.

宮

집 궁

▶여러 개의 건물(呂)이 있는 큰 집(宀)을 뜻함

- 음 きゅう　宮中 궁중　王宮 왕궁
- 음 ぐう　神宮 격식이 높은 신사(神社)
- 음 く　宮内庁 궁내청, 황실에 관한 일체의 사무를 담당하는 관청
- 훈 みや 신을 모신 건물, 신사

今日、王宮を見て回りました。 오늘 왕궁을 둘러보았습니다.
明治神宮は観光地として有名です。
메이지 신궁은 관광지로서 유명합니다.

築

쌓을 축, 지을 축

▶사람이 웅크리고 앉아서(凡) 양손에 대나무(竹)나 나무(木)를 들고 토목
공사(工)를 하는 것

- 음 ちく　建築 건축　新築 신축
- 훈 きず(く) 쌓다, 구축하다

将来、建築家になりたいです。 장래에 건축가가 되고 싶습니다.
彼は大きな財産を築きました。 그는 큰 재산을 쌓았습니다.

수, 양

다량, 다수

많을 다

N4 초2

> ▶고기를 많이 쌓아올린 모습

- 음 た　　多少 다소, 약간　　多数 다수　　最多 최다
- 훈 おお(い) 많다

今日は昨日より多少寒いですね。오늘은 어제보다 다소 춥네요.

中国は世界で一番人口が多いです。

중국은 세계에서 가장 인구가 많습니다.

물건 품

N4 초3

> ▶네모난 물건(口)을 여러 개 늘어놓은 모습

- 음 ひん　　品質 품질　　商品 상품　　上品 고상함
- 훈 しな 물건, 물품　　品切れ 품절　　品物 물건, 물품

この商品はただいま品切れです。이 상품은 현재 품절입니다.

彼女はいつも上品です。그녀는 항상 고상합니다.

놈 자

N4 초3

> ▶[정자 者] 불 위에 장작을 잔뜩 쌓고 태우는 모습으로 불특정 다수를 뜻함

- 음 しゃ　　医者 의사　　記者 기자　　後者 후자　　*患者 환자
- 훈 もの 자, 사람　　若者 젊은이

彼は朝日新聞社の記者です。그는 아사히 신문사의 기자입니다.

結婚する若者の数が減っています。

결혼하는 청년의 수가 줄고 있습니다.

더울 서

N3 초3

> ▶[정자 暑] 해(日)가 들어서 불 때는(者) 것처럼 더움

- 음 しょ　　残暑 잔서, 늦더위　　避暑 피서
- 훈 あつ(い) 덥다

9月なのに残暑が厳しいですね。9월인데 늦더위가 혹독하네요.

あまりにも暑くて食欲がないです。

너무나도 더워서 식욕이 없습니다.

> **[정자 都]** 사람들이 많이 모이는(者) 큰 도시(阝: 고을 읍)

- 음 と 　都会 도회　都市 도시　首都 수도
- 음 つ 　都合 형편, 사정, 도합, 총계
- 훈 みやこ 수도, 도읍지

明日はご都合いかがですか。 내일은 형편이 어떠신가요?

明治時代に京都から東京へ都が移った。

메이지 시대에 교토에서 도쿄로 수도가 옮겨졌다.

도읍 도

N3　초3

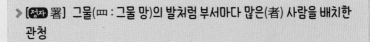

> **[정자 署]** 그물(罒: 그물 망)의 발처럼 부서마다 많은(者) 사람을 배치한 관청

- 음 しょ 　署名 서명　警察署 경찰서　部署 부서

ここに署名してください。 여기에 서명해주세요.

財布を拾って警察署に届けました。

지갑을 주워서 경찰서에 신고했습니다.

관청 서

N2　초6

> **[정자 諸]** 많은(者) 사람이나 사물을 말함(言)

- 음 しょ 　諸君 제군, 여러분　諸島 제도, 여러 섬　諸問題 여러 문제

新入生諸君、入学おめでとうございます。

신입생 여러분 입학 축하드립니다.

夏休みに、ハワイ諸島に行きます。

여름휴가 때 하와이 제도에 갑니다.

모든 제, 여러 제

N2　초6

> **[정자 著]** 많이 모아서 붙여놓은 장작(者)과 지면에 붙어 있는 풀(艹)이 합쳐져, '붙이다'와 '기록하다'라는 뜻이 있지만 '기록하다'라는 의미로 쓰임

- 음 ちょ 　著作 저작　著者 저자　著書 저서　著名 저명
- 훈 いちじる(しい) 현저하다, 두드러지다
- 훈 あらわ(す) 저술하다

彼は多くの著書を残しました。 그는 많은 저서를 남겼습니다.

近年、東南アジアの発展が著しいです。

최근 동남아시아의 발전이 현저합니다.

분명할 저, 나타날 저

N2　초6

숫자　사람　신체　생물　의식주　자연　인프라　수,양　도구　산업　기타

붙을 착

N4 초3

> 著를 간단하게 만든 자로, '붙이다', '기록하다' 라는 뜻이 있지만 '붙이다' 라는 의미로 사용됨

- 음 ちゃく　着手 착수　着信 착신　到着 도착
- 훈 き(る) 입다　　훈 き(せる) 입히다
- 훈 つ(く) 도착하다　훈 つ(ける) 착용하다

バスは間もなく到着します。 버스는 곧 도착합니다.

外は寒いからジャンパーを着なさい。

바깥은 추우니까 점퍼를 입으세요.

꾀 계, 셈할 계

N4 초2

> 많은 것이나 수를 하나로 모아서(十) 생각하는 것

- 음 けい　計画 계획　計算 계산　合計 합계　時計 시계
- 훈 はか(る) (기록·시간) 재다
- 훈 はか(らう) (적절히) 처리하다, 조처하다

旅行の計画は立てましたか。 여행 계획은 세웠습니까?

100メートルの記録を計ってみました。 100미터 기록을 재봤습니다.

바늘 침, 꿰맬 침

N2 초6

> 터진 곳을 한 줄로 모아서(十) 꿰매어 있는 금속(金)의 바늘

- 음 しん　方針 방침　分針 분침　時針 시침
- 훈 はり 바늘　*釣り針 낚싯바늘

大学の方針に従います。 대학의 방침에 따르겠습니다.

針に糸を通すのが難しいです。 바늘에 실을 꿰는 것이 어렵습니다.

인간 세, 대 세

N4 초3

> 세 개의 十(십)의 아랫부분을 이은 모습으로 한 세대인 30년을 뜻함

- 음 せい　世紀 세기　近世 근세　中世 중세
- 음 せ　世界 세계　世話 돌봄, 보살핌, 신세
- 훈 よ 세상

赤ちゃんの世話は大変です。 아기를 돌보는 것은 힘듭니다.

この世はそんなに甘くないよ。 이 세상은 그렇게 만만하지 않아.

> ▶여러 사람(庶 : 여러 서)이 깔고 앉는 방석(巾)으로 자리를 나타냄

- 음 せき　席 자리　欠席 결석　座席 좌석　出席 출석
- 君は成績は良いが、欠席が多いね。
- 자네는 성적은 좋은데 결석이 많네.
- これから出席を取ります。 지금부터 출석을 부르겠습니다.

자리 석

`N3` `초4`

> ▶손(又)으로 한 뼘 두 뼘(庶) 길이를 재는 것

- 음 ど　温度 온도　今度 이번　毎度 매번, 항상
- 음 と　法度 금지 사항
- 음 たく　支度 준비, 채비
- 훈 たび　~할 때마다
- 妻は食事の支度で忙しいです。 아내는 식사 준비로 바쁩니다.
- この写真を見る度に昔を思い出します。
- 이 사진을 볼 때마다 옛날 생각이 납니다.

법도 도, 잴 도

`N4` `초3`

> ▶갑골문자에선 ≋로 되어 있어, 해(日)가 쌓이는(龶) 모양으로 '쌓이다',
> '포개어지다'라는 의미를 나타냄

- 음 せき　昔日 석일, 옛날
- 음 しゃく　*今昔 금석, 지금과 옛날
- 훈 むかし 옛날
- 東京の今昔を比較してみました。
- 도쿄의 지금과 옛날을 비교해봤습니다.
- 祖母はよく昔話を聞かせてくれた。
- 할머니는 자주 옛날이야기를 들려주셨다.

옛 석

`N3` `초3`

> ▶남(イ)에게 돈이나 물건을 내 쪽으로 쌓아(昔) 받아서 빌린다는 것을 뜻함

- 음 しゃく　借金 빚　貸借 대차
- 훈 か(りる) 빌리다, 꾸다
- 彼は借金して車を買ったそうです。
- 그는 빚을 내서 차를 샀다고 합니다.
- 図書館に本を借りに行きます。 도서관에 책을 빌리러 갑니다.

빌릴 차

`N4` `초4`

도울 조

N3 초3

> 곁에서 힘(力)을 보태주는(且 : 또 차) 것으로 도와주는 것을 뜻함

* 且(또 차) : 물건을 한 단 쌓고 또 몇 단 거듭 쌓아올린 모습

- 음 じょ　助言 조언　援助 원조　救助 구조
- 훈 たす(かる) 살아나다, 목숨을 건지다, 도움이 되다
- 훈 たす(ける) 구하다, 살려주다, 도와주다
- 훈 すけ　寝坊助 잠꾸러기

先輩から助言をもらいました。 선배로부터 조언을 받았습니다.

週末には父の仕事を助けています。

주말에는 아버지의 일을 돕고 있습니다.

조사할 사

N2 초5

> 나무(木)를 쌓아서(且) 만든 울타리로, 통행을 저지하며 조사함

- 음 さ　査証 사증, 비자　検査 검사　調査 조사

今日レントゲン検査を受けました。 오늘 X-ray 검사를 받았습니다.

警察が事件を調査しています。 경찰이 사건을 조사하고 있습니다.

조상 조, 할아버지 조

N2 초5

> [정자] 祖 대대로(且) 이어져 내려오는 제단(示)에 모셔지는 조상

- 음 そ　祖国 조국　祖先 조상　祖父 조부　祖母 조모

心の中ではいつも祖国を思っています。

마음속에서는 항상 조국을 생각하고 있습니다.

祖母は年のわりには元気です。

할머니는 나이에 비해서는 건강하십니다.

짤 조

N3 초2

> 실(糸)을 한 올 한 올 거듭 쌓아올리듯(且) 천이 짜여 올라가는 것

- 음 そ　組織 조직
- 훈 く(む) 짜다, 꼬다, 끼다
- 훈 くみ 반, 조

わが社の組織をご紹介します。

우리 회사의 조직을 소개해드리겠습니다

肩を組んで写真を撮りました。 어깨동무를 하고 사진을 찍었습니다.

구분 단, 층계 단

N2 초6

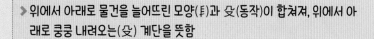

▶위에서 아래로 물건을 늘어뜨린 모양(𠂤)과 殳(동작)이 합쳐져, 위에서 아래로 쿵쿵 내려오는(殳) 계단을 뜻함

🔊 だん　段階 단계　階段 계단　手段 수단　値段 가격

2階へは階段をご利用ください。 2층은 계단을 이용해주세요.

野菜の値段が上がりました。 야채 가격이 올랐습니다.

하여금 령, 명령할 령

N2 초4

▶사람들을 무릎 꿇려(卩:무릎꿇을 절) 앞혀 모아놓고(스) 명령함

🔊 れい　号令 호령, 구령　命令 명령

生徒たちは号令に合わせて歩きました。

학생들은 구령에 맞춰서 걸었습니다.

軍隊では命令に従うしかない。 군대에서는 명령에 따를 수밖에 없다.

목숨 명, 명(령)할 명

N3 초3

▶사람들을 무릎 꿇려(卩:무릎꿇을 절) 앞혀 모아놓고(스) 입(口)으로 명령함

🔊 めい　運命 운명　使命 사명　生命 생명
🔊 みょう　寿命 수명
🔊 いのち 목숨, 생명

運命というものは、変わるものです。

운명이라는 것은 바뀌게 마련입니다.

命ほど大切なものはないです。 목숨만큼 소중한 것은 없습니다.

찰 랭

N3 초4

▶얼음(冫)과 명령(令)은 차가움

🔊 れい　冷蔵庫 냉장고　冷凍 냉동　冷房 냉방
🔊 つめ(たい) 차다, 차갑다
🔊 ひ(える) 차가워지다, 식다
🔊 ひ(やす) 차게 하다, 식히다
🔊 ひ(やかす) 놀리다, 희롱하다
🔊 さ(める) 식다　🔊 さ(ます) 식히다

新しい冷蔵庫を買いました。 새로운 냉장고를 샀습니다.

彼女はたまに冷たくなります。 그녀는 간혹 차가워집니다.

領

옷깃 령, 거느릴 령

`N2` `초5`

> 명령(令)을 내리는 우두머리(頁 : 머리 혈)

음 **りょう**　領収書 영수증　領土 영토　大統領 대통령
　　　　要領 요령

領収書は要りますか。영수증은 필요하십니까?
スミス氏が大統領に選ばれた。스미스 씨가 대통령으로 뽑혔다.

検

검사할 검

`N1` `초5`

> [정자 檢] 나무(木)로 된 많은 서류를 한 군데에 모아서(僉) 검사함
> *僉(다 첨) : 많은 사람(人人)이나 많은 물건(口口)을 한데 모으는(스) 것

음 **けん**　検査 검사　検定 검정　検討 검토　点検 점검

今日は身体検査の日です。오늘은 신체검사 날입니다.
漢字検定2級に合格しました。한자 검정 2급에 합격했습니다.

験

시험할 험

`N4` `초4`

> [정자 驗] 여러(僉) 말(馬)을 타보며 좋고 나쁨을 시험함

음 **けん**　経験 경험　試験 시험　実験 실험　体験 체험

まず経験を積んだ方が良いです。우선 경험을 쌓는 편이 좋습니다.
自分で体験することが重要です。스스로 체험하는 것이 중요합니다.

険

험할 험

`N2` `초5`

> [정자 險] 깎아지르게 많은(僉) 흙을 쌓아 올린(阝) 험한 절벽

음 **けん**　危険 위험　保険 보험　冒険 모험
훈 **けわ(しい)** 험하다, 가파르다

生命保険に入りました。생명보험에 들었습니다.
この山道は険しくて危険です。이 산길은 험해서 위험합니다.

무리 중

N1 초6

▶태양(日) 아래에서 많은 사람(イイイ)이 노동을 하고 있는 모습. 나중에 日 부분이 잘못 쓰여 血의 모양으로 되었음

🔊 しゅう　観衆 관중　公衆 공중　聴衆 청중
🔊 しゅ　衆生 중생

多くの観衆が集まりました。많은 관중이 모였습니다.

公衆電話はあまり見られないですね。공중전화는 별로 볼 수 없네요.

쫓을 추, 따를 추

N3 초3

▶많은 물건을 차곡차곡 붙여 쌓듯이(𠂤) 앞 사람의 뒤를 바싹 붙어서 쫓아 감(辶)

🔊 つい　追加 추가　追求 (행복·이윤) 추구
　　　追究 (진리·학문) 추구, 구명
🔊 お(う) 쫓다, 몰다

カルビ一人前追加です。갈비 1인분 추가입니다.

毎日、仕事に追われています。매일 일에 쫓기고 있습니다.

스승 사, 장수 수

N2 초5

▶큰 깃발(帀)을 들고 앞장서서 많은(𠂤) 사람들을 지휘하는 군대의 장수나 스승

🔊 し　医師 의사　恩師 은사　教師 교사　講師 강사

恩師のお宅に伺いました。은사님 댁을 찾아뵈었습니다.

父は高校の国語教師です。아버지는 고등학교 국어 교사입니다.

(불)사를 소

N2 초4

▶[전자] 燒 높고 평평한 책상(兀) 위에 흙을 높게 쌓아올리듯(堯 : 높을 요), 불(火)이 높게(堯) 타오름

🔊 しょう　焼酎 소주　全焼 전소　燃焼 연소
🔊 や(ける) (불)타다, 구워지다
🔊 や(く) (불)태우다, 굽다

焼酎はあまり好きじゃないです。소주는 별로 좋아하지 않습니다.

今日はばら肉を焼いて食べよう。오늘은 삼겹살을 구워 먹자.

분할

나눌 분, 단위 푼

N5 초2

▶ 칼(刀)로 잘라서 나눔(八)

- 음 ぶん 　分別 분별, 분류　分野 분야　区分 구분
- 음 ふん 　分別 분별, 철
- 음 ぶ 　五分五分 우열이 없음, 비슷함
- 훈 わ(ける) 나누다
- 훈 わ(かれる) 나누어지다
- 훈 わ(かる) 알다, 이해하다
- 훈 わ(かつ) 나누다, 분담하다

ゴミは、分別して出してください。 쓰레기는 분류해서 내놓으세요.
未来のことは分からないです。 미래의 일은 알 수 없습니다.

가난 빈

N2 초5

▶ 돈이나 재산(貝)이 나누어져(分) 적어짐

- 음 ひん 　貧血 빈혈　貧弱 빈약　貧富 빈부
- 음 びん 　貧乏 빈핍, 가난
- 훈 まず(しい) 가난하다

貧富の差が大きいですね。 빈부의 차가 크네요.
私は貧しい家に生まれました。 저는 가난한 집에서 태어났습니다.

가루 분

N2 초5

▶ 쌀(米)을 잘게 나누면(分) 가루가 됨

- 음 ふん 　粉末 분말　粉乳 분유　花粉 화분, 꽃가루
- 훈 こ 　~가루　小麦粉 밀가루
- 훈 こな 가루, 분말　粉薬 가루약

どうも花粉症のようです。 아무래도 꽃가루 알레르기 같습니다.
粉薬は飲みにくいです。 가루약은 먹기 어렵습니다.

거느릴 부, 마을 부

N3 초3

▶ 나라를 효과적으로 다스리기 위해 여러 고을(阝)로 갈라놓음(咅)
　*咅(가를 부) : 서서 입으로 말싸움하다가 패가 갈라져 패가 배로 많아짐

- 음 ぶ 　部長 부장　部品 부품　部分 부분　全部 전부
- 예외 部屋 방

全部でいくらですか。 전부 해서 얼마입니까?
南向きの部屋を探しています。 남향의 방을 찾고 있습니다.

倍

곱 배

N2 초3

▶사람(イ)이 물건을 갈라서(音) 물건의 개수를 배로 늘려감

음 ばい　倍数 배수　二倍 두 배　人一倍 남보다 갑절, 남다름

野菜の値段が二倍も上がりました。
야채의 가격이 두 배나 올랐습니다.

彼は人一倍の努力家です。 그는 남다른 노력가입니다.

도구

칼, 조각도

칼 도

> **날이 휜 칼의 모양**

- 음 とう　短刀 단도, 비수　日本刀 일본도　竹刀 죽도
- 훈 かたな (외날의) 긴 칼

日本刀は海外にも知られています。

일본도는 해외에도 알려져 있습니다.

デコレーション用の刀を買いました。 장식용 칼을 샀습니다.

끊을 절, 온통 체

> **칼(刀)로 물건을 자르는(七) 것**

- 음 せつ　親切 친절　大切 중요함, 소중함　適切 적절
- 음 さい　一切 일체, 모두, 일절, 전혀
- 훈 き(る) 베다, 끊다
- 훈 き(れる) 베이다, 끊어지다

健康が一番大切です。 건강이 가장 중요합니다.

電話を切らないで待ってください。

전화를 끊지 말고 기다려주세요.

처음 초

> **옷(ネ)을 만들려면 맨 처음에 칼(刀)로 옷감을 자름**

- 음 しょ　初級 초급　最初 최초　初日 첫날
- 훈 はじ(め) (시간적으로) 처음, 시초
- 훈 はじ(めて) (경험으로서) 처음
- 훈 うい 첫　初子 첫아이, 첫아기
- 훈 そ(める) ~하기 시작하다
- 훈 はつ 첫　初恋 첫사랑　初雪 첫눈

今日は5連休の初日です。 오늘은 5일 연휴의 첫날입니다.

その話は初めて聞きました。 그 이야기는 처음 들었습니다.

부를 초

> **손짓(扌)으로 부름(召)**
>
> *召(부를 소) : 날이 굽은 칼처럼 손목을 구부려(刀) 손짓하며 입(口)으로 부름

- 음 しょう　招待 초대　招来 초래
- 훈 まね(く) 부르다, 초대하다

結婚式に招待されました。 결혼식에 초대받았습니다.

日本の友達を家に招きました。 일본 친구를 집에 초대했습니다.

밝을 소

▶ 손을 빙 돌려서 부르듯이(김), 빛(日)을 구석구석 빙 둘러서(김) 밝게 함

음 しょう　昭和 쇼와(1926년 12월 25일부터 1989년 1월 7일까지의 연호)

私は昭和生まれです。저는 쇼와 태생입니다.

東京オリンピックは昭和39年に開催された。
도쿄 올림픽은 쇼와 39년에 개최되었다.

비출 조, 빛날 조

▶ 불(灬)로 밝게(昭) 비춤

음 しょう　照会 조회　照明 조명　参照 참조　対照 대조

훈 て(る) 밝게 빛나다, 비치다

훈 て(らす) 비추다

こちらの資料をご参照ください。이쪽 자료를 참조하세요.

月が明るく照っています。달이 밝게 비치고 있습니다.

알 인, 인정할 인

▶ [정자] 認 남의 말(言)을 끝까지 참고(忍 : 참을 인) 들어 내용을 안 뒤 인정함

음 にん　認定 인정　認知 인지　確認 확인

훈 みと(める) 인정하다

パスワードを確認してください。패스워드를 확인해 주세요.

彼の努力が認められました。그의 노력이 인정 받았습니다.

날카로울 리, 이로울 리

▶ 벼(禾)를 날카로운 날붙이(刂)로 삭둑 자르는 것

음 り　利益 이익　利用 이용　有利 유리　便利 편리

훈 き(く) (기능이) 듣다

このアプリは便利です。이 어플은 편리합니다.

私は左利きです。저는 왼손잡이입니다.

배나무 리

N1 초4

▶삭둑삭둑 씹히는 맛이 좋고 날카롭게(利) 잘 잘리는 배 혹은 배나무(木)

🔵 なし 배, 배나무　山梨県 야마나시 현(지명)

梨は水分が多い果物です。 배는 수분이 많은 과일입니다.

山梨県と言えば、やっぱり富士山ですね。

야마나시 현이라고 하면 역시 후지산이죠.

억제할 제

N2 초5

▶왼쪽 부분(牜)은 나무(木)와 자르는 표시(ノ)로 칼(刂)로 제멋대로 삐져나온 나무를 잘라서 정리하는 것

🔵 せい　制限 제한　制作 (예술작품) 제작　制度 제도　体制 체제

母は食事が制限されています。 어머니는 식사가 제한되어 있습니다.

これはNHKが制作したものです。 이것은 NHK가 제작한 것입니다.

(옷)지을 제

N1 초5

▶천을 잘라서(制) 옷(衣)을 만듦

🔵 せい　製作 (물품) 제작　製造 제조　製品 제품

この工場では家具を製作しています。

이 공장에서는 가구를 제작하고 있습니다.

新しい製品を開発しています。 새로운 제품을 개발하고 있습니다.

깨끗할 결

N1 초5

▶[정자 潔] 물(氵)로 더러운 것을 제거해서(㓞) 깨끗하게 함

*㓞 : 칼(刀)로 막대기(丨)에 칼자국(彡)을 내듯이, 필요 없는 실(糸)을 잘라내서(㓞) 제거함

🔵 けつ　簡潔 간결　清潔 청결, 깨끗함　不潔 불결
🔵 いさぎよ(い) 깨끗하다, 단념이 빠르다

いつも手を清潔にしましょう。 항상 손을 청결히 합시다.

潔く謝った方が良いですよ。 깨끗이 사과하는 편이 좋습니다.

活

살 활, 생기 있을 활

N3 초2

▶ 물(氵)이 잘록한 바위 사이(舌)를 콸콸 흐르는 모양

＊舌 : 이 파트에서는 혀가 아니라, 둥글고 잘록하게 구멍(口)을 내는 반원 모양의 조각도(千)

음 かつ　活動 활동　活用 활용　生活 생활　活発 활발

食生活を変えてみてください。 식생활을 바꿔보세요.
彼女は明るくて活発な性格です。 그녀는 밝고 활발한 성격입니다.

話

말씀 화

N5 초2

▶ 입을 둥글게(舌) 벌려서 활기 있게 말하는(言) 것

음 わ　話題 화제　会話 회화　手話 수화　世話 돌봄, 신세
훈 はな(す) 이야기하다
훈 はなし 이야기　＊昔話 옛날 이야기

子供の世話は大変です。 아이를 돌보는 것은 힘듭니다.
日本の昔話は面白いですね。 일본의 옛날이야기는 재미있네요.

近

가까울 근

N4 초2

▶ 가까이 접근해(斤) 가는(辶) 것

＊斤(도끼 근, 무게 근) : 나무를 자르려고 돌도끼를 나무에 접근시킨 모습
옛날에 돌도끼는 저울의 추로 사용됨

음 きん　近所 근처　近代 근대　最近 최근　付近 부근
훈 ちか(い) 가깝다　近道 지름길

昨日、近所で火事がありました。 어제 근처에서 화재가 있었습니다.
勉強に近道はないと思います。 공부에 지름길은 없다고 생각합니다.

折

꺾을 절

N3 초4

▶ 도끼(斤 : 도끼 근)로 나무를 자르는(扌) 것

음 せつ　折角 모처럼, 일부러　骨折 골절　屈折 굴절
훈 お(る) 접다, 꺾다
훈 お(り) 접음, 꺾음　折り紙 색종이
훈 お(れる) 접히다, 꺾이다

せっかくのお花見なのに、天気が良くないね。
모처럼 만의 꽃놀이인데 날씨가 안 좋네.
木の枝を折っちゃだめです。 나뭇가지를 꺾어서는 안 됩니다.

所

바 소

N3 초3

▶[정자所] 戸는 뜻이 없고 단지 음을 나타내며 도끼(斤)로 찍은 곳을 뜻함

- 음 しょ　長所 장점　場所 장소　*近所 근처
- 훈 ところ 곳, 장소, 부분, 점　*台所 부엌

受付場所はどこですか。접수 장소는 어디입니까?
それが彼の良い所です。그것이 그의 좋은 점입니다.

兵

군사 병, 병사 병

N2 초4

▶양손(廾)에 도끼(斤) 같은 무기를 들고 있는 모습

- 음 へい　兵役 병역　兵器 병기, 무기　兵隊 병사, 군인
- 음 ひょう　兵糧 병량, 군량

兵役を終えてから留学します。병역을 마치고 나서 유학 갑니다.
核兵器は無くすべきです。핵무기는 없애야 합니다.

質

바탕 질, 저당 지

N4 초5

▶두 물건의 돈(貝)의 무게 가치가 같아서(斤斤) 질이 같음

- 음 しつ　質問 질문　性質 성질　物質 물질
- 음 しち　*人質 인질

質問のある方いますか。질문 있는 분 계십니까?
犯人は子供を人質にしています。
범인은 아이를 인질로 삼고 있습니다.

断

끊을 단

N2 초5

▶[정자斷] 도끼(斤)로 실(幺)을 끊어서 나누는(㡭) 것

- 음 だん　中断 중단　判断 판단　横断 횡단
- 훈 た(つ) 끊다, 자르다
- 훈 ことわ(る) 거절하다, 사절하다

あなたの判断に任せます。당신의 판단에 맡기겠습니다.
飲み会の誘いを断りました。술 모임의 권유를 거절했습니다.

아비 부

▶ 손(又)에 돌도끼(ノ)를 들고 집을 지키거나 일을 하는 집안의 가장

음 ふ　父兄 학부형　父母 부모　祖父 조부, 할아버지

훈 ちち 아버지　父親 부친, 아버지

예외 お父さん 아버지, 아버님

うちの祖父は今年90才です。우리 할아버지는 올해 90세입니다.

お父さんによろしく伝えてください。아버님께 잘 전해주세요.

N5　초2

창

나라 국

▶ [정자 國] 구획 지은(或 : 나라 역) 영역(口), 즉 나라를 뜻함

*或(혹 혹, 나라 역) : 선으로 구획 지은(二) 자기 영역(口)에 적이 쳐들어올 상황에
대비해서 창(戈)을 들고 지키는 것

음 こく　国語 국어　国民 국민　国家 국가
　　　外国 외국　*中国 중국　*天国 천국

훈 くに 나라, 고국, 고향

中国語は発音が難しいです。중국어는 발음이 어렵습니다.

世界には196ヶ国の国があります。

세계에는 196개국의 국가가 있습니다.

N5　초2

지경 역, 지역 역

▶ 구획된(或) 토지(土)를 나타냄

음 いき　区域 구역　地域 지역　領域 영역

ここは禁煙区域です。여기는 금연구역입니다.

この地域は緑や公園が多いですね。이 지역은 신록과 공원이 많네요.

N2　초6

기계 계

▶ 죄인을 벌 줄(戒 : 징계할 계) 때 쓰던 나무(木)로 짠 장치를 뜻하였으나
나중에 기계장치를 뜻하는 한자로 쓰임

음 かい　機械 기계〈동력이용○〉　器械 기계〈동력이용×〉
　　　機械工業 기계공업　器械体操 기계체조

機械の仕組みは複雑です。기계의 구조는 복잡합니다.

この医療器械は高いです。이 의료기계는 비쌉니다.

N2　초4

成

이룰 성

▶ 흙 따위를 모아서 창(戈)과 같은 도구로 쿵쿵 다져서(丁 : 못 정) 뭔가를 완성하는 것

- 음 せい　成功 성공　成人 성인　成績 성적　完成 완성
- 음 じょう　成就 성취
- 훈 な(る) 되다, 이루어지다　훈 な(す) 이루다, 달성하다

「失敗は成功のもと」と言われています。
'실패는 성공의 어머니'라고 합니다.
水は酸素と水素から成っています。
물은 산소와 수소로 구성되어 있습니다.

城

성 성

▶ 흙(土)을 쌓아 다져서(成) 만든 성

- 음 じょう　城内 성내　城壁 성벽　城門 성문
- 훈 しろ 성

去年、大阪城に行きました。 작년에 오사카성에 갔습니다.
日本にはたくさんのお城があります。 일본에는 많은 성이 있습니다.

誠

정성 성

▶ 다져서 빈틈이 없는(成) 것처럼, 정성이 담긴 빈틈없는(成) 말(言)이나 행동

- 음 せい　誠実 성실　誠意 성의　忠誠 충성
- 훈 まこと 정말, 진실, 참

青木君は誠実な学生でした。 아오키 군은 성실한 학생이었습니다.
ご来店、誠にありがとうございます。 내점 진심으로 감사합니다.

盛

담을 성, 성할 성

▶ 흙 등을 쌓아 다지듯이(成), 그릇(皿)에 수북이 다져서(成) 담는 것

- 음 せい　盛大 성대　全盛期 전성기
- 음 じょう　繁盛 번성, 번창
- 훈 さか(る) 한창 성해지다
- 훈 さか(ん) 왕성함, 유행함, 번창함
- 훈 も(る) (그릇에) 담다

選手たちに盛大な拍手を送りました。
선수들에게 성대한 박수를 보냈습니다.
日本では野球が盛んです。 일본에서는 야구가 유행입니다.

나 아

N1 초6

> 손(扌)에 창(戈)을 들고 자기 자신을 지키는 것

- 음 が　我慢 참음　自我 자아
- 훈 われ 나, 자신　我々 우리들
- 훈 わ　我が 나의, 우리의　我が社 우리 회사　我が家 우리 집

彼の無礼にはもう我慢できない。

그의 무례함에는 이제 참을 수 없다.

我が家ではプードルを飼っています。

우리 집에서는 푸들을 키우고 있습니다.

옳을 의, 의리 의

N1 초5

> 나(我) 자신의 마음을 양(羊)처럼 착하고 옳게 가지는 것

- 음 ぎ　講義 강의　正義 정의　義務 의무　主義 주의

前田先生の講義は面白いです。

마에다 선생님의 강의는 재미있습니다.

小中学校は義務教育です。 초중학교는 의무교육입니다.

의논할 의

N3 초4

> 정확하고 올바른(義) 이야기(言)를 주고받는 것

- 음 ぎ　議論 의논　議会 의회　議員 의원　会議 회의

これ以上議論しても無駄です。 이 이상 의논해도 헛일입니다.

今日の会議は中止です。 오늘의 회의는 중지입니다.

(베)틀 기, 기계 기

N3 초4

> 나무로 만든 베틀을 구성하고 있는 작은(幾) 나무(木) 봉

> *幾(몇 기) : 사람(人)의 목에 창(戈)의 날이 거의(幺幺 : 미미한 실) 닿을 것 같은 모습으로, '조금', '작음', '가까움'의 뜻을 포함

- 음 き　機械 기계　機会 기회　機能 기능　危機 위기
- 훈 はた 베틀

これはまたとない機会です。 이것은 두 번 다시 없는 기회입니다.

初めて機織り体験をしました。 처음으로 베 짜기 체험을 했습니다.

잔인할 잔, 남을 잔

N3 초4

▶【정자 殘】날붙이(戔)로 잘라내고 남은 작은 뼛(歹:뼈 / 죽음)조각

- 음 ざん　残念 유감스러움　残業 잔업　残暑 늦더위
- 훈 のこ(る) 남다
- 훈 のこ(す) 남기다

雨で中止となって残念です。 비로 중지가 되어서 유감입니다.

会社に残って残業をしました。 회사에 남아서 잔업을 했습니다.

얕을 천

N2 초4

▶【정자 淺】수면(氵)의 깊이가 얕은(戔:작게 자르는 날붙이) 것

- 음 せん　浅海 얕은 바다　浅学 학식이 얕음
- 훈 あさ(い) 얕다

私はまだまだ浅学です。 저는 아직 학식이 얕습니다.

この川は浅いですから安全です。 이 개울은 얕기 때문에 안전합니다.

돈 전

N1 초6

▶【정자 錢】동(金)을 작고(戔) 얇게 깎아서 만든 돈

- 음 せん　銭湯 대중 목욕탕　金銭 금전
- 훈 ぜに (동전 따위의) 돈, 화폐　小銭 잔돈

私はよく銭湯に行きます。 저는 자주 목욕탕에 갑니다.

今、小銭しかないです。 지금 잔돈밖에 없습니다.

알 식

N2 초5

▶말(言)로 된 지식을 머리에 새겨(戠) 넣는 것

*戠(새길 시) : 창(戈)을 가지고 소리(音)를 찰흙에 글로 새기는 것

- 음 しき　意識 의식　常識 상식　知識 지식

それは誰もが知っている常識です。

그것은 누구나가 알고 있는 상식입니다.

星野さんは色んな知識を持っています。

호시노 씨는 다양한 지식을 가지고 있습니다.

벼슬 직, 직책 직

▶귀(耳)로 잘 새겨(戠) 듣고 이해한 후 맡은 일을 하는 것

음 しょく　　職業 직업　　職場 직장　　就職 취직　　退職 퇴직

いよいよ就職が決まりました。 드디어 취직이 (결정)되었습니다.

私は今月会社を退職しました。 저는 이번달 회사를 퇴직했습니다.

짤 직

▶실(糸)로 무늬를 새겨(戠) 넣으며 짜는 것

음 しょく　　織機 직기, 베틀　　紡織 방직

음 しき　　組織 조직

훈 お(る) (직물을) 짜다　　織物 직물

組織には、必ずルールがあります。

조직에는 반드시 규칙이 있습니다.

織機で布を織りました。 베틀로 천을 짰습니다.

마를 재, 헤아릴 재, 결단할 재

▶천(衣)을 끊는(戈 : 끊을 재) 것

* 戈(끊을 재) : 창(戈)으로 여러 번(十) 쳐서 끊는 것

음 さい　　裁断 재단　　裁判 재판　　制裁 제재

훈 た(つ) (옷감 등을) 자르다, 마르다

훈 さば(く) 재판하다

結局、裁判に負けてしまいました。 결국 재판에 지고 말았습니다.

人が人を裁くことは難しいことです。

사람이 사람을 재판하는 것은 어려운 일입니다.

쇠 철

▶[정자]鐵] 물건을 곧게(呈) 잘라내는(戈) 예리한 금속(金)

* 呈(드릴 정) : 壬는 지면(_)에 똑바로 선 사람(亻)의 곧은 정강이 부분을 ―로 표시
한 자로, 감추지 않고 입(口)으로 곧게(壬) 내밀어 이야기 드리는 것

음 てつ　　鉄橋 철교　　鉄道 철도　　地下鉄 지하철

これが一番古い鉄橋です。 이것이 가장 오래된 철교입니다.

地震で地下鉄が止まりました。 지진으로 지하철이 멈췄습니다.

호반 무, 굳셀 무

N2　초5

▶ 창(戈)을 들고 용감하게 나아가는(止 : 발) 모습

음 ぶ　武士 무사　武器 무기　武力 무력
음 む　武者 무사

人間の最大の武器は「思考」です。 인간의 최대 무기는 '사고'입니다.

武力は絶対に使ってはいけません。 무력은 절대로 써서는 안 됩니다.

덜 감

N2　초5

▶ 물(氵)의 출구를 막아서(咸) 흐르는 물의 양을 줄임

＊咸 : 창(戌)으로 위협해서 말을 못 하도록 입(口)을 틀어막음

음 げん　減少 감소　減量 감량　加減 조절함　増減 증감
훈 へ(る) 줄다
훈 へ(らす) 줄이다

この村の人口は減少しています。

이 마을의 인구는 감소하고 있습니다.

体重が５キロも減りました。 체중이 5킬로나 줄었습니다.

느낄 감

N3　초3

▶ 마음(心)이 위협을 느껴서 입을 닫음(咸)

음 かん　感謝 감사　感情 감정　感動 감동　予感 예감
훈 かん(じる) 느끼다

彼のスピーチに感動しました。 그의 스피치에 감동했습니다.

このプロジェクトに責任を感じています。

이 프로젝트에 책임을 느끼고 있습니다.

일 무, 힘쓸 무

N3　초5

▶ 창(矛 : 창 모)를 들고 군무에 힘(力)쓰는 (攵 : 행위) 것

음 む　義務 의무　業務 업무　公務員 공무원　事務 사무
훈 つと(める) (역할을) 맡다

私は公務員を目指しています。 저는 공무원을 목표로 하고 있습니다.

結婚式の司会を務めました。 결혼식의 사회를 맡았습니다.

投

던질 투

N3 초3

▶ 손(扌)으로 창(殳)을 던지는 것

＊殳(창 수) : 손(又)에 창(几) 따위를 들고 있는 모습

🔵 음 とう　投資 투자　投手 투수　投票 투표
🔴 훈 な(げる) 던지다

あの投手のボールは速いです。저 투수의 볼은 빠릅니다.

明日は必ず投票に行きましょう。내일은 반드시 투표하러 갑시다.

役

부릴 역, 부역 역

N3 초3

▶ 먼 곳에 가서(彳) 손에 창을 들고(殳) 일 하는 것

🔵 음 やく　役所 관청　役割 역할
🔵 음 えき　使役 사역　兵役 병역

用事があって区役所に行ってきました。

용무가 있어서 구청에 다녀왔습니다.

韓国には兵役の義務があります。한국에는 병역의 의무가 있습니다.

設

베풀 설

N2 초5

▶ 창(殳 : 창 수)과 같은 도구를 들고 무언가를 설치하도록 말(言)로 시킴

🔵 음 せつ　設計 설계　設置 설치　建設 건설　施設 시설
🔴 훈 もう(ける) 마련하다, 준비하다, 설치하다

息子は建設会社で働いています。

아들은 건설회사에서 일하고 있습니다.

話し合いの席を設けます。이야기 자리를 마련하겠습니다.

声

소리 성

N3 초2

▶ [정자 聲] 声(악기의 모양)과 殳(칠 수 : 악기 치는 채를 손에 들고 있는 모습)과 耳가 합쳐져, 악기(声)를 칠(殳) 때 귀(耳)에 들리는 소리를 뜻함

🔵 음 せい　声楽 성악　声明 성명　音声 음성　名声 명성
🔴 훈 こえ　목소리
🔴 훈 こわ　声高 목소리가 큼

私は声楽を専攻しています。저는 성악을 전공하고 있습니다.

ここでは大声で話してはいけません。

여기에서는 큰 소리로 이야기하면 안 됩니다.

형벌도구

고깔 변, 말씀 변

N1 초5

▶【정자】 辯 / 辨 / 瓣】 양손(廾)으로 머리에 갓(厶)을 씀

음 べん 　弁護 변호 　弁当 도시락 　代弁 대변 　～弁 ～사투리

お弁当は各自用意してください。 도시락은 각자 준비해주세요.

父は関西弁を話します。 아버지는 간사이 사투리를 말합니다.

새로울 신

N4 초2

▶ 도끼(斤)로 갓 자른(辛) 생나무(木)의 표면이 깨끗하고 새로움

＊辛(매울 신) : 형벌의 도구로 사용되던 날카로운 날붙이의 모양으로 날붙이나 형벌을 뜻함

음 しん 　新型 신형 　新鮮 신선 　新聞 신문 　最新 최신

훈 あたら(しい) 새롭다

훈 あら(た) (추상적) 새로움, 생생함

훈 にい 새, 새로운

このスマホは最新モデルです。 이 스마트폰은 최신모델입니다.

新しい靴なので足が痛いです。 새 구두라서 발이 아픕니다.

친할 친, 어버이 친

N2 초2

▶ 친한 사람의 가엾음을 가까이서 보니(見) 날붙이로 잘리듯(亲) 마음이 아픔

음 しん 　親切 친절 　親友 친구 　両親 부모

훈 した(しい) 친하다

훈 した(しむ) 친하게 지내다, 가까이하다, 즐기다

훈 おや 부모 　父親 아버지 　母親 어머니

彼は私の親友です。 그는 저의 친구입니다.

山田さんと私はとても親しいです。 야마다 씨와 저는 매우 친합니다.

사귈 접

N2 초5

▶ 날붙이(辛 → 立)로 문신을 한 여자(女) 노예(妾)가 사람을 접대함(扌)

음 せつ 　接客 접객 　接近 접근 　直接 직접 　面接 면접

훈 つ(ぐ) 잇다

台風が接近しています。 태풍이 접근하고 있습니다.

病院で骨を接いでもらいました。 병원에서 뼈를 붙였습니다.

다행 행

N3 초3

> 수갑을 그린 상형문자로, 다행히 수갑 차는 처지를 면했다 하여 다행의 의미가 파생됨

- 음 こう　幸運 행운　幸福 행복　不幸 불행
- 훈 さいわ(い) 다행임, 다행히
- 훈 さち 산이나 바다에서 나는 식품
- 훈 しあわ(せ) 행복

頑張ってください、幸運を祈ります。

힘내세요. 행운을 빌겠습니다.

結婚して幸せな日々を送っています。

결혼하여 행복한 나날을 보내고 있습니다.

알릴 보, 갚을 보

N2 초5

> 수갑(幸) 찬 죄인을 무릎 꿇려(卩) 앉혀서, 손(又)으로 죄에 상응하는 보복을 함

- 음 ほう　報告 보고　報道 보도　情報 정보　予報 예보
- 훈 むく(いる) 보답하다, 갚다
- 훈 むく(う) 보답하다, 갚다

最近、天気予報が当たらないですね。

최근에 일기예보가 맞지 않네요.

努力は必ず報いられます。 노력은 반드시 보답받습니다.

옷 복

N4 초3

> 月(몸)과 사람의 등에 손이 닿은 모습(皮)으로, 몸에 닿는 옷

- 음 ふく　服 옷　服装 복장　洋服 양복　和服 일본 옷

お客様にはこの服がぴったりだと思います。

고객님께는 이 옷이 딱이라고 생각합니다.

和服と言えば浴衣を思い出しますね。

일본 옷이라고 하면 유카타가 생각나네요.

역참 역, 역 역

N4 초3

> [정자 驛] 교통기관(馬)으로 줄줄이 연결되어(睪) 있는 역
>
> *睪(엿볼 역) : 수갑(幸) 찬 죄인을 줄줄이 세워놓고, 눈(罒)으로 보며 범인을 조사함

- 음 えき　駅員 역무원　駅前 역전　駅弁 역에서 파는 도시락

ちょっと駅員さんに聞いてみようか。 역무원에게 좀 물어볼까.

駅前の本屋で会いましょう。 역전의 서점에서 만납시다.

통변할 역, 번역할 역

N1 초6

▶[정자 譯] 말(言)을 골라서 연결하는(睪) 것

음 やく　訳本 번역본　意訳 의역　直訳 직역　通訳 통역

훈 わけ 뜻, 의미, 이유, 까닭

通訳をお願いします。통역 좀 부탁드립니다.

この言葉の訳が分からないです。이 말의 뜻을 모르겠습니다.

부채

홑 단

N3 초4

▶[정자 單] 얇고 평평한 둥근 부채의 모양 또는 부채 모양을 한 탁탁 두드리는 먼지떨이의 모습

음 たん　単位 단위, (대학 등의) 학점　単語 단어
　　単純 단순　簡単 간단

卒業するには、124単位以上必要です。

졸업하려면 124학점 이상 필요합니다.

この問題は簡単ではないです。이 문제는 간단하지 않습니다.

싸울 전

N3 초4

▶[정자 戦] 부채나 먼지떨이로 탁탁 두드리듯이, 창(戈)으로 적과 탁탁(單) 치며 싸우는 것

음 せん　戦後 전후　戦場 전쟁터　戦争 전쟁　作戦 작전

훈 たたか(う) 싸우다, 전쟁하다, 경쟁하다

훈 たたか(い) 싸움, 전쟁, 투쟁

훈 いくさ 싸움, 전쟁, 전투 (= 戦い)

この世から戦争は無くなってほしいです。

이 세상에서 전쟁은 없어지기를 바랍니다.

当時、日本とロシアは戦っていました。

당시 일본과 러시아는 전쟁 중이었습니다.

자,컴퍼스

굽을 곡

N3 초3

▶갈고리 모양(凵)으로 굽은 자를 그린 것

음 きょく　曲線 곡선　作曲 작곡　名曲 명곡

훈 ま(がる) 구부러지다, 돌다

훈 ま(げる) 구부리다

「I LOVE YOU」という歌は名曲です。

'I LOVE YOU'라는 노래는 명곡입니다.

あそこの交差点を右に曲がってください。

저기 교차점을 오른쪽으로 도세요.

> 길이나 넓이를 바르게 재보는(見) 컴퍼스(夫)

🔊 き　規格 규격　規制 규제　規則 규칙　*定規 자

健康には、規則正しい生活が大切です。

건강에는 규칙적인 생활이 중요합니다.

定規を使ってまっすぐな線を引いてください。

자를 사용해서 곧은 선을 그으세요.

법 규

N2　초5

> T 모양의 못이나 고무래를 본뜬 모양

🔊 ちょう　丁度 꼭, 정각, 마침　包丁 식칼
　　　　　丁目 거리의 구획 단위, 가, 블록
🔊 てい　丁寧 정중함, 공손함

店員は丁寧で親切でした。 점원은 공손하고 친절했습니다.

うちの大学は青山四丁目にあります。

우리 대학은 아오야마 4가에 있습니다.

못 정, 고무래 정

N1　초3

> 손(扌)으로 쿵쿵 쳐서 못(丁)을 박는 것

🔊 だ　打者 타자　打破 타파　打率 타율　安打 안타
🔊 う(つ) 치다, 때리다

四番打者がホームランを打ちました。 4번 타자가 홈런을 쳤습니다.

この映画は、見る者の胸を打ちます。

이 영화는 보는 사람들을 감동시킵니다.

칠 타

N3　초3

> 돈(貝)을 집 안(宀)에 못 박아(丁) 둔 모양

🔊 ちょ　貯金 저금　貯水 저수　貯蔵 저장

毎月、貯金をしています。 매달 저금을 하고 있습니다.

貯水池に水がほとんどないですね。 저수지에 물이 거의 없네요.

쌓을 저

N2　초5

x

식기

그릇 명

N3 초3

▶ 접시의 모양을 그린 상형문자

🔘 さら 접시, 접시에 담아내는 요리(의 수)   *灰皿 재떨이

ホテルで皿洗いのバイトをしています。
호텔에서 접시 닦기 아르바이트를 하고 있습니다.

お寿司が一皿百円です。 초밥이 한 접시에 백 엔입니다.

피 혈

N3 초3

▶ 접시에 핏덩어리를 담은 모습을 그린 상형문자

🔘 けつ   血圧 혈압   血液型 혈액형   出血 출혈
🔘 ち 피   *鼻血 코피

血液型と性格には関係があります。
혈액형과 성격에는 관계가 있습니다.

私には韓国人の血が流れています。
저에게는 한국인의 피가 흐르고 있습니다.

따뜻할 온

N3 초3

▶ [정자] 溫 음식을 담은 접시(皿) 위에 뚜껑(囚)을 덮어서 따뜻한 수분(氵)으로 가득 차는 것

🔘 おん   温泉 온천   温度 온도   気温 기온   高温 고온
🔘 あたた(か) 따뜻함
🔘 あたた(かい) 따뜻하다
🔘 あたた(まる) 따뜻해지다
🔘 あたた(める) 따뜻하게 하다, 데우다

日中は気温が上がるでしょう。 낮에는 기온이 오르겠죠.
温かい料理が食べたいですね。 따뜻한 요리가 먹고 싶네요.

그릇 기

N1 초4

▶ [정자] 器 여러 종류(犬 : 종류가 많은 개)의 그릇(口)들을 뜻함

🔘 き   器具 기구   器用 (손)재주가 있음   楽器 악기   食器 식기
🔘 うつわ 그릇, 용기, 인물, ~감

上野さんは手先が器用ですね。 우에노 씨는 손재주가 좋군요.
もう少し大きい器もらえますか。 좀 더 큰 그릇 주시겠습니까?

> ▶ 손(扌)으로 똑바로(是) 끌거나 들거나 내미는 것
>
> *是(옳을 시) : 손잡이가 똑바른 숟가락(日)과 발이 합쳐져, 똑바로 나아가는(足) 것

음 てい　提出 제출　提供 제공　提案 제안　前提 전제

훈 さ(げる) (손에) 들다

レポートは金曜日までに提出してください。

리포트는 금요일까지 제출해주세요.

手にカバンを提げています。 손에 가방을 들고 있습니다.

끌 제, 내놓을 제

N1　초5

> ▶ 머리(頁)의 앞부분에 있는 반듯한(是) 이마 또는 가장 앞에 다는 제목

음 だい　題名 제목　宿題 숙제　問題 문제　話題 화제

小川先生は宿題が多いです。 오가와 선생님은 숙제가 많습니다.

これは個人的な問題ではないと思います。

이것은 개인적인 문제는 아니라고 생각합니다.

이마 제, 표제 제

N4　초3

> ▶ 음식을 맛보는(旨 : 맛있을 지) 손(扌)의 부위는 손가락

음 し　指示 지시　指定 지정　指名 지명

훈 ゆび 손가락　親指 엄지손가락　指輪 반지

훈 さ(す) 가리키다

先生が私を指名しました。 선생님이 저를 지명했습니다.

彼氏から指輪をもらいました。 남자친구로부터 반지를 받았습니다.

손가락 지

N3　초3

> ▶ [정자 眞] 숟가락(匕)으로 세 발 달린 용기(呉)에 물건을 가득 채우는
> 것으로, 내면이 가득 차니 참됨

음 しん　真剣 진검, 진지함　真実 진실　写真 사진

훈 ま　真面目 성실함　真っ白 새하얌

将来を真剣に考えています。 장래를 진지하게 생각하고 있습니다.

たろう君は真面目な性格です。 타로 군은 성실한 성격입니다.

참 진

N4　초3

갖출 구

N3 초3

▶[정자 具] 용기(鼎 : 솥 정)에 음식을 갖추어서 양손(廾)으로 내미는 것

🔵 ぐ　具合 (일·물건·몸의) 형편, 상태

具体的 구체적　家具 가구　道具 도구

今日は体の具合が悪いです。오늘은 몸의 상태가 좋지 않습니다.

人間だけが道具を作ります。인간만이 도구를 만듭니다.

수효 원, 인원 원

N3 초3

▶입구가 둥근(O의 변형 → 口) 그릇(鼎의 변형 → 貝). 나중에 둥근 물건이나 여러 가지 물건을 세는 말이 되었고, 나아가 사람의 수를 셀 수 있게 됨

🔵 いん　会員 회원　議員 의원　社員 사원　店員 점원

本サービスは会員だけが利用できます。

본 서비스는 회원만이 이용할 수 있습니다.

この店の店員さんは皆優しいです。이 가게 점원은 모두 상냥합니다.

덜 손

N2 초5

▶용기의 둥근 입구(員)에 손(扌)을 넣어서 내용물을 덜어냄

🔵 そん　損害 손해　損失 손실　破損 파손

🟠 そこ(なう) 파손하다, (건강·기분을) 상하게 하다, 해치다

🟠 そこ(ねる) = そこ(なう)

台風による損害を受けました。태풍으로 인한 손해를 입었습니다.

器物を損なってはいけません。기물을 파손하면 안 됩니다.

둥글 원

N5 초1

▶[정자 圓] 둥글게(員) 둘러치는 모양(口)

🔵 えん　円 동그라미, 엔　円満 원만　円高 엔고　円安 엔저

🟠 まる(い) (평면적) 둥글다

円安は日本にとって大きなメリットです。

엔저는 일본에 있어서 큰 장점입니다.

コンパスで円い円を描いてください。컴퍼스로 둥근 원을 그리세요.

則 법(칙) 칙

N2 초5

> 세 발 솥(鼎 → 貝) 바로 옆에 刂(칼)을 바싹 대놓은 모습으로, 바싹 붙어 있다는 데서 사람이 따라야 할 법의 의미가 파생됨

㉠ そく　会則 회칙　規則 규칙　反則 반칙　法則 법칙

サークルの会則を作りましょう。 서클의 회칙을 만듭시다.

必ず規則を守ってください。 반드시 규칙을 지켜주세요.

側 곁 측

N3 초4

> 사람(イ) 곁에 바싹 붙어(則) 있음

㉠ そく　側面 측면　右側 우측
㉡ がわ 쪽, 측　左側 왼쪽　右側 오른쪽　両側 양쪽
㉡ そば 곁, 근처

多くの国が右側通行となっています。

대부분의 나라가 우측통행으로 되어 있습니다.

いつまでも私の側にいてください。 영원히 내 곁에 있어주세요.

測 잴 측, 측량할 측

N2 초5

> 자 따위를 대서(則) 물(氵)의 깊이를 재는 것

㉠ そく　測定 측정　観測 관측　予測 예측
㉡ はか(る) (길이·깊이·높이·면적) 재다

未来は予測できないです。 미래는 예측할 수 없습니다.

川の深さを測ってみました。 강의 깊이를 재보았습니다.

去 갈 거

N4 초3

> 뚜껑이 달린 움푹 팬 그릇의 모양

㉠ きょ　去年 작년　除去 제거
㉠ こ　過去 과거
㉡ さ(る) 떠나가다, 가다, (때·상태가) 지나가다

過去のことは忘れましょう。 과거의 일은 잊읍시다.

冬が去って春がやってきました。 겨울이 가고 봄이 찾아왔습니다.

法

법 법

N3 초4

> 물(氵)은 높은 데서 낮은 곳으로 흘러가는(去) 법

음 ほう　法律 법률　方法 방법　作法 예의범절, 예절

음 はっ　法度 금지사항

カジノは法律によって禁止されています。

카지노는 법률에 따라 금지되어 있습니다.

新しい方法を考えてみましょう。 새로운 방법을 생각해봅시다.

結

맺을 결

N1 초4

> 용기(吉)의 입구를 끈(糸)으로 꽉 묶는 것

＊吉(길할 길) : 항아리 같은 용기(口)에 내용물을 꽉 채워서 뚜껑(士)을 꽉 덮은 모습

음 けつ　結果 결과　結局 결국　結婚 결혼　結論 결론

훈 むす(ぶ) 매다, 묶다, 잇다, 연결하다

훈 ゆ(う) 매다, 묶다, (머리를) 매다, 땋다

훈 ゆ(わえる) 매다, 묶다

よく考えて結論を出してください。 잘 생각해서 결론을 내주세요.

ネクタイの結び方は色々あります。

넥타이 매는 방법은 여러 가지 있습니다.

的

과녁 적, 밝을 적

N3 초4

> 일부분을 들어 올려(勺) 명백히(白) 눈에 띄게 하는 것

음 てき　的中 적중　科学的 과학적　目的 목적

훈 まと 과녁, 표적, 대상

まず目的を持つことが重要です。 우선 목적을 갖는 것이 중요합니다.

的の真ん中に当たりました。 과녁의 정중앙에 맞았습니다.

約

묶을 약, 맺을 약

N3 초4

> 눈에 띄도록(勺) 끈(糸)을 매어놓은 약속이나 계약의 표시

음 やく　約束 약속　契約 계약　節約 절약　予約 예약

約束は必ず守るようにしています。

약속은 반드시 지키도록 하고 있습니다.

時間を節約しましょう。 시간을 절약합시다.

今 이제 금

덮개, 뚜껑

> 지나가는(フ : 끌릴 예) 시간을 확 덮어서(ㅅ) 정지시킨 지금 현재의 시간

- 음 こん　今月 이번 달　今週 이번 주　今晩 오늘 밤
　　　　今度 이번, 다음 번
- 훈 いま 지금
- 예외 今日 오늘　今朝 오늘 아침

今週の金曜日に出国します。 이번 주 금요일에 출국합니다.

これからの人生で、今が一番若いです。

앞으로의 인생에서 지금이 가장 젊습니다.

N5　초2

念 생각할 념(염)

> 마음(心)속에 품고(今 : 지나가는 것을 덮는 모습) 생각함

- 음 ねん　念頭 염두　記念 기념　残念 유감스러움, 아쉬움

ただ今、オープン記念セール中です。 현재 오픈기념 세일 중입니다.

送別会に参加できなくて残念です。

송별회에 참가 못 해서 아쉽습니다.

N3　초4

全 온전할 전

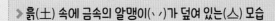

> [정자] 全 완전히 덮혀(ㅅ) 보존된 세공물(工)

- 음 ぜん　全国 전국　全体 전체　全部 전부　安全 안전
- 훈 まった(く) 전혀(부정), 완전히, 아주(긍정)

今日は全国的に雨が降るでしょう。

오늘은 전국적으로 비가 내리겠습니다.

私はこの件については全く分かりません。

저는 이 건에 대해서는 전혀 모릅니다.

N3　초3

金 쇠 금

> 흙(土) 속에 금속의 알맹이(ヽ ✓)가 덮여 있는(ㅅ) 모습

- 음 きん　金庫 금고　現金 현금　税金 세금　料金 요금
- 음 こん　*黄金 황금
- 훈 かね 돈
- 훈 かな 쇠붙이의

公共料金が上がるそうです。 공공요금이 오른다고 합니다.

誰もがお金持ちになりたいと思っている。

누구나가 부자가 되고 싶다고 생각한다.

N5　초1

合

합할 합

N3 초2

▶구멍(口)에 뚜껑을 딱 맞게 덮어놓은(亼) 것

- 음 ごう　合格 합격　合計 합계　集合 집합
- 음 がっ　合宿 합숙　合作 합작
- 훈 あ(う) 맞다, 일치하다
- 훈 あ(わせる) 맞추다, 합치다

合計、1万3千円でございます。 합계 13,000엔입니다.

条件が合わなくてあきらめました。 조건이 안 맞아서 포기했습니다.

拾

주울 습

N2 초3

▶손(扌)에 무언가를 합한 것으로(合) 줍는 것을 뜻함

- 음 しゅう　拾得 습득　収拾 수습
- 음 じゅう　십, 「十」 대신에 쓰는 글자
- 훈 ひろ(う) 줍다

カードを拾得して警察署に届けました。

카드를 습득해서 경찰서에 신고했습니다.

今日、ゴミを拾うボランティアに参加しました。

오늘 쓰레기를 줍는 봉사활동에 참가했습니다.

答

대답할 답

N4 초2

▶위아래가 딱 맞게 덮이는(合) 대나무(竹) 도시락통으로 나중에 상대의 질문에 딱 맞게 대답한다는 의미로 사용됨

- 음 とう　答案 답안　応答 응답　解答 해답　*問答 문답
- 훈 こた(える) 대답하다, 답하다
- 훈 こた(え) 대답, 해답, 답

解答が間違っていますね。 해답이 틀렸네요.

いくら呼んでも答えがないです。 아무리 불러도 대답이 없습니다.

給

줄 급, 넉넉할 급

N3 초4

▶천을 짤 때 실(糸)이 끊어지지 않도록 계속 이어주는(合) 것

- 음 きゅう　給与 급여　給料 월급　支給 지급　時給 시급

今の会社、給料は安い方です。 지금 회사 월급은 적은 편입니다.

バイトの時給はいくらぐらいですか。

아르바이트의 시급은 얼마 정도입니까?

말미암을 유

`N3` `초3`

▶ 술이나 액체를 따를 수 있도록 좁은 입구가 달린 항아리를 그린 모양

- 음 ゆ　由来 유래　経由 경유
- 음 ゆう　自由 자유　理由 이유
- 음 ゆい　由緒 유서
- 훈 よし 수단, 방법

私は自由が欲しいです。 저는 자유가 필요합니다.

原因は知る由もないです。 원인은 알 방법도 없습니다.

기름 유

`N2` `초3`

▶ 좁은 구멍에서 졸졸 나오는(由) 기름(氵)

- 음 ゆ　油性 유성　油断 방심　石油 석유　しょう油 간장
- 훈 あぶら (상온에서 액체) 기름

完全に治るまで油断は禁物です。

완전히 나을 때까지 방심은 금물입니다.

ごま油が切れています。 참기름이 다 떨어졌습니다.

집 주, 하늘 주

`N1` `초6`

▶ 굵은 기둥(軸 : 굴대 축 → 由)이 지붕(宀)을 떠받치고 있는 집을 뜻함

- 음 ちゅう　宙返り 공중제비, 비행기의 공중 회전　宇宙 우주

彼の宙返りは見事です。 그의 공중제비는 멋집니다.

広い宇宙を旅してみたいですね。 넓은 우주를 여행해보고 싶네요.

피리 적

`N1` `초3`

▶ 좁은 대통(竹) 속에서 소리가 가늘게 나오는(由) 피리

- 음 てき　汽笛 기적　警笛 경적
- 훈 ふえ 피리　*口笛 휘파람

遠くから船の汽笛が聞こえてきます。

멀리서 배의 기적 소리가 들려옵니다.

口笛を吹いて犬を呼びました。 휘파람을 불어서 개를 불렀습니다.

떡시루

더할 증

N2 초5

> [정자] 增] 흙(土)이 겹겹이 쌓이는(曾) 것
>
> *曾 → 曽(거듭 증) : 곤로(曰) 위에 겹겹이 쌓인 시루(田)에서 김(八)이 나는 모양

음 ぞう　増加 증가　増減 증감　急増 급증

훈 ま(す) 늘다, 증가하다, 늘리다, 증가시키다

훈 ふ(える) 늘다, 증가하다

훈 ふ(やす) 늘리다, 증가시키다

外国人観光客が年々増加しています。

외국인 관광객이 매년 증가하고 있습니다.

世界の人口はどんどん増えています。

세계 인구는 계속 늘고 있습니다.

층 층

N2 초6

> [정자] 層] 집(尸)이 거듭 쌓여 있는(曾) 것

음 そう　高層 고층　断層 단층　読者層 독자층　知識層 지식층

ドバイには高層ビルが多いです。 두바이에는 고층빌딩이 많습니다.

このチームは選手層が厚いです。 이 팀은 선수층이 두텁습니다.

모일 회

N4 초2

> [정자] 會] 모아서 덮어놓은(亼 : 모을 집) 것과 겹겹이 쌓인(曾 : 거듭 증) 것
> 처럼, 많은 사람이 모이는 것

음 かい　会員 회원　会議 회의　会社 회사　機会 기회

음 え　会得 터득

훈 あ(う) 만나다

初めての方は、まず会員登録をしてください。

처음이신 분은 우선 회원등록을 해주세요.

明日、彼と会うことになっています。

내일 그와 만나기로 되어 있습니다.

그림 회

N3 초2

> [정자] 繪] 실(糸)처럼 가는 선이 모이고 모여(會) 그려진 그림

음 かい　絵画 회화, 그림

음 え 그림　絵の具 그림 물감

ここには有名な絵画が展示されています。

여기에는 유명한 그림이 전시되어 있습니다.

うちの娘は、よく絵を描きます。 우리 딸은 자주 그림을 그립니다.

➤勿은 각기 다른 색의 좁고 긴 천 조각으로 만든 깃발의 모양

＊멀리서 보면 색이 서로 섞여 확실하지 않은 데서, 동물(牛)이나 사물의 불특정(勿) 다수를 뜻함

- 음 ぶつ　物価 물가　生物 생물　動物 동물
- 음 もつ　作物 작물, 농작물　荷物 짐　食物 음식물
- 훈 もの 물건, 것

あそこの荷物を運んでください。 저기에 있는 짐을 옮겨주세요.
物を大切にしましょう。 물건을 소중히 합시다.

물건 물, 만물 물

N4　초3

➤천(巾)으로 만든 깃발이 깃대에 달린 모습으로 고대 중국의 시장에서 간판처럼 깃발을 걸고 물건을 팔았던 데서 유래됨

- 음 し　市場 (금융) 시장　市民 시민　都市 도시
- 훈 いち 시장, 장　市場 (물품매매) 시장, 장

警察は市民の安全を守るべきだ。 경찰은 시민의 안전을 지켜야 한다.
外国の市場見物は面白いです。 외국의 시장 구경은 재미있습니다.

시장 시

N3　초2

➤시장이 펼쳐지듯(市) 숨을 쉴 때 확 벌어지는 신체의 일부(月)로 허파를 뜻함

- 음 はい　肺 폐, 허파　肺炎 폐렴　肺ガン 폐암

父は肺炎で入院しました。 아버지는 폐렴으로 입원하셨습니다.
近年、肺ガン患者が増えています。
최근에 폐암 환자가 늘고 있습니다.

허파 폐

N1　초6

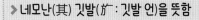

➤네모난(其) 깃발(㫃：깃발 언)을 뜻함

- 음 き　旗手 기수　国旗 국기　反旗 반기
- 훈 はた 기, 깃발

国旗は国の象徴です。 국기는 나라의 상징입니다.
旗を持って応援しました。 기를 들고 응원했습니다.

기 기

N1　초4

겨레 족, 집단 족
N4 초3

▶ 깃발(㫃) 아래에 같은 화살(矢)을 모아놓은 모습으로 나중에 혈연관계에 있는 사람들의 모임이라는 의미로 파생됨

🔊 ぞく　家族 가족　貴族 귀족　民族 민족

うちは五人家族です。 저희는 다섯 가족입니다.
同じ民族が二つの国に分かれました。
같은 민족이 2개의 나라로 갈렸습니다.

군사 려, 나그네 려
N4 초3

▶ [정자] 旅 깃발과 人(사람 인) 2개를 합친 자로 여행객들이 깃발 뒤로 열을 지어 따라감. 또는 깃발 뒤로 행렬을 이루는 군사

🔊 りょ　旅館 여관　旅行 여행　旅客機 (= 旅客機) 여객기
🔊 たび 여행

私はたまに一人で旅行に行きます。 저는 간혹 혼자 여행 갑니다.
今日は旅館に泊まることにしました。
오늘은 여관에 묵기로 했습니다.

놀 유
N3 초3

▶ 아이(子)가 깃발을 들고 뛰어다니며(辶) 노는 것

🔊 ゆう　遊泳 수영, 헤엄　遊泳禁止 수영 금지　遊園地 유원지
🔊 ゆ　遊山 유람, (멀리) 구경 다님
🔊 あそ(ぶ) 놀다
🔊 あそ(び) 놀이, 취미

この川では遊泳禁止です。 이 강에서는 수영금지입니다.
遊びで絵を習っています。 취미로 그림을 배우고 있습니다.

활 궁
N1 초2

▶ 활의 모양을 그린 것

🔊 きゅう　弓道 궁도　洋弓 양궁
🔊 ゆみ 활

大学に入ったら、弓道をやってみたいです。
대학에 들어가면 궁도를 해보고 싶습니다.
弓を引くには力が要ります。 활을 당기는 데에는 힘이 필요합니다.

引

끌 인

N3 초2

> ▶활(弓)에 화살(│)을 메겨 당기는 모습

- 음 いん　引力 인력　引用 인용　引退 은퇴
  強引 반대나 장애를 무릅쓰고 억지로 함
- 훈 ひ(く) 끌다, 당기다, 빼다
- 훈 ひ(ける) 끝나다

引退したら田舎で暮らしたい。 은퇴하면 시골에서 지내고 싶다.
十から二を引くと八です。 10에서 2를 빼면 8입니다.

弱

약할 약

N3 초2

> ▶【전자 弱】 장식(彡)이 붙은 장식용의 약한 활(弓)

- 음 じゃく　弱者 약자　弱点 약점　強弱 강약　貧弱 빈약
- 훈 よわ(い) 약하다
- 훈 よわ(る) (신체가) 약해지다
- 훈 よわ(まる) (자연현상·사물이) 약해지다
- 훈 よわ(める) (자연현상·사물을) 약하게 하다

人間なら誰にでも弱点があります。
인간이라면 누구에게라도 약점이 있습니다.
ガスの火を弱めてください。 가스 불을 줄여주세요.

発

쏠 발, 떠날 발

N4 초3

> ▶【정자 發】 양발을 좌우로 벌리듯(癶) 좌우로 벌리는 동작(殳)으로 활(弓)
> 을 벌려서(癶와 殳) 쏘는 것

- 음 はつ　発見 발견　発表 발표　開発 개발　出発 출발
- 음 ほつ　発作 발작　発足 발족, 출범

来週、娘のピアノの発表会があります。
다음 주에 딸의 피아노 발표회가 있습니다.
ここは再開発が進んでいます。 여기는 재개발이 진행되고 있습니다.

矢

화살 시

N1 초2

> ▶화살의 모양을 그린 상형문자

- 음 し　一矢 화살 한 개
- 유 や 화살　矢印 화살표

青木選手のヒットで一矢を報いました。
아오키 선수의 안타로 반격을 했습니다.
矢は的から外れました。 화살은 과녁에서 빗나갔습니다.

알 지

N4 초2

▶ 화살(矢)이 과녁을 맞히듯이 입(口)으로 정확하게 알아맞히는 능력

음 ち　知識 지식　知人 지인　知能 지능
　　承知 알고 있음, 승낙함

훈 し(る) 알다

彼女は多くの知識を持っています。

그녀는 많은 지식을 가지고 있습니다.

この子は、一を聞いて十を知ります。

이 아이는 하나를 듣고 열을 압니다.

짧을 단

N3 초3

▶ 짧은 화살(矢)과 짧은 발이 달린 접시(豆)를 합쳐서, '짧다'는 의미를 나타냄

음 たん　短期 단기　短大 전문대학　短所 단점　最短 최단

훈 みじか(い) 짧다

人は誰でも短所を持っています。

사람은 누구든 단점을 가지고 있습니다.

暑い時は髪を短く切ります。 더울 때는 머리를 짧게 자릅니다.

의원 의

N4 초3

▶ [정자 醫] 상자(匸) 속에 수술용 칼로 사용되는 화살촉(矢)과 수술 도구를 들고 있는 손(殳)과 치료제인 술(酉)이 합쳐진 자

음 い　医学 의학　医師 의사　医者 의사　医薬 의약

ドイツの医学は世界一です。 독일의 의학은 세계 제일입니다.

私は医者の卵です。 저는 초보 의사입니다.

물을 후, 기후 후

N3 초4

▶ 사람(イ)이 과녁(ユ)에 화살(矢)을 똑바로(Ⅰ) 맞추기 위해 살펴보는 것

음 こう　気候 기후　候補 후보　天候 천후, 날씨

この国は一年中温暖な気候です。

이 나라는 1년 내내 온난한 기후입니다.

運動会は悪天候のため中止されました。

운동회는 악천후 때문에 중지되었습니다.

누를 황

N2 초2

▶[정자 黄] 노란 불빛이 사방으로 퍼지며 날아가는 불화살의 모습

- 음 こう　黄砂 황사　　黄土 황토
- 음 おう　黄金 황금　　黄土 황토
- 훈 き　　黄色 황색, 노랑
- 훈 こ　　黄金 황금

春になると黄砂が飛んできます。 봄이 되면 황사가 날아옵니다.

私は暖かいイメージの黄色が好きです。

저는 따뜻한 이미지인 노란색을 좋아합니다.

가로 횡

N3 초3

▶[정자 橫] 중심에서 비어져 나와 벌어진(黃) 가로막대(木)로 제멋대로 '퍼지다'라는 의미가 포함됨

- 음 おう　横断 횡단
- 훈 よこ　가로, 옆

この道路は横断禁止です。 이 도로는 횡단 금지입니다.

横道から猫が飛び出してきてびっくりした。

골목길에서 고양이가 뛰어나와서 깜짝 놀랐다.

넓을 광

N4 초2

▶[정자 廣] 사방으로 퍼진(黃) 안이 텅 빈 넓은 방(广)

- 음 こう　広告 광고　　広大 광대　　広報 홍보　　広野 광야
- 훈 ひろ(い) 넓다　　*広場 광장
- 훈 ひろ(まる) 넓어지다　　훈 ひろ(める) 넓히다
- 훈 ひろ(がる) 넓어지다　　훈 ひろ(げる) 넓히다

インターネットに広告を出しました。 인터넷에 광고를 냈습니다.

本を読むと知識が広まります。 책을 읽으면 지식이 넓어집니다.

넓힐 확

N1 초6

▶[정자 擴] 손(扌)으로 넓히는(廣) 것

- 음 かく　拡散 확산　　拡大 확대　　拡張 확장

ウイルスが拡散しています。 바이러스가 확산되고 있습니다.

写真を拡大すると画質が落ちます。

사진을 확대하면 화질이 떨어집니다.

▶ [정자] 鑛 넓은(廣) 대지에 묻혀 있는 쇳돌(金)로 광석을 뜻함

음 こう　鉱業 광업　鉱山 광산　鉱石 광석　鉱物 광물

鉱山開発による問題点も多いです。

광산 개발에 의한 문제점도 많습니다.

地球上には多くの鉱石が存在します。

지구상에는 많은 광석이 존재합니다.

쇳돌 광, 광물 광

N2　초5

▶ 화살(寅 : 화살의 모습)이 곧고 길게 날아가듯 물(氵)이 길게 퍼져 흐르는 것

음 えん　演技 연기　演奏 연주　公演 공연　出演 출연

彼女の演技は素晴らしかったです。 그녀의 연기는 훌륭했습니다.

あの俳優が出演するドラマは人気がある。

저 배우가 출연하는 드라마는 인기가 있다.

멀리 흐를 연, 펼 연

N2　초5

▶ 지면(一) 위에 矢가 거꾸로 있는 모양으로, 화살이 지면에 도달해 꽂힌 모습

음 し　至急 급히, 서둘러　至難 지극히 어려움　夏至 하지
　　　*冬至 동지

훈 いた(る) 이르다, 도달하다

至急、現場に向かってください。 급히 현장으로 향해주세요.

5年付き合って結婚に至りました。 5년 사귀고 결혼에 이르렀습니다.

이를 지, 지극할 지

N1　초6

▶ 지붕과 벽으로 덮여서(尸) 막힌(至) 집

음 おく　屋外 옥외　屋上 옥상　家屋 가옥

훈 や ~가게, ~집　薬屋 약국　本屋 서점

屋上ガーデンでパーティーを開きました。

옥상 가든에서 파티를 열었습니다.

本屋で元彼に出会いました。

서점에서 전 남자친구를 우연히 만났습니다.

집 옥

N4　초3

> ▶집(宀) 가장 안쪽의 막다른(至) 곳에 있는 방을 뜻함

- 음 しつ 　室内 실내 　温室 온실 　教室 교실 　事務室 사무실
- 훈 むろ 　室町時代 무로마치 시대(1336~1573년)

教室では静かにしてください。 교실에서는 조용히 해주세요.

室町時代についてレポートを書いています。

무로마치 시대에 대해서 리포트를 쓰고 있습니다.

집 실

N4　초2

> ▶무사(イ)가 화살통(甫)에 화살을 넣어 갖춤(화살통에 화살이 들어 있는 모습)

- 음 び 　警備 경비 　準備 준비 　設備 설비 　予備 예비
- 훈 そな(わる) 갖추어지다, 구비되다
- 훈 そな(える) 갖추다, 구비하다, 대비하다

引っ越しの準備はどうですか。 이사 준비는 어떻습니까?

今年から留学に備えて勉強しています。

올해부터 유학에 대비해서 공부하고 있습니다.

갖출 비

N2　초5

북

> ▶[전자 樂] 줄(幺幺)을 달아놓은 북(白)을 나무(木) 받침대 위에 올려놓은 모양

- 음 がく 　音楽 음악 　楽器 악기
- 음 らく 　娯楽 오락 　気楽 마음 편함, 속 편함
- 훈 たの(しい) 즐겁다
- 훈 たの(しむ) 즐기다

彼とは何でも気楽に話せます。

그와는 뭐든지 속 편히 이야기할 수 있습니다.

本当に楽しい時間でした。 정말 즐거운 시간이었습니다.

풍류 악, 즐길 락

N4　초2

> ▶[정자 藥] 몸의 병을 고쳐 편안하고 즐겁게(樂) 해주는 약초(艹)

- 음 やく 　薬品 약품 　薬物 약물 　薬局 약국 　医薬 의약
- 훈 くすり 약

近くの薬局で薬をもらってください。 근처 약국에서 약을 받으세요.

薬は毎食後に飲んでください。 약은 매 식사 후에 드세요.

약 약

N3　초3

기쁠 희

N3 초5

▶세워놓은 북(효)을 치면서 입(口)으로 노래 부르며 기뻐함

＊효(북 주) : 받침대(ㅛ)에 올려져 있는 북(口)과 장식(士)의 모습

- 음 き　喜劇 희극　歓喜 환희
- 훈 よろこ(ぶ) 기뻐하다

この映画は喜劇です。이 영화는 희극입니다.

彼女はプレゼントをもらって喜んでいます。

그녀는 선물을 받고 기뻐하고 있습니다.

나무 수, 심을 수

N1 초6

▶손(寸)으로 북을 세우듯(효) 나무(木)를 세워 심음

- 음 じゅ　樹木 수목　樹立 수립　街路樹 가로수

今日、樹木園に行ってきました。오늘 수목원에 다녀왔습니다.

ボルトが世界新記録を樹立した。볼트가 세계신기록을 수립했다.

아뢸 주, 연주할 주

N1 초6

▶양손(廾)으로 동물(夭)을 신에게 바치거나, 양손(廾)에 악기(夭)를 들고 연주하는 모습

- 음 そう　演奏 연주　合奏 합주　間奏 간주　独奏 독주
- 훈 かな(でる) 연주하다

来週、娘のピアノ演奏会があります。

다음 주에 딸의 피아노 연주회가 있습니다.

彼女は毎日ギターを奏でています。

그녀는 매일 기타를 연주하고 있습니다.

업 업

N4 초3

▶종이나 북을 봉에 매달아서 거는 톱니처럼 생긴 대를 그린 자로 걸려서 '막히다'라는 의미가 생겼으며, 이후 순조롭게는 잘되지 않는 일이라는 의미가 됨

- 음 ぎょう　営業 영업　企業 기업　授業 수업　卒業 졸업
- 음 ごう　自業自得 자업자득
- 훈 わざ 짓, 소행(= 仕業), 일, 직업

卒業したら日本の企業に就職したいです。

졸업하면 일본 기업에 취직하고 싶습니다.

このいたずらは誰の仕業ですか。이 장난은 누구 짓입니까?

> [전자 對] 악기를 거는 두 개가 한 세트로 되어 있는 톱니 모양의 대(丵)와 손(寸)이 합쳐져, 두 개의 대를 서로 마주 보게 짝으로 세우는 것

- 음 たい　対応 대응　対立 대립　絶対 절대　反対 반대
- 음 つい 쌍, 짝, 벌

反対側の意見も聞いてみましょう。 반대쪽의 의견도 들어봅시다.

あの二人は一対のおしどりみたいですね。

저 두 사람은 한 쌍의 원앙새 같네요.

대답할 대, 대할 대

N3 초3

농기구

> 집을 짓기 위해서 땅(土)을 네모나게(其) 다져놓은 집터

> *其(그 기) : 네모난 대 위에 네모난 체크무늬의 키(농기구)를 올려놓은 모습으로, 정확한 네모 모양이라는 의미도 포함

- 음 き　基金 기금　基準 기준　基本 기본
- 훈 もと 기초, 근본, 근원
- 훈 もとい 기초, 근본, 근원

まず基本から身につけましょう。 우선 기본부터 익힙시다.

これは実話に基づいた映画です。 이것은 실화에 근거한 영화입니다.

터 기, 기초 기

N2 초5

> 달(月)이 일그러졌다가 원래의 정확한(其) 형태로 돌아오는 기간

- 음 き　期間 기간　期待 기대　期末 기말　延期 연기
- 예외 最期 임종

良い結果を期待しています。 좋은 결과를 기대하고 있습니다.

来週から期末試験が始まります。 다음 주부터 기말시험이 시작됩니다.

기약할 기

N3 초3

> 소쿠리 모양으로, 소쿠리에 물을 넣으면 쫙 빠져나가듯이, 햇빛이 빠져나가는 서쪽을 뜻함

- 음 せい　西部 서부　西洋 서양
- 음 さい　関西 간사이　*東西南北 동서남북
- 훈 にし 서쪽

関西地方は地震が少ないです。 관서 지방은 지진이 적습니다.

あの店は新宿駅の西口にあります。

그 가게는 신주쿠역의 서쪽 출구에 있습니다.

서녘 서

N5 초2

해칠 해, 해할 해

N3 초4

▶입(口)을 덮어씌워(宀: 덮어씌우는 새장 따위의 모습) 말을 못 하게 함

음 がい　害虫 해충　公害 공해　障害 장애　被害 피해

公害問題は深刻です。 공해 문제는 심각합니다.

台風でひどい被害を受けました。 태풍으로 심한 피해를 입었습니다.

나눌 할

N3 초6

▶칼(刂)로 베어서 해치는(害) 것

음 かつ　分割 분할

훈 わ(る) 나누다, 깨뜨리다　　훈 わ(り) 나눔

훈 わ(れる) 나누어 떨어지다, 깨지다

훈 さ(く) 할애하다

コートを分割払いで買いました。 코트를 할부로 샀습니다.

皿を落として割ってしまった。 접시를 떨어뜨려서 깨고 말았다.

법 헌

N1 초6

▶제멋대로인 눈(目 → 罒)과 마음(心)의 행동을 억제하는(宀) 법

음 けん　憲法 헌법　違憲 위헌　立憲 입헌, 헌법을 제정함

20年ぶりに憲法が改正されました。

20년 만에 헌법이 개정되었습니다.

それは立憲主義に反する。 그것은 입헌주의에 위반된다.

좋을 량, 어질 량

N3 초4

▶물에서 흔들어 깨끗하고 좋은 것만 골라내는 채의 모양

음 りょう　良好 양호　良心 양심　不良 불량, 불량배

훈 い(い) 좋다

検査結果は良好でした。 검사 결과는 양호했습니다.

今日は本当に天気が良いですね。 오늘은 정말로 날씨가 좋네요.

밝을 랑

N1 초6

> **[청자] 朗** 달(月)이 깨끗하고 맑음(良)

- 음 ろう　朗読 낭독　朗報 낭보, 기쁜 소식　明朗 명랑
- 훈 ほが(らか) 명랑함, 쾌활함

合格という朗報が届きました。 합격이라는 기쁜 소식이 도착했습니다.

これからも朗らかな子に成長してほしい。

앞으로도 명랑한 아이로 성장해주기 바란다.

과정 과, 과목 과

N3 초2

> 농작물(禾 : 벼 화)을 종류별로 나눠서 되나 말(斗 : 말 두)로 재서 등급을 매기는 것
>
> *斗(말 두) : 손잡이가 달린 국자나 곡식을 담아서 재는 말의 모습

- 음 か　科学 과학　科目 과목　教科書 교과서　内科 내과

私は科学が苦手です。 저는 과학을 잘 못합니다.

教科書の150ページを見てください。 교과서 150페이지를 봐주세요.

되질할 료

N4 초4

> 되나 말(斗)로 곡물(米)의 양을 재는 것

- 음 りょう　料金 요금　料理 요리　資料 자료　給料 월급

最近料理教室に通っています。 요즘 요리학원에 다니고 있습니다.

配った資料を参考してください。 나눠드린 자료를 참고하세요.

두 량

N3 초3

> **[청자] 兩** 좌우가 균형이 잡힌 저울의 모습

- 음 りょう　両替 환전　両親 부모　両手 양손
　　　　両方 양쪽, 쌍방

海外旅行のために両替しました。 해외여행을 위해서 환전했습니다.

私は両親と一緒に住んでいます。 저는 부모님과 함께 살고 있습니다.

숫자　사람　신체　생물　의식주　자연　인프라　수, 양　도구　신앙　기타

旧

예 구

N2 초5

▶【정자 舊】 귀가 솟고(卝) 몸이 절구통(臼) 같은 새(隹) 부엉이의 모습으로 밤에만 활동하여 이따금 나타난다는 데서 '오래다'라는 뜻을 나타냄

음 きゅう　旧式 구식　新旧 신구　復旧 복구

このカメラはずいぶん旧式です。 이 카메라는 꽤 구식입니다.

まだ完全には復旧していないです。

아직 완전히는 복구되지 않았습니다.

児

아이 아

N2 초4

▶【정자 兒】 절구통(臼)의 구멍처럼 정수리의 숨구멍이 채 굳지 않은 사람 (儿)으로 갓난아이를 뜻함

음 じ　児童 아동　育児 육아　幼児 유아
음 に　小児 소아

育児は大変な仕事です。 육아는 힘든 일입니다.

子供を小児科に連れていきました。

아이를 소아과에 데리고 갔습니다.

午

낮 오

N5 초2

▶상하로 움직이며 떡을 치는 절굿공이의 모양

＊杵(공이 저) : 나무(木)로 된 절굿공이(午)

음 ご　午後 오후　午前 오전　正午 정오

うちの会社は午前9時から午後7時までです。

우리 회사는 오전 9시부터 오후 7시까지입니다.

時計が正午を知らせました。 시계가 정오를 알렸습니다.

許

허락할 허

N3 초5

▶상하로 벗어나도 괜찮을 만큼의 범위에서(午) 말(言)로 허락함

음 きょ　許可 허가　許容 허용　免許 면허
훈 ゆる(す) 용서하다, 허가하다, 허락하다

今年、運転免許を取りました。 올해 운전면허를 땄습니다.

あんな犯人は許してはいけない。 저런 범인은 용서해서는 안 된다.

> 삽(ᄉ)으로 흙을 퍼서 여유 있게 넓게 펴는(八) 것

- 음 よ　余震 여진　余地 여지　余白 여백　余分 여분
- 훈 あま(す) 남기다
- 훈 あま(る) 남다

まだ余震が続いています。아직 여진이 계속되고 있습니다.

料理を作りすぎて余りました。
요리를 너무 많이 만들어서 남았습니다.

남을 여, (나 여)

N3　초5

> 방해되는 흙(ß)을 삽으로 좌우로 밀어제쳐(余) 제거함

- 음 じょ　除外 제외　解除 해제
- 음 じ　掃除 청소
- 훈 のぞ(く) 제거하다, 없애다, 제외하다, 빼다

日本では、年末に大掃除をします。
일본에서는 연말에 대청소를 합니다.

じゃまになるから、障害物を除きましょう。
방해되니까 장애물을 없앱시다.

덜 제, 버릴 제

N2　초6

> 긴장을 풀어서 여유 있게(余) 해주는 음료에 사용하는 풀(艹)

- 음 ちゃ　お茶 차　茶色 갈색
- 음 さ　茶道 다도(차를 끓이거나 마시는 예법)　喫茶店 찻집

お茶を入れましょうか。차를 탈까요?

母は茶道を習っています。어머니는 다도를 배우고 계십니다.

차 다, 차 차

N4　초2

쟁기

> 좌우로 손잡이가 튀어나온 쟁기의 모양을 그린 자로, 좌우 직선상으로 뻗은 동↔서, 남↔북의 방향 또 일을 해나가는 방향으로부터 방법이라는 뜻

- 음 ほう　方向 방향　方法 방법　一方 일방, 한쪽　地方 지방
- 훈 かた 분

この道は一方通行です。이 길은 일방통행입니다.

この方が原先生です。이분이 하라 선생님입니다.

모 방, 방위 방

N4　초2

防

둑 방, 막을 방

N2 초5

> ▶ 흙을 좌우로(方) 길게 쌓아 올려(阝) 물을 막는 둑

- 음 ぼう　防水 방수　防犯 방범　消防 소방　予防 예방
- 훈 ふせ(ぐ) 막다, 방지하다

うがいなどをして風邪を予防しましょう。
가글 등을 해서 감기를 예방합시다.

あなたの注意で事故は防げます。
당신의 주의로 사고는 막을 수 있습니다.

訪

찾을 방

N2 초6

> ▶ 좌우로 여기저기 찾아다니며(方) 말(言)로 안부를 묻는 것

- 음 ほう　訪日 방일, 일본을 방문함　訪問 방문
- 훈 おとず(れる) 방문하다, (계절이나 상황이) 찾아오다
- 훈 たず(ねる) 방문하다

恩師のお宅を訪問しました。은사님 댁을 방문했습니다.

いよいよ春が訪れましたね。드디어 봄이 찾아왔네요.

放

놓을 방

N3 초3

> ▶ 단단히 묶여 있던 것을 좌우(方)로 뻗어가게 하는(攵) 것

- 음 ほう　放送 방송　放置 방치　開放 개방　解放 해방
- 훈 はな(す) 놓아주다, 풀어주다, (잡고 있던 것을) 놓다
- 훈 はな(れる) 놓이다, 풀리다
- 훈 はな(つ) 놓아주다, 풀어주다

兄は放送局で働いています。형은 방송국에서 일하고 있습니다.

釣った魚を川に放してやった。낚은 물고기를 강에 놓아주었다.

激

과격할 격, 물 부딪칠 격

N1 초6

> ▶ 파도(氵)가 과격하게 바위에 부딪혀서 하얀(白) 물보라를 날리며 흩어지는(放) 것

- 음 げき　激増 급증　過激 과격　感激 감격　急激 급격
- 훈 はげ(しい) 심하다, 세차다, 격하다

物価が急激に上がりました。물가가 급격히 올랐습니다.

時々、激しい痛みを感じます。때때로 심한 통증을 느낍니다.

> 쟁기(耒)로 밭을 갈아엎어 이랑과 고랑(井)을 만들어놓은 모습

- **음** こう　耕作 경작　耕地 경지, 경작지　農耕 농경
- **훈** たがや(す) (논·밭을) 갈다, 경작하다

この地域では米を耕作しています。
이 지역에서는 쌀을 경작하고 있습니다.

畑を耕して種をまきました。 밭을 갈고 씨를 뿌렸습니다.

밭갈 경

N2　초5

> 사람(人)이 쟁기(㇄)와 같은 도구를 가지고 일을 하는 데서 '~로써'의 뜻

- **음** い　以後 이후　以上 이상　以前 이전　以来 이래

今日は以上です。 오늘은 이상입니다.

日本に来て以来、東京に住んでいます。
일본에 온 이래로 도쿄에 살고 있습니다.

써 이

N4　초4

> 사람(亻)이 도구를 가지고 작업해서(以) 실물과 같게 만듦

- **음** じ　類似 유사　近似 근사
- **훈** に(る) 닮다, 비슷하다
- **예외** 真似 흉내

彼女は母親によく似ています。 그녀는 어머니를 아주 많이 닮았습니다.

彼は人の真似が上手いです。 그는 남의 흉내를 잘 냅니다.

같을 사

N2　초5

> 하천에 작업(台)을 해서 물(氵)의 흐름을 조정하는 것
> *台 : 사람이 말(口)을 하며 쟁기와 같은 도구(厶)를 가지고 작업을 시작하는 것

- **음** ち　治安 치안　治療 치료　完治 완치
- **음** じ　政治 정치　不治 불치
- **훈** なお(る) 낫다, 치유되다　**훈** なお(す) 고치다, 치료하다
- **훈** おさ(まる) 다스려지다, (통증이) 가라앉다
- **훈** おさ(める) 다스리다, 치료하다, (통증을) 가라앉히다

다스릴 치, 병고칠 치

日本は治安が良いです。 일본은 치안이 좋습니다.

風邪がなかなか治らないです。 감기가 좀처럼 낫지 않습니다.

N3　초4

비로소 시

N4 초3

▶여자(女)에게 아기가 생기기 시작하는(台) 데서, '시작하다'라는 의미도 나타냄

- 음 し　始終시종, 항상, 언제나　開始 개시　年始 연시
- 훈 はじ(まる) 시작되다
- 훈 はじ(める) 시작하다

年末年始になると忙しくなります。 연말연시가 되면 바빠집니다.
試験は１０時から始めます。 시험은 10시부터 시작합니다.

장인 공, 연장 공

N4 초2

▶위(一) 아래(一) 나무 판에 구멍을 내서 나무 막대(|)로 꿰뚫은 모양으로 어려운 일이나 세공을 뜻함

- 음 こう　工業 공업　工事 공사　人工 인공　工場 공장
- 음 く　工夫 궁리, 고안, 연구　大工 목수

この先は工事中です。 이 앞은 공사중입니다.
もっと良い方法を工夫しましょう。 더 좋은 방법을 궁리합시다.

공 공, 공로 공

N1 초4

▶어려운 세공(工)을 하는 데에 힘(力)을 보태 공을 세움

- 음 こう　功績 공적　功労 공로　成功 성공
- 음 く　功徳 공덕

彼は大きい功績を残しました。 그는 큰 공적을 남겼습니다.
努力なしに成功はありえないです。
노력 없이 성공은 있을 수 없습니다.

엄할 엄, 혹독할 엄

N1 초6

▶[정자]嚴 묵직한 벼랑(厂)처럼 위엄이 있고(厂) 과감한(敢 : 감히 감) 말투로 엄하게 잔소리(吅) 함

- 음 げん　厳禁 엄금　厳重 엄중　厳密 엄밀
- 훈 きび(しい) 엄하다, 엄격하다
- 훈 おごそ(か) 엄숙함

厳密に言うと間違っています。 엄밀히 말하면 틀렸습니다.
日本人は時間に厳しいです。 일본인은 시간에 엄격합니다.

붉을 홍

`N2` 초6

> ▶ 실(糸)을 붉은 물감으로 물들여 가공함(工)

- 음 こう　　紅茶 홍차　　紅白 홍백　　紅葉 단풍
- 훈 べに 홍색, 주홍색, 연지　　口紅 립스틱
- 훈 くれない 홍색, 주홍색
- 예외 紅葉 단풍

紅白に分かれて試合をします。 홍백으로 나뉘어져 시합을 합니다.

秋と言えば、紅葉の季節です。 가을이라고 하면 단풍의 계절입니다.

한가지 동

`N4` 초2

> ▶ 각목의 단면에 지름이 같게 구멍(口)을 꿰뚫어 놓은 모습

- 음 どう　　同一 동일　　同時 동시　　同僚 동료　　共同 공동
- 훈 おな(じ) 같음, 동일함

彼と私は会社の同僚です。 그와 저는 회사 동료입니다.

弟は私と同じ学校に通っています。

남동생은 저와 같은 학교에 다니고 있습니다.

구리 동

`N2` 초5

> ▶ 구멍이 잘 뚫리는(同) 부드러운 금속(金)으로 구리를 뜻함

- 음 どう　　銅 동, 구리　　銅像 동상

青木選手が銅メダルを取りました。

아오키 선수가 동메달을 땄습니다.

公園の中央に銅像が立っています。

공원 중앙에 동상이 서 있습니다.

구멍 혈

`N1` 초6

> ▶ 흙을 파서(八) 구멍을 뚫은 동굴 집(宀)

- 음 けつ　　洞穴 동굴
- 훈 あな 구멍

洞穴にタヌキがすんでいます。 동굴에 너구리가 살고 있습니다.

地面に大きな穴ができました。 지면에 큰 구멍이 생겼습니다.

空

빌 공

▶ 꿰뚫어서(工) 구멍(穴)이 생겨 안이 비어 있는 것

- 음 くう　空間 공간　空気 공기　空港 공항　空中 공중
- 훈 そら 하늘
- 훈 あ(く) (시간이) 나다, 비다, (공간이) 비다, 나다
- 훈 あ(ける) (시간을) 내다, 비워놓다, (공간을) 비우다, 내다
- 훈 す(く) (속이 텅텅) 비다
- 훈 から (속이) 빔　空っぽ 텅 빔

やっぱり田舎の空気はさわやかですね。
역시 시골 공기는 상쾌하네요.

この席空いていますか。이 자리 비어 있습니까?

深

깊을 심

▶ 물(氵)의 깊이가 깊음(罙)

*罙(깊을 심) : 굴(穴 → 罒) 안 깊숙한 곳에 사람(大 → 木)이 들어가 있는 모습

- 음 しん　深海 심해　深刻 심각함　深夜 심야　水深 수심
- 훈 ふか(い) 깊다
- 훈 ふか(まる) 깊어지다　　훈 ふか(める) 깊게 하다

その問題は非常に深刻です。그 문제는 상당히 심각합니다.

秋が深まってきました。가을이 깊어졌습니다.

探

찾을 탐

▶ 어두운 굴(穴) 속에서 사람(木)이 손(扌)으로 더듬으며 길을 찾음

- 음 たん　探究 탐구　探検 탐험　探査 탐사　探知 탐지
- 훈 さぐ(る) (손·발로 더듬어) 찾다, (상대편의 동태를) 살피다
- 훈 さが(す) (갖고 싶은 것을) 찾다

密林を探検してみたいですね。밀림을 탐험해보고 싶네요.

南向きの部屋を探しています。남향의 방을 찾고 있습니다.

数

셀 수

▶ [전자]數 염주 꿰듯 여자(노예)들을 줄줄이 묶어놓은 모습(婁)으로 이어서 (婁) 수를 세는 행위(攵)

- 음 すう　数学 수학　数字 숫자　少数 소수　多数 다수
- 음 す　*人数 인원수(= 人数)
- 훈 かず 수　　훈 かぞ(える) (수를) 세다, 헤아리다

彼は数学が得意です。그는 수학을 잘합니다.

参加者の人数を数えます。참가자 인원수를 셉니다.

東 동녘 동, 꿸 동

N5 초2

▶ 나무로 흙 가마니 따위를 꿰뚫은 모습으로 태양이 지평선을 꿰뚫고 나오는 방향인 동쪽을 뜻함

음 とう　東西 동서　　東洋 동양　　関東 관동　　中東 중동

훈 ひがし 동쪽

今朝、関東地方に地震がありました。

오늘 아침 관동 지방에 지진이 있었습니다.

渋谷駅の東口で会いましょう。 시부야역 동쪽 출구에서 만납시다.

重 무거울 중

N4 초3

▶ 사람(イ)이 지면(土)을 꿰뚫듯이(東) 쿵쿵 밟아서 무게를 가함

음 じゅう　重大 중대　　重要 중요　　重力 중력

음 ちょう　貴重 귀중　　尊重 존중

훈 え 겹, 중

훈 おも(い) 무겁다

훈 かさ(なる) 겹치다, 포개지다

훈 かさ(ねる) 겹치다, 포개다, 거듭하다

地球温暖化は重大な問題です。 지구온난화는 중대한 문제입니다.

この箱は本当に重いです。 이 상자는 정말로 무겁습니다.

種 씨앗 종

N3 초4

▶ 지면을 내리누르듯이(重) 작물(禾)의 씨앗을 심는 것

음 しゅ　種目 종목　　種類 종류　　各種 각종　　人種 인종

훈 たね 종자, 씨, 원인, 불씨

チーズの種類は多いそうです。 치즈의 종류는 많다고 합니다.

畑に種をまきました。 밭에 씨를 뿌렸습니다.

動 움직일 동

N4 초3

▶ 무거운(重) 물건에 힘(力)을 가해서 움직이게 함

음 どう　動作 동작　　動物 동물　　運動 운동　　行動 행동

훈 うご(く) 움직이다

훈 うご(かす) 움직이다

この地域には野生動物が多いです。

이 지역에는 야생동물이 많습니다.

雲が動いていますね。 구름이 움직이고 있네요.

일할 동

N3 초4

▶ 사람(イ)이 움직여(動) 일함

- 음 どう　労働 노동
- 훈 はたら(く) 일하다, 작용하다

少子化により、労働力が足りないです。
저출산에 의해 노동력이 부족합니다.

妹は銀行で働いています。 여동생은 은행에서 일하고 있습니다.

헤아릴 량

N2 초4

▶ 쌀이나 조 등의 곡물(日)의 무게(重)를 재는 것

- 음 りょう　量 양　重量 중량　多量 다량　少量 소량
- 훈 はか(る) (무게를) 재다, 달다

ご飯の量が多いです。 밥의 양이 많습니다.

体重を量ってみました。 체중을 재보았습니다.

아이 동

N2 초3

▶ 辛, 目, 東, 土 를 합친 자. 날붙이(辛 → 立)로 어린 아이의 한쪽 눈(目)을
찔러서(東과 土) 보이지 않게 하여 노예로 삼음

- 음 どう　童顔 동안　童謡 동요　童話 동화　児童 아동
- 훈 わらべ 아이, 아이들, 아동　童歌 동요

欠食児童が社会問題となっています。

결식아동이 사회문제가 되고 있습니다.

小学校の時、童歌を習いました。 초등학교 때 동요를 배웠습니다.

쓸 용

N4 초2

▶ 장방형의 판자에 나무막대기로 구멍을 뚫어서 통과시킨 모습으로 구멍을
뚫는 데 힘이나 도구를 사용함

- 음 よう　用意 준비　用事 볼일, 용무　悪用 악용　利用 이용
- 훈 もち(いる) 쓰다, 사용하다

早く用意しないと、間に合わないよ。

빨리 준비하지 않으면 시간 내에 닿지 못한다.

チンパンジーも道具を用います。 침팬지도 도구를 사용합니다.

通

통할 통

N4 초2

> 도중에 막히지 않고 꿰뚫고(甬) 나아감(辶)

* 甬 : 사람(マ)이 발로 지면을 꿰뚫듯이(用) 쿡 짚는 것

- 음 つう　通過 통과　通訳 통역　交通 교통　普通 보통
- 음 つ　通夜 (초상집에서) 밤샘
- 훈 とお(る) 통과하다, 지나다
- 훈 とお(す) 통과시키다, 지나가게 하다
- 훈 かよ(う) (정기적으로) 다니다

ここは交通の便が良いです。 여기는 교통편이 좋습니다.

週に２回日本語学校に通っています。

일주일에 두 번 일본어학원에 다니고 있습니다.

痛

아플 통

N3 초6

> 꿰뚫듯이(甬) 아픈(疒 : 병 녁) 통증

- 음 つう　痛快 통쾌　苦痛 고통　頭痛 두통
- 훈 いた(い) (육체적·정신적) 아프다, 뼈아프다
- 훈 いた(む) (육체적·정신적) 아프다, 괴롭다
- 훈 いた(める) (육체적·정신적) 아프게하다, 다치다, 고통을 주다

今朝から頭痛がします。 오늘 아침부터 머리가 아픕니다.

傷がずきずき痛みます。 상처가 욱신욱신 아픕니다.

날쌜 용, 용감할 용

N2 초4

> 사람(マ)이 발로 지면을 꿰뚫듯이 힘차게(力) 쿡 짚고(甬) 분발함

- 음 ゆう　勇気 용기
- 훈 いさ(む) 용기가 솟아나다
- 훈 いさ(ましい) 용감하다, 씩씩하다

勇気を出して彼女に告白しました。

용기를 내서 그녀에게 고백했습니다.

彼の行動は勇ましかったです。 그의 행동은 용감했습니다.

깎음

작을 소

N5 초1

> 나무 막대(丨)를 깎아서(ハヽ) 작고 가늘게 하는 모습

- 음 しょう　小学生 초등학생　小学校 초등학교　小説 소설
- 훈 ちい(さい) 작다
- 훈 こ 작은　小型 소형　小包 소포
- 훈 お 작은

将来、小説家になりたいです。 장래에 소설가가 되고 싶습니다.

私は小さい村で産まれました。 저는 작은 마을에서 태어났습니다.

277

적을 소

N4 초2

> ▶ 깎아(小) 내서(ノ) 적게 줄임

- 음 しょう 　少々 조금, 잠시 　少数 소수
  　　　　　少年 소년 　多少 다소
- 훈 すく(ない) 적다
- 훈 すこ(し) 조금, 약간

少々お待ちください。잠시 기다려주세요.

塩を少し入れてください。소금을 조금 넣어주세요.

살필 성, 덜 생

N2 초4

> ▶ 눈(目)을 가늘게(少) 뜨고 세심하게 보는 것

- 음 せい 　帰省 귀성, 귀향 　反省 반성
- 음 しょう 　省略 생략 　文部省 문부성, 교육부
- 훈 かえり(みる) 돌이켜보다, 반성하다
- 훈 はぶ(く) 덜다, 줄이다, 생략하다

彼はミスをしても反省しないです。

그는 실수를 해도 반성하지 않습니다.

この部分の説明は省きます。이 부분의 설명은 생략하겠습니다.

모래 사

N2 초6

> ▶ 작게 깎여진(少) 돌(石), 즉 모래를 뜻함

- 음 さ 　砂糖 설탕
- 음 しゃ 　土砂 흙과 모래
- 훈 すな 모래 　砂時計 모래시계

コーヒーに砂糖を入れましょうか。커피에 설탕을 넣을까요?

歯磨き用の砂時計を買いました。양치질용 모래시계를 샀습니다.

시간단위 초, 벼까끄라기 묘

N2 초3

> ▶ 벼(禾) 이삭에 붙어있는 가늘고 미미한(少) 털(까끄라기)을 뜻하며 가장
>   작은 시간 단위를 나타냄

- 음 びょう 　秒針 초침 　秒速 초속 　毎秒 매초

いよいよ秒読みに入りました。드디어 초읽기에 들어갔습니다.

新幹線の秒速は何メートルですか。신칸센의 초속은 몇 미터입니까?

▶ [정자] 消 물줄기(氵)가 가늘어지는(肖) 것

 ＊肖(닮을 초) : 재료를 깎아서(小) 실물과 닮은 작은 몸집(月)을 만듦.

🔵 しょう　消化 (음식물) 소화　消火 (화재) 소화
　　　　　消費 소비　解消 해소

🟢 き(える) 꺼지다, 지워지다

🟢 け(す) 끄다, 지우다

消化に良い物を食べてください。 소화가 잘되는 것을 드세요.

もう寝る時間だからテレビを消しなさい。

이제 잘 시간이니까 텔레비전을 끄세요.

꺼질 소, 사라질 소

N3 초3

▶ 사람(亻)이 재료에 칼집(乍)을 내며 무언가를 만드는 것

 ＊乍 : 나무에 칼로 휙 칼자국을 내며 무언가를 만드는 것

🔵 さく　作品 작품　作家 작가　名作 명작
🔵 さ　作業 작업　作法 예의범절, 예절　作用 작용
🟢 つく(る) 만들다

この映画は名作ですね。 이 영화는 명작이네요.

動物お握りを作りました。 동물 주먹밥을 만들었습니다.

지을 작, 만들 작

N4 초2

咋

▶ 순식간에 휙 지나간(乍), 즉 지나간 지 얼마 안 된(乍) 날(日)

🔵 さく　昨日 어제　昨年 작년

[예외] 昨日 어제　一昨日 그저께　一昨年 재작년

昨年は雪が多かったです。 작년에는 눈이 많이 내렸습니다.

昨日より今日の方が暑いですね。 어제보다 오늘이 덥네요.

어제 작

N3 초4

신앙

제단

示

보일 시, 귀신 기

N3 초5

> 신을 모시는 제단을 그린 자로 신이나 제사와 관계가 있음

음 じ 掲示 게시 指示 지시 展示 전시 表示 표시
음 し 示唆 시사
훈 しめ(す) 보이다, 나타내다, 가리키다

担当者の指示に従ってください。 담당자의 지시에 따라주세요.

皆その話に関心を示した。 모두 그 이야기에 관심을 보였다.

視

볼 시, 살필 시

N1 초6

> [정자 視] 示(똑바로 나타낸다)와 見을 합친 자로, 똑바로(示) 보는(見) 것

음 し 視野 시야 視力 시력 無視 무시 重視 중시

人の意見を無視してはいけません。

남의 의견을 무시해서는 안 됩니다.

私は健康を重視しています。 저는 건강을 중시하고 있습니다.

宗

마루 종, 종묘 종

N2 초6

> 조상을 모시는 제단(示)이 있는 큰집(宀)

음 しゅう 宗教 종교 宗派 종파
음 そう 宗家 종가

あなたの宗教は何ですか。 당신의 종교는 무엇입니까?

あの店はキムチの宗家と呼ばれています。

저 가게는 김치의 종가로 불리고 있습니다.

禁

금할 금

N2 초5

> 신을 모신 곳(示) 주변을 수풀(林)로 에워싸서 출입을 금하는 것

음 きん 禁煙 금연 禁止 금지 禁物 금물 禁じる 금하다

ここから先は禁煙です。 여기부터는 금연입니다.

館内は写真禁止です。 관내는 사진 금지입니다.

祭 제사 지낼 제

N2 초3

> 고기(月)에 술이나 물을 끼얹고 손(又)으로 문질러 깨끗하게 하여 제단 (示)에 올리는 것

음 さい　祭日 제일, 국경일　　祝祭日 축제일, 국경일

훈 まつ(る) 제사 지내다

훈 まつ(り) 제사, 축제

日曜と祭日は休業します。 일요일과 국경일은 휴업합니다.

サッポロの雪祭りに行きました。 삿포로 눈축제에 갔습니다.

察 살필 찰

N3 초4

> 집 안(宀) 구석구석을 깨끗이 문질러(祭) 청소하며 살피는 것

음 さつ　観察 관찰　警察 경찰　診察 진찰

誰か警察を呼んでください。 누군가 경찰 좀 불러주세요.

風邪ぎみで診察を受けました。

감기 기운이 있어서 진찰을 받았습니다.

際 사이 제, 모일 제

N2 초5

> 담(阝)과 담(阝)이 서로 문지르듯(祭) 닿을락 말락 이웃해 있음

음 さい　交際 교제　国際 국제　実際 실제

훈 きわ 가장자리, 가

彼氏と交際して三ヶ月目です。 남자친구와 교제한 지 3개월째입니다.

窓際の席をお願いします。 창가 자리를 부탁합니다.

제기

豆 콩 두, 제기 두

N1 초3

> 음식을 담는 발이 달린 그릇의 모양으로, 콩의 겉껍질 모양이 이런 그릇의 모양을 닮은 데서 콩이라는 의미가 파생되었음

음 とう　豆乳 두유　豆腐 두부　納豆 낫또

음 ず　大豆 콩

훈 まめ 콩

納豆は健康と美容に良いです。 낫또는 건강과 미용에 좋습니다.

私は豆ご飯が好きです。 저는 콩밥을 좋아합니다.

풍년 풍, 풍성할 풍

N2 초5

> [정자] 豐 발이 달린 그릇(豆) 위에 음식을 풍성하게 담은(曲) 모습

음 ほう　豊作 풍작　豊年 풍년　豊富 풍부

훈 ゆた(か) 풍부함, 풍족함, 부유함

今年は豊作になりそうです。 올해는 풍작이 될 것 같습니다.

彼女は表現力が豊かです。 그녀는 표현력이 풍부합니다.

예도 례, 예절 례

N3 초3

> [정자] 禮 음식을 풍성하게(豊) 차려 놓고 예의를 갖추어 제사(示)를 지냄

음 れい　礼儀 예의　失礼 실례　無礼 무례

음 らい　礼賛 예찬　礼拝 예배

彼はいつも礼儀正しいです。 그는 항상 예의 바릅니다.

失礼なことを言ってごめんなさい。

실례되는 말을 해서 죄송합니다.

몸 체

N4 초2

> [정자] 體 뼈(骨)와 풍족한(豊) 살로 이루어진 몸

음 たい　体育 체육　体重 체중　体力 체력　全体 전체

음 てい　体裁 외관, 겉모양

훈 からだ 몸, 신체

体重がなかなか減らないです。 체중이 좀처럼 줄지 않습니다.

今日はなんだか体がだるいです。 오늘은 왠지 몸이 나른합니다.

오를 등

N3 초3

> 발이 달린 그릇(豆) 모양의 발판(豆) 위에 양발(癶)로 올라서는 것
>
> *癶 : 왼발과 오른발이 벌어진 모양

음 とう　登校 등교　登場 등장　登録 등록

음 と　登山 등산

훈 のぼ(る) (높은 곳에) 오르다

歌手が舞台に登場しました。 가수가 무대에 등장했습니다.

毎週、山登りをしています。 매주 등산을 하고 있습니다.

> **[정자] 證** 증언대에 올라가서(登) 사실대로 증언(言)하는 것

증거 증

N1 초5

음 しょう　証言 증언　証拠 증거　証明 증명　保証 보증

卒業証明書を一通お願いします。 졸업증명서를 한 통 부탁드립니다.
彼の誠実さは私が保証します。 그의 성실함은 제가 보증합니다.

> **[정자] 燈** 높이 거는(登) 등불(火)

등불 등

N2 초4

음 とう　灯台 등대　街灯 가로등　電灯 전등
훈 ひ 빛, 불빛, 등불

灯台下暗し 등잔 밑이 어둡다.
街の灯が美しいですね。 거리의 등불이 아름답네요.

기타

출산,산란

낳을 산

N3 초4

▶원래 한자는 文과 厂과 生이 합쳐져 구성되었으며 이목구비의 모습(文)이 뚜렷한(厂) 아이가 태어나는(生) 것을 의미함

- 음 さん　産業 산업　国産 국산　財産 재산　生産 생산
- 훈 う(む) (출산·산란) 낳다, 출산하다
- 훈 う(まれる) (출산·산란) 태어나다
- 훈 うぶ 갓 낳은 그대로의　産毛 배냇머리, 솜털

健康は最高の財産です。 건강은 최고의 재산입니다.

赤ちゃんが産まれました。 아기가 태어났습니다.

알 란

N2 초6

▶나란히 늘어서 있는 둥근 알

- 음 らん　卵子 난자　産卵 산란
- 훈 たまご 알, 달걀, 계란

サケは産卵後、死んでしまいます。 연어는 산란 후 죽고 맙니다.

魚は卵をたくさん産みます。 물고기는 알을 많이 낳습니다.

모양, 무늬(직선)

뜰 정

N3 초3

▶집(广) 안에 평평하게 펼쳐진(廷) 뜰을 나타냄

  *廷(조정 정) : 곧고(壬) 평평하게 펼쳐진(廴 : 길게 끌다) 정원이 있는 관청

- 음 てい　庭園 정원　家庭 가정　校庭 교정
- 훈 にわ 뜰, 정원

子供たちには家庭教育が大切です。

아이들에게는 가정교육이 중요합니다.

昨日は庭の手入れをしました。 어제는 정원의 손질을 했습니다.

단위 정, 헤아릴 정

N2 초5

▶[정자 程] 세금으로 낼(呈) 벼(禾)의 무게나 양을 헤아림

  *呈 → 呈(드릴 정) : 감추지 않고 입(口)으로 똑바로(壬 : 곧을 정) 말씀드림

- 음 てい　程度 정도　過程 과정　日程 일정
- 훈 ほど (대략적인) 정도, 쯤

まず日程を決めておきましょう。 우선 일정을 정해둡시다.

ここからだと30分程かかります。 여기부터라면 30분 정도 걸립니다.

> [정자] 聖 귀(耳)를 곧게(壬) 하여 성스러운 신의 말(口)을 듣는 것

음 せい　聖書 성서　聖人 성인　神聖 신성

「聖書を読む会」に参加しています。
'성서를 읽는 모임'에 참가하고 있습니다.

学校は神聖な場所です。 학교는 신성한 장소입니다.

성스러울 성, 성인 성

N1　초6

> 똑바로 한 줄로(啇) 가는(辶) 것
> *啇 : 세 가닥의 선을 모아서 중앙을 똑바로 한 줄로 묶어놓은 모습

음 てき　適切 적절　適当 적당　快適 쾌적　最適 최적
훈 かな(う) 꼭 맞다, 들어맞다

適当な答えを選びなさい。 알맞은 답을 고르시오.
それは礼儀に適わないです。 그것은 예의에 맞지 않습니다.

(알)맞을 적

N2　초5

> 똑바로(啇) 마주 보는 행위(攵) 혹은 그 상대

음 てき　敵軍 적군　強敵 강적　天敵 천적
훈 かたき 원수
훈 かな(う) 상대가 되다, 필적하다

動物にはそれぞれ天敵がいます。 동물에는 각각 천적이 있습니다.
彼には敵わないです。 그에게는 상대가 되지 않습니다.

원수 적, 대적할 적

N1　초6

> [정자] 條 가늘고 긴(攸) 나뭇가지(木)
> *攸(멀 유) : 사람(亻)의 등에 물을 가늘고 길게(丨) 졸졸 부어서 씻기는 행위(攵).

음 じょう　条件 조건　条目 조목, 조항　条約 조약

条件が合わなかったです。 조건이 맞지 않았습니다.
両国は条約に署名しました。 양국은 조약에 서명했습니다.

가지 조, 조목 조

N1　초5

닦을 수

N1 초5

▶흐트러짐 없이 날씬하고(攸) 단정하게 모양(彡)을 꾸밈

- 음 しゅう　修理 수리　修了 수료　研修 연수
- 음 しゅ　修行 수행
- 훈 おさ(まる) (행실이) 바로잡히다, 좋아지다
- 훈 おさ(める) 닦다, 수양하다, 수학하다

パソコンを修理に出しました。 컴퓨터를 수리 맡겼습니다.
大学では法学を修めました。 대학에서는 법학을 수학했습니다.

부르짖을 호

N3 초3

▶[정자]號 거칠고 큰 소리가 입(口)에서 구부러져(丂) 나옴

- 음 ごう　〜号 〜호　記号 기호　信号 신호　番号 번호

信号は必ず守りましょう。 신호는 반드시 지킵시다.
携帯電話の番号が変わりました。 휴대폰 번호가 바뀌었습니다.

집 우, 하늘 우

N2 초6

▶크게 굽은(于) 지붕(宀)으로 크고 둥근 돔을 나타냄

- 음 う　宇宙 우주

宇宙飛行士になるのが夢です。 우주비행사가 되는 것이 꿈입니다.
宇宙には空気がない。 우주에는 공기가 없다.

부를 호

N3 초6

▶입(口) 밖으로 입김이나 소리가 뻗어나오는(乎) 모습

- 음 こ　呼応 호응　呼吸 호흡
- 훈 よ(ぶ) 부르다

マスクをすると呼吸が苦しいです。
마스크를 쓰면 호흡이 답답합니다.
早く救急車を呼んでください。 빨리 구급차를 불러주세요.

文

글월 문

▶옛날의 토기에 새겨 넣은 새끼줄 무늬의 일부를 그린 것

- 음 ぶん　文化 문화　文法 문법
- 음 もん　注文 주문　文句 문구, 불평　*文字 문자
- 훈 ふみ 편지(옛말)　恋文 연애편지

国によって文化が違います。 나라에 따라서 문화가 다릅니다.
あの人は文句ばかり言っている。 저 사람은 불평만 하고 있다.

交

사귈 교, 교차할 교

▶사람이 다리를 교차시키고 서 있는 모습

- 음 こう　交通 교통　交代 교체　交替 교대　交番 파출소
- 훈 まじ(わる) 교차하다　훈 まじ(える) 교차시키다
- 훈 ま(じる) 섞이다　훈 ま(ざる) 섞이다
- 훈 ま(ぜる) 섞다
- 훈 か(う) (ます形에 붙어) 뒤섞이다
- 훈 か(わす) 주고받다, 나누다

あそこの交番で聞いてください。 저기 파출소에서 물어보세요.
二人は笑顔で挨拶を交わした。 두 사람은 웃는 얼굴로 인사를 나눴다.

効

본받을 효

▶[정자]效 좋은 결과를 내기 위해서 힘(力)을 짜냄(交)

- 음 こう　効果 효과　効能 효능　有効 유효
- 훈 き(く) (효과가) 듣다, 효과가 있다

いくら注意しても効果がないです。
아무리 주의를 줘도 효과가 없습니다.
この薬は頭痛によく効きます。 이 약은 두통에 잘 듣습니다.

校

학교 교, 바로잡을 교

▶X자로 교차한(交) 나무(木) 틀을 뜻했으나, 나중에 가르치는 것과 배우는 것이 교차하는 학교로 사용됨

- 음 こう　校長 교장　学校 학교　登校 등교　予備校 재수학원

九時までに登校してください。 9시까지 등교해주세요.
息子は予備校に通っています。 아들은 재수학원에 다니고 있습니다.

배울 학

N5 초1

▶ [정자 學] 두 손(ㅌㅋ)이 교차하며(爻) 주고받듯이 스승과 제자(子)가 지혜를 주고받는 집(冖)을 뜻함

음 がく　学部 학부　数学 수학　大学 대학　入学 입학

훈 まな(ぶ) 배우다

入試方法は学部によって違います。

입시 방법은 학부에 따라서 다릅니다.

失敗から多くのことを学びます。 실패에서 많은 것을 배웁니다.

깨달을 각

N3 초4

▶ [정자 覺] 보거나(見) 들은 것이 마음속에서 교차하여(與) 문득 깨달음

음 かく　覚悟 각오　感覚 감각　視覚 시각　聴覚 청각

훈 おぼ(える) 기억하다, 암기하다, 익히다

훈 さ(める) 잠에서 깨다, 눈이 뜨이다

훈 さ(ます) 잠을 깨우다, 깨다

寒くて指の感覚がないです。 추워서 손가락의 감각이 없습니다.

あの時の事は、今でもよく覚えています。

그때의 일은 지금도 잘 기억하고 있습니다.

가르칠 교

N4 초2

▶ [정자 教] 어른과 아이(子) 사이에 지식이 교차하는(爻) 행위(攵)

음 きょう　教育 교육　教室 교실　教授 교수　宗教 종교

훈 おし(える) 가르치다, 가르쳐주다

훈 おそ(わる) 배우다

このアニメは子供の教育上良くない。

이 애니메이션은 아이들의 교육상 좋지 않다.

兄は高校で英語を教えています。

형은 고등학교에서 영어를 가르치고 있습니다.

말씀 어

N5 초2

▶ 입(口)으로 말(言)을 서로 주고받는(五) 것

음 ご　語学 어학　言語 언어　国語 국어　単語 단어

훈 かた(る) 이야기하다, 말하다

훈 かた(らう) 이야기를 주고받다, 이야기하다

私は国語が苦手です。 저는 국어를 못합니다.

祖父が戦争の体験談を語ってくれた。

할아버지가 전쟁 체험담을 이야기해주셨다.

나선형

돌 회, 돌아올 회

N4 초2

> ▶이중 원을 그린 자로, 나선형으로 빙글빙글 도는 모습

- 음 かい 　回収 회수　回転 회전　回復 회복　今回 이번
- 훈 まわ(る) 돌다
- 훈 まわ(す) 돌리다, 회전시키다
- 훈 まわ(り) 둚, 회전

母の健康は回復しています。 어머니의 건강은 회복되고 있습니다.

ゆっくりと風車が回っています。 천천히 풍차가 돌고 있습니다.

테두리, 틀

井

우물 정

N1 초4

> ▶파 내려간 우물 위에 무너지지 않도록 네모난 틀로 난간을 만들어놓은 모습을 위에서 그린 모양

- 음 せい 　　油井 유정, 석유를 퍼 올리기 위해 판 우물
- 음 しょう *天井 천정, 천장
- 훈 い 우물　井戸 우물

この家は天井が高いですね。 이 집은 천장이 높네요.

井の中の蛙大海を知らず。 우물 안 개구리는 넓은 바다를 모른다.

形

모양 형

N3 초2

> ▶여러 선(彡)을 그어서 테두리(开) 모양을 만듦

- 음 けい 　形式 형식　形容詞 형용사　図形 도형
- 음 ぎょう 人形 인형
- 훈 かた 형태, 모양　形見 유품, 유물
- 훈 かたち 형태, 모양

彼女はまるで人形のようですね。 그녀는 마치 인형 같네요.

この時計は父の形見です。 이 시계는 아버지의 유품입니다.

型

거푸집 형, 모형 형

N2 초5

> ▶흙(土)으로 만든 주물 틀(刑). 즉, 주형을 뜻함
>
> *刑(형벌 형) : 틀(开) 안에 가두어 칼(刂)로 징계함

- 음 けい 　模型 모형　典型 전형
- 훈 かた 형, 본　*小型 소형　*大型 대형

彼は典型的なA型の性格ですね。 그는 전형적인 A형 성격이네요.

大型台風が接近しています。 대형 태풍이 접근하고 있습니다.

위치

가운데 중

N5 초1

▶테두리(口) 한가운데를 나무막대 또는 깃대(丨)가 꿰뚫은 모습

- 음 ちゅう　中央 중앙　中間 중간　中古 중고　中心 중심
- 음 じゅう　一日中 하루 종일　世界中 전세계
- 훈 なか 안, 속

日本の中古車は人気が高いです。 일본의 중고차는 인기가 높습니다.

この箱の中には何が入っていますか。

이 상자 속에는 뭐가 들어 있습니까?

버금 중

N2 초4

▶사람과 사람(人) 간의 사이(中)를 뜻함

- 음 ちゅう　仲介 중개, 알선
- 훈 なか (사람간의) 사이, 관계　仲間 한패, 동료

不動産屋に仲介してもらいました。 부동산에서 알선해주었습니다.

あの二人は仲が悪くて、会うたびにケンカする。

저 둘은 사이가 안 좋아서 만날 때마다 싸운다.

빌 충, 화할 충

N1 초4

▶물(氵)의 한가운데(中)로, 즉 앞바다나 먼바다를 뜻함

- 음 ちゅう　沖積 충적, 흐르는 물에 의하여 토사가 쌓임
- 훈 おき 앞바다, 먼바다　沖縄県 오키나와 현

今、沖に出るのは危ないです。

지금 앞바다에 나가는 것은 위험합니다.

沖縄は一年中暖かいです。 오키나와는 1년 내내 따뜻합니다.

충성 충

N1 초6

▶마음(心)이 좌우로 흔들리지 않고 중심(中)을 잡고 충성함

- 음 ちゅう　忠告 충고　忠実 충실함, 성실함, 정확함

彼は私の忠告を受け入れなかった。

그는 나의 충고를 받아들이지 않았다.

犬は忠実な動物です。 개는 충실한 동물입니다.

숫자
사람
신체
식물
의식주
자연
인프라
수량
도구
산업
기타

▶사람(イ)의 키가 작음(氐)

＊氐(낮을 저) : 쌓아올린 흙(氏)의 가장 아래를 선(一)으로 표시한 자

🔴てい　低温 저온　低下 저하　低気圧 저기압　最低 최저
🔵ひく(い) (높이가) 낮다, (키가) 작다

近年、子供の学力が低下しています。
근년에 아이들의 학력이 저하되고 있습니다.
飛行機が低く飛んでいます。 비행기가 낮게 날고 있습니다.

낮을 저

N3　초4

▶건물(广)의 가장 낮은(氐) 밑바닥

🔴てい　底辺 (수학의) 밑변, (사회의) 하층, 저변　海底 해저
🔵そこ 바닥, 밑바닥

日本には海底トンネルがあります。 일본에는 해저터널이 있습니다.
この川は水がきれいで底まで見える。
이 강은 물이 깨끗해서 바닥까지 보인다.

밑 저, 바닥 저

N2　초4

▶[정자 惡] 집의 아래에 깔리는 토대(亞)처럼 마음(心)이 내리눌려서(亞) 기분이 안 좋고 메슥거리는 느낌

＊亞(버금 아) : 건물이나 무덤을 만들기 위해서 흙을 네모나게 파내려간 토대를 그린 자

🔴あく　悪用 악용　悪化 악화　最悪 최악
🔴お　悪寒 오한　嫌悪 혐오
🔵わる(い) 나쁘다

病気が急に悪化してしまった。 병이 갑자기 악화되고 말았다.
今日、顔色が悪いですね。 오늘 안색이 안 좋으시네요.

악할 악, 미워할 오

N4　초3

▶일정한 위치를 나타내는 ─ 위에 •을 얹어 위를 나타냄

🔴じょう　上下 상하　上手 잘함, 능숙함
　上達 숙달됨, 향상됨　上品 품위가 있음, 고상함
🔵うえ 위　🔵うわ 위의, 위쪽의
🔵かみ 위, (강의) 상류
🔵あ(がる) 오르다, 올라가다
🔵あ(げる) 올리다　🔵のぼ(る) 오르다, 올라가다

君の英語は上達しているね。 자네 영어는 향상되었네.
野菜の値段が上がりました。 채소의 가격이 올랐습니다.

윗 상

N5　초1

295

아래 하

N5 초1

> ▶ 일정한 위치를 나타내는 ― 아래에 •을 받쳐 아래를 나타냄

- 음 か　以下 이하　地下 지하　部下 부하
- 음 げ　下品 품위가 없음　下落 하락
- 훈 した 아래, 밑　　　　　훈 しも 아래, (강의) 하류
- 훈 もと 하, 아래, 곁　　　 훈 さ(がる) 내려가다
- 훈 さ(げる) 내리다, 낮추다　훈 くだ(る) 내려가다
- 훈 くだ(す) (판결 등을) 내리다　훈 くだ(さる) 주시다
- 훈 お(りる) 내리다　　　 훈 お(ろす) 내리다, (돈을) 찾다, 인출하다

私は、毎日地下鉄で出勤しています。

저는 매일 지하철로 출근하고 있습니다.

机の下にペンが落ちています。책상 밑에 펜이 떨어져 있습니다.

색인

동양북스 채널에서 더 많은 도서
더 많은 이야기를 만나보세요!

 ▶ 유튜브

 ◎ 인스타그램

 blog 블로그

 🄿 포스트

 f 페이스북

 💬 카카오뷰

외국어 출판 45년의 신뢰
외국어 전문 출판 그룹
동양북스가 만드는 책은 다릅니다.

45년의 쉼 없는 노력과 도전으로 책 만들기에 최선을 다해온
동양북스는 오늘도 미래의 가치에 투자하고 있습니다.
대한민국의 내일을 생각하는 도전 정신과 믿음으로 최선을 다하겠습니다.

동양북스